GUÍA FÁCIL PARA
PADRES COBARDES
QUE QUIEREN HABLAR
H♂ONESTAMENTE
DE SEXO CON
SUS HIJ♀S

GUÍA FÁCIL PARA
PADRES COBARDES
QUE QUIEREN HABLAR
HONESTAMENTE
DE SEXO CON
SUS HIJOS

DR. KEVIN LEMAN
KATHY FLORES BELL

Vida
DEDICADOS A LA EXCELENCIA

©2005 Editorial Vida
Miami, Florida

Publicado en inglés bajo el título:
A Chicken's Guide to Talking Turkey With Your Kids About Sex
Por The Zondervan Corporation
© 2004 por Dr. Kevin Leman y Kathy Flores Bell

Traducción: *Adriana Tessore*
Edición: *Carolina Galán*
Diseño: *Yolanda Bravo*
Adaptación de cubierta: *Grupo Nivel Uno, Inc.*
Reservados todos los derechos
ISBN: 0-8297-4440-1
Categoría: Vida cristiana / Relaciones

Impreso en Estados Unidos de América
Printed in the United States of America

05 06 07 08 09 ❖ 5 4 3 2 1

Este primer libro lo dedico a mis cuatro extraordinarias madres: a la que me dio la vida, Gloria Flores, cuyo amor es "más alto que el cielo y más profundo que el mar"; a Diana Comaduran, CFNP, quien siempre será mi segunda madre; a la Dra. Mary Adam (que para mí es "Jama" y yo soy "Newsweek") y, por supuesto, a mi maravillosa tía Barb, Bárbara Tompkins.

—Kathy Flores Bell

Para Lauren Leman,
Mi pequeño regalo de Dios.

Conseguiste sorprendernos con tu llegada al mundo ante dos atónitos padres orillando los cincuenta. Sin embargo, Dios en su infinita sabiduría ya sabía que serías nuestra quinta hija y no puedo imaginar nuestra familia sin ti, mi pequeñita.

Lauren, estoy sumamente orgulloso de ser tu padre. Tienes una sabiduría que va mucho más allá de tu edad; tu amor y tu discernimiento de la naturaleza humana no deja de asombrarme (como cuando dijiste que estabas contenta de ser una niña porque siendo mujer es más sencillo ser buena); tu dulzura, tus modales suaves y tu naturaleza compasiva han sido de gran ayuda para tus hermanas y tu hermano mayores no solo para soportarte, sino también para adorarte de corazón. Sé que siempre estarán cuando los necesites, aun cuando yo me encamine al hogar de mis mayores.

Si llegara el día en que no pueda decírtelo, espero que lo leas aquí y que jamás lo olvides: siempre serás el tierno panecillo de papi. Jamás habrá nadie como tú, ni tampoco una historia de padre e hija como la nuestra.

—Kevin Leman

Contenido

Agradecimientos

Una llamada me cambió la vida. Kay Lindley quería hacer un programa de radio sobre la menstruación, y se había enterado de que mi madre había usado una bolsa para guardar congelados, así como otros artículos de cocina, para enseñarme acerca de "los pájaros y las abejas". Ahora había llegado mi turno de explicarle a la audiencia lo que mis padres me habían enseñado. Eso ya era formidable, porque se trataba de un par de "irresponsables" padres adolescentes que criaron a cuatro hijos con escasa instrucción y casi sin dinero. De este modo, Kevin Leman y yo nos conocimos en la radio hace como diez años.

Deseo agradecerle a Kay Lindley por escuchar la voz del Espíritu Santo e insistir en que es crucial que los padres traten los temas de la pubertad. Doy gracias a mis padres, que son personas increíbles, por convertirme en una maestra innovadora con su ejemplo y su apoyo. También le agradezco a Diana Comaduran, RNP, quien creó un internado para mí en la clínica local donde trabajé con numerosas madres adolescentes mientras todavía cursaba la escuela secundaria. Gracias asimismo a Luz Elena Shearer, que insistió para que yo asistiera a una conferencia de planificación familiar natural para convertirme en una educadora mejor en el área de la sexualidad; y a mi esposo Mike, mi cónyuge devoto y mi sacramento, que financió mis esfuerzos y alimentó la oportunidad de desarrollar mi estilo y técnicas específicas que se hallan en este primer libro. Un saludo especial para mi primer curso de muchachos de quinto grado, donde estaba mi hijo, de la escuela católica St. Cyril, quienes tuvieron que soportar mi entrenamiento "sobre la marcha", y al Sr. Sto. Joan y Sr. Mary Kevin Ford de la *Carondelet Health Network* [Red de salud de Carondelet] por permitirme viajar en avión como voluntaria del hospital St. Joseph. A mi joya de secretaria, Donna Pexa, le agradezco su amor incondicional y el estar pendiente de mí y de mi pulso siempre acelerado.

Les doy las gracias a Jan Howard y a Connie Teeple, quienes me alentaron, me impulsaron y me dieron un golpecito para que me concentrara; a la Dra. Mary Adam, que ofreció su servicio voluntario para ayudarme en mis proyectos de madres e hijas e incluso me reafirmó en cuanto a precisiones clínicas; a Laurel Krinke, maestro de escuela pública, quien incrementó de manera fantástica mi labor en cuanto a las actividades de aprendizaje; y a la maravillosa tía Barb, Barb Tompkins (que Dios la llene de su gracia) que me introdujo en el mundo de la educación del carácter. ¿Qué habría hecho sin ti, Barb?

Un abrazo muy especial y mi reconocimiento para mis suegros, Jack y Dolores Bell, que aparecían justo cuando Kevin me pedía que terminara algún capítulo. Sin pensarlo dos veces, cocinaban, limpiaban y llevaban a los niños de un sitio a otro. Gracias también a mis hijos: John "Boy", Amy "Rebecca", Elizabeth "Lizzie-Bear", Alicia "Peanut Butter" y Nettie, nuestra hija "adoptiva", que recibía los golpes cuando yo corría con las fechas límite y los numerosos viajes a la casa de Kevin, de Kinko o al correo para poder enviar los manuscritos a tiempo. Sería negligente si le negara mi reconocimiento a todo el personal del *University Medical Center*, a todas esas maravillosas enfermeras de hematología y oncología que me permitieron armar una oficina mientras Lizzie recibía transfusiones, de manera que yo no perdiera detalle al frente de mi hogar ni tampoco del libro.

No quiero olvidarme de nuestro editor, John Sloan, un muchacho detallista sin cuyo talento y tiempo este libro jamás habría salido a la luz. Por último, pero no en el último lugar, mi agradecimiento a Gary Thomas y Dave Greene, cuyas mentes brillantes, manos sagradas y sabiduría divina combinaron mi educación integral en sexualidad humana basada en el carácter con el matrimonio y material familiar de Kevin. Por los trillones de horas que pasaron hablando por teléfono, escuchando los casetes, leyendo los artículos y compilando las investigaciones estaré por siempre agradecida y en deuda con ustedes.

Y a ti, Espíritu Santo, no quiero olvidarme de que este proyecto no es mío sino tuyo.

— Flores Bell

Capítulo 1

Es algo peliagudo, pero alguien tiene que hacerlo

En el hogar de los Leman se inició una nueva etapa en la crianza de los hijos cuando mi hija me preguntó:

—Papá, ¿puedo organizar una fiesta?

—¿Qué clase de fiesta? —pregunté.

—Bueno... —respondió con aire despreocupado— una fiesta de Navidad.

—Me parece bien —dije— ¿Y a quién piensas invitar?

—A Allison, Kristen, Katey Jo, Lindsey, Corey, Crystal, Amy...

Yo las conocía, de modo que escuché solo a medias; hasta que de pronto caí en la cuenta de que había hecho una pausa significativa. Hannah me miró indecisa y luego agregó con rapidez:

—... y tal vez a Chris, Michael, Kyle, Ben, Mark y Josg.

Dejé de hacer lo que estaba haciendo y observé a Hannah, viendo en ella por primera vez ese llamativo destello que había notado en mis hijas mayores, ese lento pero seguro pasaje de niña a mujer.

Como Hannah tenía catorce años, no pude evitar pensar: *¡Caray! No estoy tan seguro de querer algo así. ¿Conque chicas y muchachos en una misma fiesta? De modo que ya llegamos a esa etapa...*

De repente me vi transportado a mis doce años y a las emociones arrebatadas de una noche cargada de adolescentes en un baile escolar. Estaba en séptimo grado y recuerdo que bailaba *muy junto* con Wendy Winfield en el baile de la escoba. Recordaba perfectamente cómo lucía ella esa noche, con su suéter rojo de escote redondo, e incluso me acordé de la melodía con la que bailamos ("In the Still of the Night")... ¡Y eso que había pasado casi medio siglo!

No lo puedo creer —pensaba mientras bailaba con Wendy— *estoy abrazando a una chica.* Dos años antes odiaba a las chicas. Les hacía bromas o las evitaba. Y ahí estaba ahora, bailando con una, ¡y encima lo disfrutaba!

¿Qué me está pasando? —me preguntaba.

¿Recuerdas esa época? ¿Puedes evocar esa primera sensación de "gustar" de alguien? ¿Cuándo fue la primera vez que le pediste a un amigo que averiguara si tal chico o chica que te gustaba sentía lo mismo por ti? ¿Cuándo recibiste por primera vez una notita pasada por debajo del banco o que encontraste en el armario y sentiste que tu corazón latía con tanta fuerza que la banda del colegio podría haber marchado siguiendo el ritmo?

Trata de rememorar, de evocar los recuerdos. Te será útil evocar tu propio recorrido por esa preciosa etapa de la vida que llamamos pubertad. Al principio de esa etapa nada parece más burdo que besar a alguien del sexo opuesto, y al final, no hay nada que parezca más dulce. Deseamos ayudarte a que te conviertas en el guía de confianza de tu hijo mientras este pasa por la pubertad.

Un libro de las primeras cosas

Puede que tus hijos de ocho y nueve años no hablen demasiado sobre la sexualidad, pero probablemente estén pensando en ello. A los diez y once años hablarán del sexo con sus amigos. Lamentablemente, a los doce, trece y catorce, si no te has involucrado en sus vidas, puede que ya estén *practicándolo*.

Aunque el mensaje de "abstenerse sexualmente" es importante, no será más que una frase si *tú* te abstienes de hablar abiertamente con tus hijos acerca de la sexualidad, uno de los mayores regalos de Dios. Somos individuos sexuales desde el primer día, y los niños formulan preguntas todo el tiempo. ¿Qué mejor que reciban las respuestas de ustedes, sus propios padres?

Este es un libro acerca de la pubertad, esa época de la vida de tu hijo entre los ocho y los catorce años, y las primeras cosas que la acompañan: el primer sostén, el primer período, el primer suspensor y la primera coquilla, la primera charla sobre el desarrollo de tu hijo y la conducta esperada con el sexo opuesto. Todos los que se relacionen con un preadolescente de tercer a octavo grado, ya sean padres (casados o no), maestros, consejeros, enfermeras o abuelos, se beneficiarán con la lectura de este libro. Le servirá de ayuda a las madres que deban comprar esa primera coquilla para el hijo que se inicia en las ligas menores, y también a los padres que deban recorrer el pasillo de higiene femenina en el supermercado o comprar el primer sostén de su hija. Es un libro para cualquiera que desee estar preparado para responder a los componentes físicos, emocionales y espirituales de las preguntas de un hijo.

Sean como sean los años vividos con tu hijo: maravillosos o desafiantes, deseamos proporcionarte los elementos necesarios para que puedas completar esta tarea de guiarlos en este paso de ser niños a convertirse en jovencitos maduros.

Antes que todo, deseamos felicitarte por dedicar tiempo y hacer el esfuerzo para informarte y prepararte. Hay muchos padres que escogen la actitud del avestruz, esconden la cabeza mientras esperan que los hijos se desenvuelvan bien.

Eso es rotundamente peligroso. Ni bien tus hijos se asoman a la pubertad, están pensando en su cuerpo, hablando de sexo y analizando los mensajes encontrados que reciben de sus compañeros y de la sociedad. Si los dejas a su suerte, los estarás abandonando al reclamo de las hormonas, a la seducción de la información falsa y tergiversada y a la penosa realidad de la actividad sexual inadecuada.

Un proceso continuo

Los padres suelen preguntarnos cuándo deben comenzar a hablar de sexo; pero la educación sexual o la educación del púber es un proceso continuo si estás haciendo bien las cosas. Si reduces este proceso educativo a sencillamente "tener una charla", no has comprendido nada. Estar lo suficientemente cerca de tu hijo como para hablar de forma significativa acerca del sexo es más promover una relación continua, sincera y amorosa que tener una única conversación al respecto. Hoy los chicos y chicas necesitan esto de parte de los padres con más urgencia que nunca.

Un ejemplo acerca de lo que estamos hablando: el éxito que tengamos al hablar de sexo con nuestros hijos se ve influido en gran manera por nuestra forma de reaccionar ante los otros cambios que se manifiestan en su cuerpo, y por la franqueza que manifestamos con ellos en general. Un error común de muchos padres es concentrarse en las "zonas que cubre el traje de baño" cuando se refieren al "tema".

¿Me dejas que te haga una sugerencia? La mejor manera de abrir las puertas de la conversación es concentrarse en los temas de la preadolescencia del cuello para arriba, la zona que podríamos llamar "primera base". Ambos hemos visto que muchos chicos se sienten aturdidos cuando unos padres silenciosos comienzan a hablar de golpe acerca de asuntos de "cintura para abajo", lo que sería "tercera base" y "base home" para los chicos. Estos padres no se han ganado la confianza de sus hijos y, en un intento desesperado por recuperar el tiempo perdido, avanzan a tropezones en lo que resulta ser una conversación incómoda para todos. El resultado final suele ser desagradable tanto para los padres como para los hijos.

Durante el inicio de la pubertad, los chicos dedican más tiempo y atención del cuello para arriba, y al acompañarlos en estas crisis que enfrentan (mantener a raya el acné, problemas con el arreglo del cabello, voces fluctuantes y la maldita torpeza) estarás definiendo la franqueza, los antecedentes y la confianza necesarios para encarar las charlas más íntimas: de qué se tratan las relaciones sexuales, cómo enfrentarse a un mundo que promueve el uso de profilácticos como la respuesta a todo, y por qué esperar hasta el matrimonio para mantener relaciones sexuales.

Lo mejor que puedes hacer por un preadolescente es manifestar empatía con ese primer grano tan vergonzoso o con el primer herpes. Tómalo en serio, llévalo a la farmacia y adquiere el medicamento correspondiente. Muéstrale cómo puede acomodarse el cabello cuando las puntas son rebeldes y conversa acerca del mal aliento y la caspa. Cuando tu hijo aprende a recurrir a ti en cuanto a estas cuestiones, también le resultará sencillo hacerlo cuando aparezcan otras cuestiones como la primera menstruación, la primera eyaculación nocturna o la primera vez que una niña nota que el jovencito que la acompaña está teniendo una erección.

Los temas del cuello para arriba son la mejor manera en que un padre puede hacer inversiones para el futuro. No minimices el problema de tu hijo con frases como: "No te preocupes, querido, nadie va a notar tu grano", "¿es que tu pelo es lo único que te preocupa?", "¿qué pasa contigo? No es el fin del mundo, ¡solo es un grano!" Al expresarte de esa manera, le estarás transmitiendo que no te interesa, que no lo comprendes, y que si quiere conseguir a alguien que lo escuche será mejor que llame a un amigo.

Este es el verdadero desafío: la madurez física no va acompañada de madurez emocional o relacional. Cuando los niños alcanzan la pubertad es hora de hablar de sexualidad, es cierto, pero lo que encamina a los púberes al éxito en su sexualidad es la formación de su personalidad, la higiene personal y una comunicación constante con los padres. Habilidades básicas como cuidados de la piel y el cabello, cómo aprender a *esperar* ese vídeo juego que desean y cómo comunicarse sinceramente con los padres cuando escuchan expresiones en sus pares de las que desconocen el significado, son las que harán que los hijos sean receptivos cuando los padres comiencen a hablarles de abstinencia sexual antes del matrimonio.

La pubertad temprana, entre cuarto y quinto grado, es el momento para ayudar a los niños a que adquieran hábitos de higiene, antes de que las hormonas hagan su aparición. En sexto grado las hormonas *han aparecido* en muchos chicos, y hacia el séptimo y octavo grados, ya ingresan en la adolescencia, un panorama dominado por las hormonas.

Todos crecemos, y así como tú pasaste por la pubertad, tu hijo o hija también pasará. Antes te pedimos que recordaras los sentimientos que experimentabas en la pubertad. Vuelve a reflexionar sobre las cosas que tus padres hicieron bien y mal. Si la pubertad fue una época difícil para ti, ¿qué podrían haber hecho ellos para facilitarte las cosas? ¿Qué fue lo que puso una barrera entre tú y tus padres? ¿Te ayudó en particular algo de lo que hicieron?

Recuerda que *tú* eres ahora el padre y estás tomando las mismas decisiones que tomaron ellos mientras disfrutabas del baile de la escoba.

Comencemos por echarle una mirada a las llamados de atención que tan bien conocen todos los padres.

Llamadas de atención

El pequeño John Bell tenía cinco años cuando fuimos al campo y observamos una vaca con su ternero.

—Mami —me preguntó mientras estábamos allí— ¿cómo hizo esa vaquita para entrar en la panza de la mamá?

—Dios la creó en un lugar especial —comencé a explicar — y luego comenzó a crecer y crecer durante bastante tiempo hasta que finalmente salió —observé al ternero y finalicé con un —: Y ahí está.

—Me sentí satisfecha por haberle dado una respuesta buena, espiritual aunque, lo reconozco, poco clara desde el aspecto biológico.

—No, mamá —reclamó John—. Lo que quiero saber es *cómo* entró ahí.

—Bueno... —proseguí— la mamá tiene un huevo y el papá una semilla, y cuando ambos se juntan, hacen que se forme un ternerito. ¿Puedes ver cómo aquella vaca es marrón mientras aquella otra es blanca? —repliqué mientras comenzaba a dar una clase de genética. Sin embargo, John me miró directo a los ojos y enfatizó:

—No, mamá, quiero saber cómo esa vaquita bebé entró en la mamá vaca.

Hay momentos para rondar el tema y otros para abordarlo directamente, y estaba claro que habíamos pasado de uno a otro.

—¿En serio quieres saberlo? —pregunté.

—Sí —respondió—, quiero saberlo.

Ya le había explicado a John las partes del cuerpo, por eso le dije:

—Aquél papá toro tiene un pene y lo puso dentro de la vagina de la vaca. Allí dejó su semilla que viajó por el interior de su cuerpo hasta encontrarse con el huevo de ella. Así comenzó a formarse el ternerito en su interior, aquel que ahora vemos ahí en el campo.

El pequeño se quedó observando el ternero y exclamó:

—¡Qué asco! —y permaneció inmóvil con la mirada fija en el ternero hasta que de repente me miró y preguntó—: ¿Eso es lo que hicieron papá y tú para tenerme a mí?

Lo miré y respondí afirmativamente.

—¡Qué asco! —exclamó.

Todavía no he conocido a ningún padre de un niño de cuarto grado, que esté ansioso por cerrar el capítulo de la niñez. Hay algo de dulzura inherente en cuanto a la inocencia de un niño, cuando los muchachitos se entusiasman más por cazar ranas y atrapar serpientes que por mirar de reojo a Britney Spears y pensar en los ligueros femeninos.

Sin embargo, cuando tu hijo ingrese en la pubertad comenzarás a notar que hace o dice ciertas cosas, detalles que antes parecían no importarle. Mientras haces las compras para el regreso al colegio, de pronto a tu muchacho le empieza a importar la marca de la camisa. cuando el año anterior ni siquiera se fijaba en si la ropa estaba limpia. Un día tu hija jugará a las casitas con la muñeca que tu madre te obsequió, y al día siguiente afirmará que no le interesan las muñecas. Y punto. Una noche estarás viendo un partido de fútbol con tu hijo y verás que detiene la mirada en las animadoras. Antes solía decir: "¡Qué asco!" cuando las enfocaba la cámara, pero su silencio reverente y la mirada persistente te indican que lo que menos piensa ahora es que son un asco.

Estas situaciones nos alertan de algo que ya ha sucedido. Es parecido a abrir las persianas una mañana invernal y ver que el jardín se cubrió de nieve durante la noche. En algún momento indefinido, llegó la pubertad.

No siempre los signos resultan tan evidentes. Tu hija no se va a levantar una mañana, se va a sentar a desayunar y anunciará: "¿Sabes una cosa? Me encontré con la pubertad esta mañana". Tu hijo no va a llamar la atención de todos a la hora de la cena para anunciar: "Quiero que todos sepan que ahora me gustan las chicas".

El reloj biológico no tiene alarma y no es tan preciso. Necesitas conocer tan bien a tu hijo como para darte cuenta de que cuando comienza a peinarse el cabello meticulosamente después de haberse pasado la vida feliz con su "estilo choza", ha empezado a entrar en esta fase de la vida, maravillosa y nueva.

Está bien que prestes atención a estas llamadas de atención, pero calma... son solo llamadas de atención. Son cambios esperables, y solo son signos de que nuestro hijo avanza hacia la adultez. La locura de la adolescencia parece estar a la vuelta de la esquina, pero aún faltan varios años.

Lamentablemente, el mundo está haciendo que nuestra tarea sea cada vez más difícil.

Los años críticos

Ambos hemos trabajado con varias familias en su transición de la pubertad a la adolescencia. Lo que se repite en todos los casos en este período es el cambio. Los niños, que se habían comportado como niños totalmente normales, comenzarán a manifestar características que uno desearía no haber visto jamás.

Un día tu hija odia el pollo y al otro se come cuatro porciones. Un simple grano se convierte en un volcán, y un límite que pusiste se transforma en la costa de Normandía. Tal vez escuches frases como: "¡*Nunca* me dejas hacer esto! ¡*Nunca* puedo hacer aquello!" en respuesta a un tema que según lo que tú recuerdas es la segunda vez que surge.

Sabemos de una mamá que durante la cena le preguntó sencillamente a su hija adolescente: "¿Terminaste tu tarea, querida?", y se encontró con un explosivo: "¡Tú me *odias*! ¿No es cierto? ¿Por qué no me dejas en paz?"

Si bien la pubertad puede ser una época en la que por primera vez sientas el legítimo deseo de matar a tu hijo, es también ese momento crítico en el que como padre necesitas guiarlo por las aguas turbulentas de la vida hasta el puerto llamado adolescencia. Como padre eres quien debe trazar una línea recta para ayudar a tu hijo, cuyo barco está siendo azotado en un mar de hormonas y vapuleado por los vientos de la cultura. Y los vientos de hoy en día son cada vez más potentes.

Los chicos de esta generación crecen en un mundo que ha intercambiado *Mathers*. Jerry Mathers (popular actor de los EE.UU., conocido por una serie que resalta los valores familiares) para convertirse en Marshall Mathers (Eminem), el rapero más grosero de la historia. Pasamos de ese niño angelical de expresiones inocentes a un tipo cuyo último disco exhibe letras vulgares y explícitas. Los chicos practican sexo oral, no en las fiestas o en la casa de los amigos cuando no están los padres, sino en el *transporte escolar* y en la misma *escuela* durante las horas de clase, y encima muchos no piensan que eso es practicar sexo.

No se trata de un problema limitado a los chicos que no van a la iglesia. En su libro *Right from Wrong* [Lo bueno y lo malo], Josh McDowell cita un estudio que muestra que el 27% de los adolescentes cristianos habían mantenido relaciones sexuales antes de los 18 años, y el 55% había acariciado los senos de una chica.[1]

Nuestros hijos están ingresando en un mundo turbulento.

Para ser francos, la cruda realidad de la sociedad actual, en la que la gran mayoría de los chicos tienen relaciones sexuales antes de llegar a los veinte años, indica que el rol pasivo de los padres ya no sirve. Si haces lo que muchos padres (cruzar los dedos, esperar que no pase lo peor y permanecer en silencio) tu familia se sumará a las estadísticas de embarazos extramatrimoniales, enfermedades de transmisión sexual y corazones destrozados, todo eso antes de que tus hijos cumplan los veintiún años.

¿Qué has hablado con tu hijo acerca de la vida? ¿Has conversado *realmente* sobre el asunto, o has evitado esos temas escabrosos que más necesitan ser tratados?

Solo un ejemplo: mamá, debes asumir que tu hijo (y tal vez también tu hija) *se va* a masturbar. Su cuerpo está comenzando a producir semen a toda velocidad, y solo existen tres maneras de que lo elimine: la relación sexual, la masturbación o la emisión nocturna. Tú puedes ayudarlo a que escoja su manera de manejar esta presión biológica natural o, sencillamente, evitar el tema y dejarlo a su suerte para que encuentre un camino saludable por sí mismo.

Del mismo modo, tu hija se va a comenzar a interesar por los muchachos. Que estos nuevos contactos sean saludables o explosivos dependerá en gran parte de lo bien preparada que ella esté para manejar el interés que despierte en los muchachos mayores. Ella puede aprender por ensayo y error, o saldrá beneficiada gracias al amoroso consejo de los padres, evitando así grandes traumas emocionales. Hacia el final de la pubertad, cuando tu hijo se acerca a la adolescencia, esa niña o ese niño que solía acurrucarse en tus brazos puede estar ya pensando en acurrucarse en otros brazos.

Los preciosos y difíciles años de la pubertad habrán finalizado una vez que se hayan presentado los "primeros": tu hija ya tiene senos y tuvo su menarquía, y tu hijo tuvo su primera emisión nocturna, y hacia finales de la pubertad se inician esos cambios emocionales y psicológicos que acompañan la adolescencia. Sin embargo, a principios de la pubertad, tu hijo o hija se halla en un período intermedio entre la infancia y la adolescencia. Durante la pubertad de tu hijo aún tienes una gran influencia para instruir a tu hijo con amor y para establecer los límites adecuados.

Un padre del que estar orgulloso

En 1994 *USA Today*[2] eligió un "equipo de béisbol de la escuela secundaria de todos los EE.UU." y le formuló a cada jugador varias preguntas, incluso a quién admiraban más. Hubo un tema recurrente en sus respuestas. Entre los jugadores entrevistados seguramente reconocerás a muchos deportistas profesionales de la actualidad:

Jaret Wright: "Mi padre, Clyde".

Mark Johnson: "Mi padre, George".

Derek Baker: "Mi padre, Don".

Troy Glaus: "Mi madre, Karen Jensen".

Rob Hauswald: "Mi madre, Karen May".

Doug Million: "Mi padre, Dave".

Josh Booty: "Mi padre, John".

McKay Christensen: "Mi padre, Stephen".

Ben Grieve: "Mi padre, Tom".

Brian Schultz: "Mi padre, Steve".

Todos los jugadores eligieron a uno de sus padres como la persona que más admiraban. Uno de los problemas que ambos experimentamos en cuanto a la manera en que se brinda la educación sexual en la mayor parte de las escuelas es que la mayoría de los maestros actúan como si lo que el preadolescente más necesitara fuera información.

Eso no es verdad. La información es importante, pero lo más importante para que un niño triunfe es un padre amoroso que se involucre en su vida.

Si has elegido este libro y has llegado hasta aquí en tu lectura, eso nos dice que deseas ser esa clase de padre. ¡Felicitaciones! Ahora, comencemos...

Capítulo 2

Dificultades de los padres en la pubertad

Por qué los padres no hablan de sexo

La enorme tarea me deprimía.

La realidad es que no puedo atravesar la puerta y enseñar esto —pensé (habla Kathy) al sentarme en el piso de Waldenbooks. Me estaba preparando para enseñar educación sexual en un quinto grado, y tenía abiertos frente a mí todos los libros disponibles sobre sexualidad.

Los niños hacían las preguntas correctas: *¿Por qué soy como soy? ¿Por qué me emociono tanto? ¿Qué es el amor?* Sabía que esta clase era una amplia puerta abierta para hablar de los cambios por los que ellos estaban atravesando. Sin embargo, me sentí horrorizada por lo que leí y por lo que la gente consideraba apropiado para la educación sexual de un quinto grado. Uno de los materiales diseñado para púberes tenía en la tapa a un niño y una niña tomados de la mano y apuntaba a preguntas tales como: "¿Qué es el primer beso?"

¡Esperen un momento! ¡Paren! —sentí deseos de gritar—. *Ayudemos a los chicos a que comprendan lo que sucede en sus cuerpos en vez de involucrarnos en juegos de armar parejas.*

Ambos hemos conocido a muchos padres que desearon poder gritar "¡Paren!" en su propio hogar, en un intento por detener el crecimiento de su hijo. Las influencias del mundo parecen presionar la inocencia de los niños cada vez a menor edad. Una madre se mostraba sinceramente preocupada por su hija adoptiva: "Tengo miedo de que termine embarazada antes de cumplir los dieciocho años". Sondear a los chicos mayores que su hija le hizo temer que la conducta sexual fuera algo prácticamente inevitable. Había escuchado que muchos chicos adoptados usaban el sexo como una manera de tratar el asunto del abandono y la traición, por eso creyó que su hija podría tomar ese camino.

"Deseo ayudarla a que evite esta trampa —confesó ella— pero no sé como detener todo esto". Dejó caer pesadamente su cuerpo en la silla como manifestación de un sentimiento de temprana derrota.

La niña a la que se refería tenía solo cuatro años de edad.

Es triste, pero muchos padres tienen esta sensación de fracaso inevitable. No se dan cuenta de que pueden comenzar a ayudar a sus hijos a ir paso a paso camino al éxito en cuanto a su sexualidad si emplean los conceptos vertidos en este libro. Por supuesto, no podemos garantizar que un niño criado bajo estas normas no vaya a experimentar con la sexualidad, pero según nuestra experiencia, los niños que recibieron esta orientación son menos propensos a involucrarse en el dañino juego sexual prematrimonial.

En el otro extremo del espectro están los padres hipervigilantes que se obsesionan por tener éxito de la misma manera en que los otros padres están obsesionados con el miedo al fracaso. ¿Has observado alguna vez a un portero en un partido de fútbol? Está todo el tiempo a la defensiva, atento a tirarse cuando la pelota amenaza con entrar en el arco. Algunos padres pueden llegar a parecérsele en cuanto a asegurarse de que su hijo no termine como los chicos de los que ha leído. Lo lamentable es que muchos de esos padres pasan tanto tiempo protegiendo a sus hijos que se niegan a prepararlos. El niño no recibe los elementos necesarios para enfrentarse a lo que tiene por delante, sino que solamente se le asusta para que obedezca.

Esa mecánica podrá dilatar la experimentación sexual, pero no apunta a la raíz del asunto. Es más, esta clase de hogares con frecuencia generan los chicos más sexualmente promiscuos con los que nos hemos encontrado. En unos pocos años más ya no podrás andar tras tu hija. ¿Y qué la mantendrá concentrada en lo que debe hacer cuando tú no estés "atajando" a su alrededor?

Los padres deben comenzar a ayudar a sus hijos a realizar de forma adecuada la transición de la inocencia de la niñez a la realidad de la vida adulta. No estamos diciendo que sea sencillo. Como ya hemos escuchado todas las excusas posibles, vamos a quitarlas del camino ya mismo.

El silencio vergonzoso

Nadie habló contigo. A decir verdad, pocos hemos tenido una conversación saludable con nuestros padres respecto a temas explícitos y a los deseos de la tentación sexual temprana y su desarrollo. La gran mayoría hemos tenido que andar a tientas en la oscuridad y hallar nuestro propio camino.

Como no conoces un modelo adecuado de cómo enfrentar esto de forma saludable, puedes adoptar dos clases de actitudes. Puedes pensar: *Si yo lo resolví por mi cuenta, supongo que ellos también lo harán.* O también puedes ser más subjetivo: *No tengo claro qué decir, así que antes de decir algo equivocado, mejor me quedo calladito.*

¿Deseas que tus hijos se las arreglen como puedan, o que sobresalgan? Está bien, tú lo has logrado, pero piensa en todo el estrés y la incertidumbre que enfrentaste al tener que imaginar todo por tu cuenta. ¿Es esa la clase de herencia espiritual que deseas dejarle a tus propios hijos?

Puede que algunos ni siquiera deseen ingresar en el terreno emocional que pueda recordarles el dolor de no haber contado con la ayuda que hubieran querido recibir de sus padres, pero ya es hora de avanzar. Esconder la cabeza en la arena y pensar que tu hijo no tiene que vérselas con estos temas perpetuará una triste negligencia de parte de los padres. Podemos escondernos tras el error de nuestros padres solo por un tiempo, porque llegará el día en que debamos comenzar con nuevos patrones de conducta para las generaciones que siguen.

Considéralo de este modo: si tomas la iniciativa tendrás la oportunidad de allanarles el camino a tus hijos, a tus nietos y hasta a tus bisnietos. Estarás dando un ejemplo que influirá en tu familia en las generaciones venideras.

No tienes los elementos ni las palabras adecuadas ni la confianza para decir lo que hay que decir. Está bien. Si el problema es de ignorancia, se puede solucionar, y de hecho ¡ya lo estás solucionando al leer este libro! Nadie nació sabiendo cómo completar un formulario de declaración de impuestos, pero como el gobierno lo requiere, entonces nos informamos, hablamos con personas que saben del tema y así obtenemos la información necesaria para realizar la tarea.

Ser padres es algo parecido. No has nacido con la información necesaria y, según cómo hayan sido tus progenitores, puede que no hayas contado con un buen modelo de cómo ser un buen padre. La ignorancia tiene cura, lo que tiende a ser fatal son la pereza y la cobardía. Puedes vencer tu falta de habilidad y conocimiento.

Como has hecho el esfuerzo de leer este libro, podemos aseverar con toda certidumbre que estás listo para sacar provecho de los momentos de enseñanza. Estás dispuesto a seguir adelante, y así lo harás una vez que tengas los conocimientos y las instrucciones que necesitas. ¡Felicitaciones!

Te avergüenza el cuerpo. Puede que algunos provengan de una familia que no habla acerca del cuerpo, de modo que el tema es también un tabú en la mente. Ni siquiera puedes imaginarte diciéndoles a tus hijos las palabras "pene" o "vagina", y en realidad has recurrido a eufemismos como decir sus "partes". Cuando se bañan, le das una esponja y le recuerdas: "No olvides lavarte *ahí abajo*".

Para esos padres que provienen de familias que sienten vergüenza del cuerpo, les recomendamos que en primer lugar reconozcan que este es un tema difícil de tratar. Resulta difícil porque es profundamente personal y porque es algo en lo que tal vez no hayan tenido mucha práctica. Nos sentimos incómodos porque muchas personas han convertido el sexo en algo indecente.

Esta es tu oportunidad de transmitirles a tus hijos tus creencias y valores al hablar de la vida y del sexo. ¡Qué ocasión tan estupenda de encarar la conversación a partir de que el sexo es un regalo maravilloso de Dios!

Puedes decirle a tu hijo: "Para serte sincero, no me es fácil hablar de este tema. Pero a decir verdad, no debería sentirme así, porque lo que te estoy diciendo es parte de cuán maravillosamente fuiste formado". Dirija luego la conversación hacia su sistema de valores.

Una parte de todo padre desea mantener a su hijo bajo una campana de vidrio durante toda la vida, de modo que no se halle expuesto al mal de afuera. Sin embargo, al reconocer que te cuesta hablar sobre sexo y después desarrollar la conversación según tus propios valores, estarás venciendo a una cultura que ha degradado uno de los más preciosos regalos de Dios.

La vergüenza es algo que puede manejarse. Kathy tuvo que aprender a usar los nombres precisos frente a los burlones niños de quinto grado, y al Dr. Leman le tocó dar una charla de educación sexual ante un grupo de estudiantes entre los que se encontraba su propia hija. El amor por tus hijos y la preocupación por su bienestar deberían poder vencer cualquier inconveniente egoísta como la vergüenza, por ejemplo.

Hay padres que enfrentan esta dificultad haciendo bromas acerca de las partes o del uso normal del cuerpo, pero nunca hablan de ellos de forma significativa. Estamos de acuerdo con la risa. Dentro del contexto adecuado, una broma precisa puede ayudar a la distensión, e incluso colaborar con el tema. Sin embargo, ten cuidado por que si *tú* no te tomas con seriedad estos temas, tus hijos tampoco lo harán. Y para ellos, las consecuencias son temerarias.

Tienes miedo de aparecer como hipercrítico debido a tu propia actividad sexual prematrimonial, de modo que evitas el tema por vergüenza. Según nuestra experiencia, esta excusa se está tornando popular. Una pareja que se casa en la que ambos son vírgenes es lamentablemente algo poco habitual, y la culpabilidad que causa el sexo prematrimonial se pasa a las generaciones futuras. El pensamiento es: Como yo he fallado, no tengo derecho a sermonear a nadie.

Esta es una premisa falsa de los padres. En mi libro (habla el Dr. Leman) *Adolescence Isn't Terminal: It Just Feels Like It!* [La adolescencia no es mortal: ¡solo lo parece!] me refiero a cómo compartí con mis hijos varios de mis errores de juventud. Esto ha generado una intimidad especial con ellos en vez de juicio. Yo era virgen cuando me casé, pero hice toda clase de otras tonterías como fumar y demás travesuras por el estilo.

No te sugerimos que entres en detalles, pero está bien con decir: "Querido, he cometido algunos errores dolorosos en esta área, por eso quiero ayudarte para que aprendas de ellos". No tienes la obligación de revelar más que eso; es más, te recomendamos que no lo hagas. Los chicos tienden a ver a los padres como asexuados, y probablemente no quieran escuchar lo que sus padres hicieron y con quién.

En vez de usar tu propia experiencia como punto de partida, aprovecha alguno de los muchos ejemplos que surgen naturalmente en la sociedad de hoy en día. Así lo hacemos en la familia Leman. Mientras escribíamos este libro nos enteramos de que una jovencita que jugaba al baloncesto en la escuela de mi hija se había quedado embarazada a los dieciséis años. ¡Adiós a la canasta! No todas las camisetas de baloncesto le caben a las mujeres embarazadas.

Mi hija conoció el efecto de un embarazo fuera del matrimonio. Y bien de cerca. Me gusta usar ejemplos de la vida real como este para recordarles a mis hijos que las leyes de Dios son en verdad perfectas, y que cuando nos salimos de estos límites, lo pagamos muy caro. No me imagino a ninguna de mis hijas pasar de esa conversación a: "A propósito, papá, ¿tú y Wendy siguieron adelante después de aquel baile de la escoba?"

¿Qué cosas *son* útiles para incluir acerca de tu pasado? Creemos que es importante que los chicos sepan que en general tú también tuviste tentaciones y rollos con los del sexo opuesto cuando eras chico, las mismas cosas que ellos están pasando o experimentarán. Has pasado por eso, y ellos también lo harán. Si tu hijo te pregunta algo directo como: "¿Pasaste por eso sin problemas?," puedes responderle: "Bueno… no, hay cosas que me gustaría haber hecho de otra manera". Si te lo tomas con calma, los chicos lo aceptarán.

Si la perfección fuera un requisito para poder enseñar, pues mejor hacemos las maletas y todos nos vamos a casa ahora mismo. Nadie tiene un pasado perfecto, pero todos somos llamados a convertir nuestros penosos errores en ocasiones propicias para enseñar a nuestros hijos. Tarde o temprano ellos descubrirán que no fuiste perfecto… Si crees otra cosa estás equivocado. Evitar los temas difíciles para retrasar lo inevitable es una tontería.

No olvides lo siguiente: el que hayas *iniciado* una conversación no significa que tengas que perder el control sobre ella. Tú eres el padre y quien decide cuán lejos quieres llegar. Mantén el objetivo y el propósito en mente: no están para hablar de *tu* historia sexual, sino para ayudar a tu hijo a que viva bien la suya.

Ingenuidad prolongada. ¿No es acaso maravillosa la negación? Puede hacernos sentir felices y contentos durante un tiempo, pero con esta actitud estaremos bailando en medio de las vías. Tarde o temprano seremos aplastados por el tren de la realidad.

Tratar de mantener *niño* a tu hijo durante el mayor tiempo posible es una tarea noble. Ambos coincidimos en que deberíamos tratar de que así fuera, porque el mundo intenta hacerlos crecer demasiado rápido. Sin embargo, nuestros niños nacen con un reloj interior que los lleva a la pubertad y la adolescencia, y es responsabilidad nuestra prepararlos para enfrentar al mundo tal como es, y no como nos gustaría que fuera. No podemos mantener a nuestros hijos bajo una campana de cristal. Si lo hacemos y luego les damos la libertad para ingresar en el mundo a los dieciocho, no tendrán las herramientas necesarias para defenderse.

Quizás algunos de ustedes, padres, saben por experiencia propia cuán cruel puede resultar el mundo. Es natural que quieras evitar que tus hijos experimenten esa clase de cosas, y eso está bien, es correcto. Sin embargo, no contarles lo que hay en el mundo no los ayudará a enfrentarlo. Por eso este libro se refiere al equilibrio: qué decir, cuándo decirlo y cómo decirlo.

Otros habrán tenido una vida muy protegida. Algunas mamás pensarán que su hijo jamás tendrá una emisión nocturna también llamada "sueño húmedo". Queremos avisarte que *sí* lo tendrá. Él no podrá evitar esas emisiones nocturnas como tampoco puede tu hija evitar su período menstrual. La cuestión es si cuando él se levante con el pijama empapado de proteínas, ¿deseas que esto le resulte una sorpresa? ¿O prefieres ser tú quien le diga de antemano que eso va a sucederle? Tu hijo necesita una comprensión saludable del mundo, y aprender a tomar decisiones morales y responsables es una habilidad importantísima que necesita desarrollar en esta época.

Entonces, procura de todos los modos posibles que los niños sigan siendo niños, pero permite que los jovencitos sean jovencitos. En mis prácticas (habla el Dr. Leman) he observado a muchos padres que compran regalos para los hijos que son inadecuados para su edad. Por ejemplo, le compran a la hija de diez años una muñeca cuando ella preferiría una pelota de fútbol. Escogen camisetas con dibujitos animados cuando la hija preferiría un par de aretes o una pulsera. En *tu* perspectiva del tiempo uno o dos años puede que no hagan diferencia, pero para un niño de ocho años comparado con uno de diez, o uno de diez comparado con uno de doce, esos veinticuatro meses pueden representar años luz de desarrollo.

Si sigues hablando de cosas que tu hijo ya dejó atrás hace varios años, él buscará en otro lado las respuestas a las preguntas difíciles.

Crees que para eso están la escuela y la iglesia. Algunos padres descubren que sus hijos están estudiando anatomía en la escuela y piensan: *¡Fiuuu! ¡Me alegra de que se ocupen de eso!* Después, esos padres escuchan que el pastor de jóvenes de la iglesia da una charla sobre la abstinencia y trágicamente asumen que su hijo ha aprendido todo lo que necesita saber.

La escuela y los grupos de jóvenes de la iglesia pueden ser ayudantes beneficiosos en cuanto a la educación de tus hijos, pero ten cuidado si esperas que estén a cargo de todo. Me ha tocado hablar (habla Kathy) en muchas de estas clases y puedo decirte que por cada pregunta que me hacen y respondo, por lo menos hay doce chicos que no hablan. ¿Acaso crees que tu hija va a levantar la mano y frente a todos preguntar "¿Si hay algún problema si viene el período justo a los diez días de haber finalizado el anterior? ¿O que tu hijo va a preguntar qué puede hacer si de repente tiene una erección cuando se está cambiando para hacer gimnasia?

Además, ¿recuerdas los libros que mencionó Kathy al principio de este capítulo? Si permites que sea otro el educador sexual principal de tus hijos, estarás corriendo un gran riesgo. ¿Cómo puedes saber si esa persona comparte tus valores y creencias?

Si esta ha sido tu postura en el pasado, todavía puedes introducir cambios. Comienza por pedirle disculpas a tu hijo. Quizás él te pregunte por qué y puedes responderle: "Me he despreocupado, he sido un poco pasivo y no te he contado la verdad. Deseo hablarte más acerca de la vida. Lo cierto es que se trata de un tema difícil de encarar. No me ocupé porque pensé que te darías cuenta por ti mismo, pero he llegado a la conclusión de que eso no es lo que tienes que hacer, sino que es responsabilidad *mía* como padre decirte lo que creo y por qué lo creo".

Es responsabilidad tuya enseñarle a tu hijo todo lo que quieres transmitirle. Aunque tu hijo ponga los ojos en blanco y proteste: "Ma… ya me hablaste mucho de eso. No me falta saber nada". De todos modos, mantén abierto el diálogo. Tú eres el padre y eres quien decide qué información necesita o deja de necesitar.

Tener valor no significa que uno no tenga miedo. Tener valor es reconocer los miedos, enfrentarlos y vencerlos. Nosotros seguimos poniéndonos nerviosos cuando hablamos con nuestros hijos, ¡y eso que nos dedicamos a enseñar acerca de esto! Si embargo, lo hacemos porque creemos que es de vital importancia que nuestros hijos comiencen la vida de la forma mejor y más saludable posible.

No temas sacar los trapitos al sol

Como padres, entramos en la vida matrimonial, en nuestras relaciones y en la vida familiar con un bagaje que muchas veces no sabemos que cargamos. Dentro de él está todo lo que alguna vez hirió nuestro corazón, nuestra mente y nuestro espíritu. Cuando mantenemos el dolor adentro, al final siempre sale a la superficie, como una pelota de playa que tratamos de mantener debajo del agua.

Cuando nuestros hijos ingresan en la pubertad, desencadenan toda clase de recuerdos en nosotros: la orientación que nos hubiera gustado recibir de parte de nuestros padres, el problema sexual que tuvimos, las cosas que nos dijeron nuestros amigos o nuestros padres y que nos quedaron grabadas en la mente, el ridículo que pasamos cuando no sabíamos tanto como nuestros amigos… Al guiar a nuestros hijos en las situaciones que ellos enfrentan y que tal vez se parezcan a las nuestras puede que los recuerdos surjan vívidamente, puede que se reabran las heridas y podemos llegar a reaccionar por lo que nos ha pasado, en vez de por lo que es mejor para nuestro hijo.

Nuestra historia personal determina nuestras prioridades y afecta la manera en que nos comunicamos con nuestros hijos. Los chicos van por la vida con pequeñas antenas que operan en la frecuencia de la intuición; interpretan maravillosamente bien el lenguaje corporal y los gestos, además de descodificar los mensajes que ni siquiera nos damos cuenta de que enviamos. Para poder orientar a nuestros hijos, tenemos que enfrentarnos a nuestras propias heridas; si no, volveremos a pasar por lo que fue nuestra angustia adolescente.

¿Cuál es la piedra más pesada de tu mochila? Hemos descubierto que esta es una pregunta excelente para plantearles a los padres que se sienten avasallados por los problemas. Algunas madres, por ejemplo, cuyos errores sexuales previos les impiden hablar de intimidad sexual con sus hijos, intentan compensarlo llevando a sus hijas con ellas por la vida, en vez de darles las herramientas necesarias para que se desenvuelvan solas.

Atención: ¡esto no funciona! Entretenerla puede ser sencillo a corto plazo, pero a la larga significará un gran problema para ambas. Como algún día tendrás que enfrentar el pasado, mejor que sea ahora mismo, porque al hacerlo estarás beneficiando en gran manera a tus hijos.

El Dr. Leman ha escrito un libro completo (*The Real You* [El verdadero tú]) que ayuda a las personas a ponerse al día con su "libro de reglas", esas presunciones a veces inconscientes pero tremendamente poderosas acerca de la vida. Si notas que hay temas como este, que bloquean la intimidad con tus hijos, será beneficioso que leas este libro y saques a la luz los secretos de tu personalidad. Así podrás analizar el impacto del orden de nacimiento, examinar tus recuerdos de la infancia, descodificar tu lenguaje amoroso y obtener una idea más acabada de tu tipo de personalidad.

Sin embargo, puede que lleves cargas demasiado pesadas como para poder tratarlas solo con la ayuda de un libro, y quizá necesites la ayuda profesional de un pastor o de un consejero. Algunas heridas tienen raíces en nuestra infancia y se requiere de tiempo y experiencia para tratarlas. Si lo pospones, al final sufrirán tus hijos. En esencia, ellos tendrán que vivir con el lío que tú te niegas a arreglar. Evaluar la situación de tus heridas requiere de valor, pero es importante para tu salud y la de tu familia.

¡No esperes más! Si ves que se enciende una luz roja en el tablero del automóvil, haces algo en el momento. No esperas hasta que el auto se haya roto en medio del desierto o en la cima de una montaña. Si te parece que el tema es más profundo, que has sido violado de alguna manera, ese es motivo suficiente para solicitar una cita con un consejero que te hayan recomendado. Si no pasa nada durante las sesiones, sigue adelante con el conocimiento de que lo has intentado y que puedes volver atrás si lo necesitas.

Quizás tengas que descubrir (o redescubrir) el poder de ser amado por tu Padre celestial. Nos apoyamos en la educación, en la posición social y en el poder como si fueran una alfombra mágica que nos lleva por encima de las aguas residuales en las que nos permitimos vivir, pero finalmente estos intentos débiles se muestran insuficientes. Dios es paciente, pero es también como un padre bueno que nos dice: "Tendrás que sentarte y ocuparte de tus heridas, aunque te duela". No puedes huir de las heridas cubriéndolas con apósitos adhesivos cuando requieren de mayores cuidados.

En la Biblia podemos ver a personajes como David, que expuso sus emociones ante Dios. Cuando yo (Kathy) rememoré mi desarrollo sexual, con sus altibajos, acudí a algunos sitios donde pudiera escuchar algo que me enseñara de la Palabra de Dios y me expusiera a su divina gracia: consejeros cristianos, un estudio bíblico en grupo, un programa de radio o televisión… algo distinto del fango en el que me hallaba. Te recomendamos que inicies este camino con la lectura del libro de los Salmos; ¿alguna vez has experimentado las emociones tan vívidamente descritas por los salmistas?

Así como no se espera que tus hijos caminen solos por el mundo, tampoco tú como padre tienes por qué hacerlo. Tienes un Dios amoroso, dispuesto a guiarte, consolarte y animarte.

Circunscribir la educación del púber a donde esta pertenece: el hogar

Piensa en la última vez que tomaste una manzana en la frutería. ¿Acaso pensaste: *Seguro que proviene del campo de Juárez, que está en tal lugar. Quizás haya sido fumigada durante seis semanas y la recolectó un trabajador inmigrante llamado Carlos. La cargaron en un camión y la llevaron a un depósito de donde la transportaron rumbo a la frutería en un camión de 18 ruedas que conducía un tipo llamado José, tenía un gran tatuaje en el brazo izquierdo. Luego Pedro la trajo desde el depósito de la frutería y la colocó justo aquí para que yo la hallara?*

¿O has pasado por la carnicería y pensado: *Supongo que esos bistecs vienen de tal hacienda. Sí... allí les dan los mejores pastos, y puede que también le hayan inyectado algunos esteroides, luego la subieron a un camión jaula, la trocearon y eligieron las mejores partes especialmente para mí... ¡Qué delicia!?*

Estamos bastante seguros de que no es así. La modernización ha hecho que la mayoría de nosotros nos desconectemos de la fuente de nuestra comida. Es lamentable que también la modernización haya producido cambios en nuestra sociedad, que han hecho que muchos padres se desconecten de la fuente de educación de sus hijos.

Tus hijos fueron diseñados por Dios para que los criaran un papá y una mamá. De todos los estilos de vida posibles que presentan los medios de comunicación, el matrimonio entre mamá y papá sigue a la cabeza como la mejor manera de criar a nuestros hijos. ¿Quieres chicos caseros? Entonces la receta es sencilla: tienes que mantener a tus chicos en casa. De esa manera, podrás inculcarles tus valores y creencias mientras te ocupas de la rutina diaria y a la vez interactúas con ellos y sus amigos en las cuestiones comunes y corrientes de todos los días.

Muchos padres creen que *disciplina* es castigo, aunque la palabra se asemeja más a *discípulo*; que es algo que requiere de mucho tiempo y de una vida compartida para que pueda lograrse con éxito. Aun con pasajes como el de Proverbios 13:24 ("El que escatima la vara odia a su hijo", LBLA), usado por muchos padres para justificar toda clase de castigos, tenemos que analizar el uso que la vara tenía dentro de la cultura pastoril de la época del Antiguo Testamento. Era un instrumento para guiar a las ovejas ignorantes, no un elemento para pegarles y someterlas. Mira cómo finaliza el versículo: "mas el que lo ama lo disciplina con diligencia".[1]

31

Por medio de las pequeñas cosas de la vida es como enseñamos: la manera en que respondemos al ruego del cónyuge de lavar los platos o la atención que le prestamos a nuestro hijo, que quiere mostrarnos su informe multimedia que prepara para la escuela cuando nosotros mismos estamos en medio de un trabajo. El hecho es que los que estamos en casa ya fuimos y seguiremos siendo los maestros principales en la educación sexual de nuestros hijos. Los mensajes que damos serán los que formen su vida influirán en las decisiones que tomen. Si permanecemos en silencio, obtendrán las respuestas de cualquier parte.

Tus hijos esperan de ti los mensajes que tienes para darles, hablados o no hablados. No podrán recibir esos mensajes si están en el centro comercial mientras tú estás en casa. Tampoco podrán fijarse en tus actitudes si se pasan el día en la casa de sus amigos con los vídeo juegos. Tampoco podrán aprender tus valores si pasan la mayor parte de la vida con sus compañeros.

¿Por qué tantos chicos insisten en estar sobreocupados? Porque anhelan con desesperación la intimidad, y el mejor sitio para eso es el hogar. Procuran un sentido de pertenencia, y si no lo hallan en el seno familiar tratarán de crearlo en su grupo de amigos. Muchos chicos recurren al grupo de amigos como último recurso. Trataron de buscar a sus padres, pero solo recibieron un silencio ensordecedor.

Una muchacha de trece años declaró a la revista "O": "Desearía que mi madre no se ponga como loca cada vez que menciono la palabra *sexo*".

Resulta lamentable que esa madre esté dejando pasar la oportunidad de ser la principal maestra de su hija en cuanto a su sexualidad. Lo que ansiaba esa pequeña, según lo expresaba la publicación, era "un padre imperturbable que estuviera dispuesto a tocar cualquier tema. Lo que las chicas anhelan es la misma cercanía, el mismo contacto visual con la familia, el mismo abrazo prolongado que uno desea después de un día largo. … Cuando no lo obtienen de parte de quienes las aman, lo buscarán en extraños que no pueden proveerlo tampoco".

Todos necesitamos intimidad, en especial un niño que experimenta cambios masivos en su vida y que también está buscando un contexto social (familiar) en el cual encajar. Al referirse a las relaciones sexuales que había mantenido con al menos quince muchachos, otra chica del artículo explicaba las razones para su conducta explícita: "Solo quería sentirme mejor, sentirme cerca de alguien".[2]

La intimidad es en realidad la base de este libro. Nuestros hijos procuran la intimidad al sentirse cada vez más conscientes del sexo opuesto y les brindamos esa intimidad cuando los amamos, los escuchamos y los guiamos por un camino que jamás han recorrido; un camino que tú ya conoces, independientemente de si te resultó sencillo o no. Para muchas púberes sexualmente activas, la sexualidad no es tanto "tener sexo" como intimar o sentirse cercana a alguien. Y es una necesidad tan grande que violan los dictados de su propia conciencia con tal de conseguirlo. Si no se sienten cercanas a ti como mamá y papá, o si no tienen un sentimiento de pertenencia familiar, buscarán otras relaciones para tratar de cumplir ese deseo.

Tal vez hayas tomado este libro con la esperanza de enderezar a tus hijos. Es un objetivo comprensible; pero antes de que sigas adelante esperamos que analices seriamente los desafíos de este capítulo para ocuparte de tus propios temas. Allí es donde comienza la educación sexual: en el hogar, con unos padres saludables.

Capítulo 3

"Él hace lo que papá le dijo que hiciera"

Cómo crear un ambiente familiar que permita el desarrollo de niños sexualmente saludables

A Deion Sanders, de siete años de edad, hijo del ex jugador profesional estrella de la liga de fútbol americano del mismo nombre, lo amonestaron después de anotar un tanto en un partido juvenil. Aparentemente, el pequeño Sanders se sobrepasó al hacer un bailecito tras de una gran jugada. El muy bribón siguió meneándose hasta que el árbitro hizo sonar el silbato y alzó una bandera amarilla para marcar la falta.

El padre de Deion, uno de los jugadores más brillantes, protestó: "¿Por qué le muestras la bandera? Está haciendo lo que su papá le enseñó".[1]

Nuestros chicos están mirando, aprendiendo y (lo que es peor) ¡copiando nuestra conducta! A la vista de ello, ¿qué hace un padre para poner las bases de un buen ejemplo? ¿Qué hacen un padre o una madre para crear una relación lo suficientemente fuerte y estrecha con su hija, de modo que acuda a ellos con sinceridad a preguntarles acerca del sexo?

Esa vía de comunicación se construye con el tiempo.

El carácter no se forma de la mañana a la noche, ni en una semana, un mes o un año. Se da lentamente, como el crecimiento preciso de una secoya, anillo por anillo. Lograr cambios positivos e importantes lleva tiempo y disciplina, y por lo general, conlleva sacrificio. Mientras el hijo crece, el padre rechaza hacer horas extras para poder pasar más tiempo con su pequeñín, que empieza a caminar, más adelante disciplina a su muchachito de jardín de infantes aunque sus padres nunca lo disciplinaron a él y, llegado el momento, reúne valor para responder las preguntas sobre sexo de su hijo púber (algo de lo que jamás habló con su padre). Ninguno de estos pasos es sencillo, pero su decisión lo pone en determinado camino y así, paso a paso, recorre lo que Eugene Peterson llama "una obediencia prolongada en la misma dirección".

Ya has establecido un antecedente con tu hijo por tu manera de escucharlo, por lo que dices cuando te enojas y por cómo tratas a tu cónyuge. Nos encanta sorprender a los padres con nuestra respuesta a la pregunta: "¿Cuándo debo empezar a hablar de sexo?"

La respuesta es: ya has comenzado.

La educación sexual comienza en el cambiador

"Estoy con el síndrome premenstrual, así que déjenme sola —les grita una madre a sus hijos mientras se preparan para ir al colegio. Luego se dirige a su hija mientras toma su abrigo y le advierte—: Será mejor que te acostumbres, porque ya te llegará. —Y al pasar cerca de su hijo, que está en la puerta de entrada, le comenta por lo bajo—: Y algún día tendrás una esposa, así que mejor será que te acostumbres también a soportarlo".

La educación sexual comienza aun antes, cuando comenzaste a entrenar a tu hija para que dejara los pañales, o según cómo manejaste el tema de los mocos de tu hijo de tres años, o lo que le dijiste a tu hija de cinco que se "tocaba" en el estacionamiento del supermercado. A través de todo lo que hayas dicho acerca de funciones corporales como segregar saliva, tener mocos, evacuar el intestino, eliminar los gases o el período menstrual, le has estado enseñando lo que tienen que pensar acerca de su propio cuerpo. Te han estado observando, y aun más que eso: te han estado *estudiando*, e intentado aprender lo que podían.

Papá, estás dándoles clases de educación sexual a tus hijos con tu manera de mirar a las mujeres y de tratar a tu esposa. Mamá, enseñas miles de cosas con tu manera de tratar a tu esposo. Si en esencia le has estado enseñando a tu hija que su cuerpo es un objeto sexual, estará en problemas cuando venga Guille listo para usarla como tal.

La peor manera de encarar el sexo es crear frases ingeniosas en apariencia, que no se reafirman con la conducta. Aun los dichos más inteligentes no surten efecto si no se acompañan de un ejemplo auténtico. *Cómo vivas tu vida* será la educación sexual más impactante que tu hijo jamás reciba.

Tomemos el caso del jugador estrella de la NBA, Jason Kidd. Como jugador de baloncesto, Jason brinda asistencias y pases increíbles, lo que lo convierte en el preferido de los seguidores, así como también en alguien muy bien recibido por sus compañeros de equipo que se benefician con sus pases.

Sin embargo, su historia tiene un lado oscuro.

Después de cinco años de matrimonio, la tensión en el hogar de los Kidd era muy marcada. El 18 de enero de 2001 estalló la presión cuando Joumana (la esposa de Jason) le advirtió que no comiera del plato de T. J., su hijo. Jason reaccionó arrojándole una papa frita y luego le dio una bofetada.

T. J. observaba y aprendía.

Joumana corrió rumbo al piso superior y se encerró en el baño. Llamó al 911 (el número de emergencias) y colgó. El operador llamó a la casa, según es la costumbre, y Jason respondió la llamada. Le pasó el auricular a Joumana, quien relató lo sucedido. Poco después, T. J. observó cómo la policía se llevaba a su padre.

A su favor, podemos decir que Jason hizo un gran esfuerzo por controlar sus arrebatos de cólera. Se mantuvo fiel a la terapia y le dijo a Joumana que llamar a la policía había sido lo correcto. La terapeuta de Jason dijo que había trabajado con atletas en alrededor de doscientos casos de violencia, y ni uno había respondido de forma tan positiva como Jason.

Sin embargo, el daño ya había sido provocado.

S. L. Price, periodista del *Sports Illustrated*, destacó que T. J. imitaba el regateo y su forma de pararse en la línea de falta "con asombrosa exactitud". Lamentablemente, eso no era todo lo que T. J. imitaba.

Price fue testigo cuando Jason filmó una publicidad, lo que suele ser una tarea por lo general larga, ardua y aburrida. T. J. ya se impacientaba y Joumana hacía lo que podía por evitar que se entrometiera, lo que demoraría la toma y los haría tener que comenzar todo de nuevo.

En un intento desesperado por distraerlo, Joumana lo agarró y le preguntó: "¿Te fue bien en la escuela?"

Según el periodista, T. J. giró y le dio "una bofetada en pleno rostro" con la mano derecha. Joumana se limitó a asirle la mano y reiterar la pregunta.

T. J. volvió a pegarle y se fue. En vez de disciplinar a su hijo, Joumana le alcanzó la pelota. T. J. se echó a reír y comenzó a botarla igual que su padre.[2]

Todo el remordimiento de Jason no pudo quitar esa marca indeleble que sirvió de ejemplo a su hijo cuando golpeó a su esposa. Resulta lamentable también que Joumana haya dado un mal ejemplo al permitir que su hijo le pegara. Es triste que el pequeño T. J. recibiera una mala educación sexual a la hora de la cena en su propia casa.

En las revistas aparecieron artículos referidos a los actos de violencia de Jason. La mayoría vivimos en hogares donde se producen malos ejemplos de relación. Sin embargo, como no somos famosos, nadie llama a la policía y no se publican, *pero no pasan inadvertidos*. Si terminas de leer esta parte pensando que todos los deportistas no sirven para nada y que se aprovechan de los demás, no has comprendido el asunto.

Nos horrorizamos porque un hombre golpeó a su esposa en el rostro y nos causó tristeza saber que una madre permitió que el hijo repitiera la escena sin reprenderlo; pero si un periodista llegara a entrar en *tu* casa, ¿qué malos patrones de conducta descubriría? ¿Qué triste enseñanza podría relatar?

Cuando tienes hijos, enseñas con el ejemplo. Ese ejemplo puede ser positivo, negativo o, lo que es más probable, una mezcla de ambos; pero siempre estarás enseñando. Por esa razón, en el capítulo previo enfatizamos que te ocuparas de tus aspectos negativos para que no los traspases a tus hijos.

Si bien ser ejemplo es importante, llegará el momento en que debamos usar las palabras. ¿Qué tal andan tus vías de información?

¿Cuál es tu vía?

Imagina un camino rural que serpentea por entre colinas, te lleva a través de un puente cubierto para luego subir y bajar como en la montaña rusa, de modo que cada tanto puedes contemplar una amplia zona del valle. Es una pena que ni tú ni nadie hayan recorrido este camino en años, por lo que está abandonado, los hierbajos crecen por entre las grietas, y está sembrado de pozos. Las líneas demarcatorias están tan borradas por el tiempo que ni siquiera puedes decir dónde estaban. En algunos tramos, la barrera de protección fue barrida cuesta abajo por la erosión producida por las grandes lluvias.

Imagínate que tienes que manejar por ese tramo durante una noche tormentosa de invierno. La escarcha convierte esas curvas en altamente peligrosas. El puente incluso puede haberse dañado; pero tienes que hacer este recorrido porque un ser querido, un amigo, un pariente o tu propio hijo o hija, está en la otra punta y te necesita.

Con demasiada frecuencia, esta imagen se asemeja mucho a la realidad cuando los padres acuden a nosotros para que hablemos con sus hijos. Han permitido que la vía de comunicación con sus hijos se venga abajo y ahora ha sucedido algo que los pone un tanto nerviosos (encontraron un profiláctico en el armario del hijo, escuchan cuchicheos, la ropa de la hija los espanta) y entran en pánico. Ahora que necesitan acercarse a los hijos, desean saber cómo atravesar ese peligroso camino llamado comunicación padre-hijo, que estuvo abandonado por tanto tiempo.

Es triste que muchos padres descuiden por completo ese camino hasta que una crisis los golpea. Si postergas el mantenimiento y dejas que esa vía se destruya, aunque hagas tu mayor esfuerzo por transitarla durante una crisis, si tu hijo no se siente cómodo con ese camino, no se encontrará allí contigo. *¿Por qué habría de acudir a ti?* —puede pensar—. *Si ya he llegado hasta aquí por mis propios medios...*

Los padres que tengan una buena vía de comunicación, mantenida en buen estado, se sentirán mucho más seguros cuando sobrevenga lo desconocido. ¿Por qué? Porque tendrán el camino allanado por haber tomado la iniciativa de hablar de los temas simples con sus hijos.

Ambos hemos destacado la idea de que la mejor base que puedes darle a un niño para una educación sexual positiva es un ser padre cariñoso que se involucre. Es una pena que vivamos en la era del correo electrónico en la que el pensamiento generalizado es: *cuando menos se diga, mejor.* El correo electrónico es grandioso para la administración de proyectos en la oficina, pero malísimo en el hogar. Está bien, reconocemos que es rápido y cómodo pero... "K TL, QT1BD. :(. TKM. [[Laura]]" no promueve una relación íntima con tu hija menor. (Para los no habituados: "¿Qué tal? Que tengas un buen día. Yo estoy aburrida. Te quiero mucho. Abrazos a Laura".) ¿Es esta la manera de comunicarse de tu familia, enviándose correos electrónicos como estos durante todo el día?

O tal vez sean esa clase de familia que se hablan por teléfono y conversan no demasiado compenetrados mientras caminan de una habitación a la otra, enfrascados en sus propias actividades y más interesados en cumplir con las tareas que figuran en la agenda que en saber cómo le está yendo a sus familiares que llevan su sangre en este camino de la vida. ¿Qué es lo más importante para ti? ¿Cuán limpio esté el cuarto de tu hijo o la razón por la que está tan angustiado o preocupado que no logra mantener su cuarto en orden?

No hay duda de que la vida de un padre a veces parece la de un gerente general, gerente financiero, gerente operativo, portero y chófer... todo eso *a la vez*. Hay cuentas que pagar, traslados que hacer, tareas del hogar que hay que controlar (desde alimentar al perro hasta sacar la basura y acordarse de reciclarla los lunes a la mañana) y la lista sigue. Sin embargo, cuando rebobinas el casete de ese día, ¿estableciste realmente *contacto* con tus hijos en el interactuar cotidiano? ¿Qué te encuentras administrando, un hogar o un hotel? Un hotel se basa en estadías temporales y relaciones comerciales; un hogar se basa en relaciones a largo plazo y mutuo apoyo. Si vives como si administraras un hotel y estás demasiado interesado en tus asuntos como para esperar en el salón de actos del colegio a que tu hijo diga su única frase en la obra de teatro escolar, tu mensaje cuando tengas que enseñarle que espere hasta el matrimonio para el sexo será: "HLQYDYNLQYH". ("Haz lo que yo digo y no lo que yo hago".)

Dedica tiempo a tu obra de arte

Seamos realistas... criar a un niño no es un negocio lucrativo. La energía que dedicas a criar a un niño es como la del artista que dedica años a una sola obra. Miguel Ángel le dedicó tres años a la escultura de David, y le llevó más de cuatro años pintar el techo de la Capilla Sixtina. Criar un niño lleva alrededor de dieciocho años. Crear una obra de arte lleva tiempo... mucho tiempo.

Baja el ritmo. Los chicos requieren de atención, y con todos los cambios que tienen lugar durante la pubertad, tienes que hallar tiempo y buscar el espacio para ellos. No puedes poner el piloto automático como padre porque tu hijo ahora pueda prepararse un sándwich por sí solo o pueda darle agua al perro. Ser padre en esta etapa no es algo que puedas hacer a las apuradas, ¿y por qué querrías hacerlo?

Antes de que hablemos de la disciplina que debes enseñarles a tus hijos, hablemos de alguna disciplina que puedes aplicarte a ti mismo:

No abarrotes tu agenda de compromisos. Dale una mirada a tu agenda. ¿Está plagada de reuniones de comisión de la iglesia, de reuniones de padres del colegio, de compromisos de voluntariado, ensayos de coro y liderazgo de grupos pequeños? Elimina todo lo que te impida pasar el tiempo necesario con tu familia. Pueden ser actividades excelentes, pero si te quitan tiempo de estar con tu familia que te necesita, no le estás haciendo un favor a nadie. Los años de la pubertad de tu hijo son críticos; una vez que tus hijos alcanzan determinada edad, estás listo.

No alcanza con apartar tiempo para las urgencias. La intimidad familiar se construye alrededor del tiempo "no esencial", como al hacer pases con la pelota, desordenar la cocina al cocinar galletas, salir juntos a comer pizza, conversar sobre cualquier tema que surja en forma espontánea y prestar verdadera atención e involucrarse en lo que tus hijos están haciendo. Tienes que destinar espacio mental para orientarlos; no podrás ser un padre efectivo si estás completamente absorbido por tu trabajo.

¿Abierto o cerrado? Como padre, llevas un cartel colgado que dice Cerrado o Abierto. Esto se refiere no solo a tu sinceridad ante las preguntas de tus hijos sino también a la transparencia con la que lo ayudas a enfrentar los temas que se le presentan.

Tu hija, por ejemplo, puede sentirse insegura con respecto a sus cambios corporales. Tal vez cerca del inicio de la pubertad siente que su cuerpo crece desproporcionadamente, algo que tú también piensas acerca de tu cuerpo. En una salida de compras de madre e hija, puedes reconocer ante la vendedora: "Tengo caderas anchas. Necesito enfatizar el punto medio del cuerpo. Sé que hay mujeres más grandes que yo que usan pantalones y les queda bien, pero no es mi caso". Cuando tu hija escuche que hablas francamente de tus fortalezas y debilidades, aprenderá a aceptar las particularidades de su cuerpo. Presta atención a los asuntos de tu hijo y trata de ser un ejemplo de conducta por medio de tu vida. Tus hijos se sentirán más dispuestos a formular preguntas, incluso las relativas al sexo más adelante, cuando te escuchan hablar de las cosas que ellos están pasando.

Planifica salidas con tus hijos. La última vez que alguien te invitó a salir te sentiste especial, ¿no es cierto? Lo mismo sucede con tus hijos cuando pasas tiempo con ellos. Ellos observan que te concentras en el trabajo, en las reuniones de la iglesia, en tu cónyuge, y cuando conviertes a tus hijos en el centro de atención durante una tarde, una noche o algún que otro fin de semana, haces que su autoestima suba hasta el techo. Los adultos todavía recuerdan las salidas de la infancia con sus padres: ir al cine, a cenar, de caminata, de compras, a un estadio deportivo... Para un chico, esas salidas se convierten en momentos destacados dentro del mes. Tu hijo puede recordar siempre la sencilla emoción de comer una salchicha en la cancha de fútbol, en su salida solo con su papá.

Con cierta frecuencia salgo (habla Kathy) con mi hijo John después de clases. Aunque soy una mujer, aprendí a hablar su mismo idioma: ¡vamos a comer algo! Esas citas nos dan la oportunidad de conversar acerca de la escuela, de los deportes y, a veces, de temas futuros. Cuando John escuchaba en aquel lugar público de comidas, observaba la mejor de las conductas. Esas salidas me permitieron comentarle algunos aspectos de su persona que yo observaba y que podíamos trabajar juntos. Ese tiempo dedicado con cada uno le permite al niño verbalizar sus reacciones más sinceras en un ambiente relajado.

La mañana y la noche: momentos esenciales. Cuando John y Amy estaban en la pubertad, descubrí (habla Kathy) que se descargaban mejor por la noche, antes de acostarse; esa era la mejor hora para aconsejarlos como madre. Les daba una media hora para prepararse para ir a la cama y luego me comentaban las cosas importantes del día. No les niegues ese tiempo. Antes de irse a la cama, los chicos suelen estar dispuestos a ser aconsejados por los padres de una manera en que no lo hacen en el resto del día. Tus hijos son más vulnerables en ese momento, y las charlas durante las noches o las mañanas pueden darle un cierre saludable a ese día que quizá haya sido difícil, conflictivo, aterrador o divertido.

Simplifica. Meter a tu hijo en un equipo de fútbol no lo convertirá en un niño mejor; las actividades no son buenas en sí mismas. Uno de los comentarios más tristes de nuestra sociedad actual es que usamos las actividades de los chicos para definir nuestra propia identidad. Las madres de los futbolistas, por ejemplo. Si bien algunas actividades pueden ser buenas con moderación, una sobredosis diluye los lazos entre padres e hijos. Hacer demasiado traslada el foco de la familia a los chicos, en vez de donde debe estar: en los padres. Mantén las actividades en un mínimo razonable. El Dr. Leman recomienda una actividad por chico por temporada. Puede que algunos se opongan a esto, pero los niños jamás deberían ser el centro de la familia, porque ese lugar les corresponde al esposo y la esposa.

Hannah, la hija de quince años del Dr. Leman, tuvo que decidir entre voleibol y teatro. Finalmente decidió participar en la obra *Bye, Bye Birdie*. El próximo semestre participará del equipo de baloncesto. Lauren, la hija menor del Dr. Leman, participa de la actividad de exploradores con encuentros quincenales después de la escuela, más algún que otro viaje ocasional al campo o una caminata los sábados. Y eso es suficiente.

¿Por qué es tan importante limitar las actividades? Un padre ocupado no podrá observar las señales más sutiles —y con frecuencia más importantes— de su hijo. Necesitamos disminuir la marcha para poder prestarle atención a su corazón y no a sus palabras.

Escucha su corazón y no sus palabras

Este fue un ultimátum expresado con toda la pasión de una jovencita estresada: "Bajo ninguna circunstancia admitiré que vayan a mi primer partido de voleibol", anunció Krissy Leman a sus padres.

Krissy había llegado al punto en la vida de una niña en el que una parte de ella ni siquiera quería reconocer que *tenía* padres. Decía que la madre gritaba muy fuerte, y no quería que anduvieran tras ella chillando en un partido a casi 150 Km. de su casa.

Ahora bien, en realidad, ¿quería Krissy que sus padres fueran? Sí. Aunque Sande, su mamá, finalmente no fue, yo la llevé y Krissy terminó por reconocer que estaba contenta de que hubiera ido.

Padres, tienen que comprender que no importa lo que los chicos digan: en realidad desean que se involucren en sus vidas, pero de manera adecuada para que no los avergüencen. Desean tu aprobación y reafirmación. Desean que les prestes atención e incluso que los guíes.

Como son niños todavía, puede que no verbalicen este deseo, e incluso tal vez digan lo contrario. Sin embargo, tienes que ser adulto en cuanto a esto, y reconocer que en estos momentos sus sentimientos son una vorágine. Y a fin de cuentas, tú sabes lo que es mejor para ellos. Tienes que reconocer: *Yo soy el padre aquí y acompañaré a mi hijo o hija. Sin excederme, voy a involucrarme en su vida.*

Es lamentable que muchos padres estén tan ocupados con sus propias cosas que no tengan tiempo para estar con sus hijos. Estrechar los lazos de confianza lleva tiempo, no es instantáneo. Si te niegas a dedicar tiempo a conocer a tus hijos lo suficiente como para poder descifrar lo que quieren decir cuando tú les preguntas: "¿Quieres que te repase lo que tienes que decir en la obra de teatro de la escuela?" y te respondan "Me da igual", cuando en realidad *no* les da igual, entonces ambos perderán una oportunidad excelente de relacionarse mejor.

Quizás porque por lo general a los padres les cuesta leer entre líneas con sus hijas y a las madres comprender en forma intuitiva a sus hijos, la educación sexual se limita a charlas "de mujer a mujer" y "de hombre a hombre". Creemos que la educación sexual saludable se debe dar al revés.

Los hijos necesitan a la madre y las hijas, al padre

Los científicos han venido rastreando este mundo por décadas, y las novedades son que aún no encontraron a la esposa a quien le guste que el esposo la apriete con fuerza. Si es un abrazo o una suave caricia, eso ya es distinto. Sin embargo, en la oficina de consejería del Dr. Leman he descubierto que esto resulta sorpresivo para la mayoría de los hombres. Se sienten paralizados. Creen que los pellizcos y toqueteos son excitantes. Muchos de ellos se alegrarían de que sus esposas tomaran esa iniciativa con ellos, por eso no comprenden cómo a la inversa no sucede lo mismo.

Los hombres y las mujeres son diferentes, y ¿quién mejor que la madre para darle ese mensaje a su hijo? ¿Y quién mejor que el padre para darle información apropiada a su hija acerca de los muchachos?

A decir verdad, gran parte de mi actividad como consejero (habla el Dr. Leman) se trata de revertir los malos consejos dados a las novias por parte de sus madres y a los novios por parte de sus padres. Como tenemos esta noción errada de que la educación sexual es mejor entre los del mismo sexo, algunos mitos extrañísimos pasan de generación en generación.

Seamos francos: el hombre está mejor equipado para decirle a su hija por qué un muchachito de doce la empujará al sexo, sencillamente ¡porque él ha sido un muchacho de doce! Padres, hablen con sus hijas respecto a cómo ven los hombres a las mujeres. Madres, hablen con sus hijos acerca de cómo ven las mujeres a los hombres y cómo desean ser tratadas.

Durante la pubertad temprana, cuando un padre reafirma a su hija joven, estará reafirmando su feminidad. Los muchachos y las chicas crecen en su personalidad durante la pubertad y comienzan a desear más y más la atención del otro sexo. ¿Quién mejor entonces para subsanar esa necesidad de crecimiento que aquellos que estuvieron allí desde el principio?

Lauren Leman, de diez años, generalmente me espera a mi regreso de los viajes y se levanta para darme un beso de despedida cuando me voy a la mañana temprano. Es más, *tengo* que despertarla para despedirme y darle un beso y abrazo cuando me voy de viaje. Si no lo hago, incluso en esos días en que salgo a las 4.30 para tomar un vuelo temprano, mi esposa escucha sus protestas toda la semana.

Una noche en la que me esperaba, se quedó dormida en el sofá. Tenía puesta una peluca violeta que pensaba usar como parte de su disfraz para el día de brujas. Cuando llegué por la mañana, me acerqué y le dije con voz aflautada: "Soy mami, que vengo a despertarte". Cuando Lauren vio que era yo, se levantó de inmediato y corrió a mis brazos, evidentemente emocionada y encantada de estar de nuevo con su padre.

La conexión padre-hija, madre-hijo (el Dr. Leman se refiere al tema en su libro *What a Difference a Daddy Makes* [La diferencia que produce un padre]) es crítica durante esta edad. Si hay una época justa para esta conexión de géneros cruzados entre padres e hijos es esta, la pubertad, entre los ocho y los catorce años, los años de desarrollo previos a la adolescencia.

Una relación estrecha y sólida entre padre e hijo de sexos opuestos durante la pubertad prepara el terreno para un adolescente confiado y autónomo.

Trazar el camino hacia la adolescencia: niños autónomos

—¿Cómo haces con John respecto al horario de regreso a casa? —le preguntó una madre a Kathy Bell.

—¿A qué te refieres? —quiso saber Kathy.

—Discutimos con mi hijo porque su amigo puede salir hasta la una o las tres de la mañana y él quiere hacer lo mismo. Y yo no quiero permitírselo.

—Bueno, no lo hagas —respondió Kathy.

—¿Pero cómo haces para hablar del tema?

Esta cuestión del horario se había convertido en todo un tema para esta madre y su hijo, con discusiones e intercambio violento de palabras. No importa demasiado cuál fuera la respuesta de Kathy a la consulta de la mamá, porque lo que en realidad marcó la diferencia no fue lo que Kathy le dijo a su hijo al establecer las reglas del hogar. ¿Qué es entonces lo que marca la diferencia? Los antecedentes que Kathy y su hijo desarrollaron durante años.

Para la época en que los hijos de Bell alcanzaron los catorce, quince y dieciséis, pasando de la pubertad a la adolescencia, Kathy y sus hijos ya habían logrado un alto nivel de confianza y comunicación franca. Ya estaban al corriente de los antecedentes. La mayoría de los patrones ya están establecidos en el octavo grado, y a medida que sus hijos entraban en la escuela secundaria, Kathy comenzó a aflojar las riendas cada vez más, sopesando los pro y los contra con ellos y permitiéndoles tomar decisiones aun cuando Kathy y su esposo se reservaban el derecho de tomar la decisión final.

¿Sabe lo que pasó? En la escuela secundaria, John ya estaba tomando decisiones *por sí mismo*. Abandonó el fútbol y eligió otros deportes para evitar la gran presión de los jugadores a asistir a fiestas y beber. Prefirió no jugar al fútbol en su último año, aunque le encantaba, era uno de los muchachos más populares de la escuela y podría haber jugado en un equipo que había salido campeón estatal.

Lamentablemente, muchos padres hacen lo contrario. Están tan ocupados durante la pubertad de sus hijos que les dan libertades, y cuando notan conductas atemorizantes en ellos durante la adolescencia, de repente tratan de tomar las riendas. Esto es lo opuesto a una conducta saludable como padre. Deberías involucrarte más cuando son pequeños, y gradualmente permitirles ir logrando la autonomía.

¡Háganle saber a sus hijos lo que están haciendo! Analicen la siguiente conversación, que tuvo un gran éxito en el hogar de los Leman.

"Lo interesante de la vida es que mamá y papá no van a estar alrededor de ti toda la vida. No controlamos en todo momento lo que dices y lo que haces. Ni siquiera podríamos aunque quisiéramos. Sin embargo, estamos convencidos de que puedes hacerte cargo de las cosas que tienes que enfrentar.

"Llegará el día en que puedes llegar a pensar que mamá y papá son las personas más desactualizadas del planeta (si es que ese día no ha llegado ya). Sin embargo, hay cosas que sabemos que te van a suceder: vas a escuchar y ver cosas que no son apropiadas, que son sucias e irrespetuosas. Los chicos te dirán cosas como: 'Bebe esto, fuma esto o inhala esto… es divertido'. En esos momentos, depende de ti cómo respondas. Se trata de tu vida, no de la mía ni la de mamá ni la de tus hermanos. Queremos que sepas que confiamos en ti. Como en todas las cuestiones de la vida, hay momentos en que necesitarás ayuda, y espero que charlemos como siempre lo hemos hecho."

Deseamos que nuestros hijos sean adultos responsables y autónomos, capaces de tomar sus propias decisiones. Por eso los niños del hogar de los Leman emiten los cheques para pagar las cuentas de la casa desde que tenían once o doce años, lo que no solamente les enseña el valor del dinero, sino que también les ayuda a retribuir a la familia y a fomentar la pertenencia. Al final, le estarás dando a tu hijo las habilidades para vivir la vida, ya sea que esa habilidad sea la de equilibrar el presupuesto familiar o de negarse al sexo prematrimonial.

La autonomía ayudará a tus hijos a enfrentar varios momentos vergonzosos que acompañan a la pubertad. Se aproxima con rapidez el día en que necesitarán y apreciarán una privacidad mayor.

Si pueden reparar la computadora, pueden usar la lavadora

—¿Cuántos saben usar el microondas? —les preguntó Kathy a los muchachos de su clase de padres e hijos.

—¡Yo! —respondieron todos con entusiasmo.

—¿Cuántos saben usar el reproductor de DVD?

—¡Yo! ¡Yo! —respondieron.

—¿Cuántos saben manejar una computadora?

—¡Yo sé! ¡Yo también!

Entonces Kathy fue más allá.

—Entonces, son capaces de lavar sus propias sábanas.

—¡Claro que no! —protestaron al unísono.

—Permítanme decirles por qué van a desear hacerlo —siguió Kathy—. Llegará el día, y no falta mucho para eso, en que una mañana se van a levantar de su primer sueño húmedo. ¿Y cuántos de ustedes le dirán a su mamá que tuvieron una emisión nocturna y que por favor les cambie y lave las sábanas? Por lo que veo, la mayoría se sentiría demasiado avergonzado como para hacerlo. ¿Y cuál es la otra opción que tienen? No hacer nada. Sin embargo, ¿a cuántos les gustaría acostarse en sábanas pegajosas a la noche siguiente?

Kathy les da a las niñas el mismo consejo.

—Pronto les vendrá el período menstrual y mancharán la cama. No importa cuán cuidadosas sean, tarde o temprano sucederá. ¿Y quién de ustedes deseará explicarle a su madre o padre o, lo que es peor, al hermano mayor, por qué necesitan que sus sábanas o ropa interior se lave con agua fría? Si ya han establecido un antecedente de lavar sus sábanas antes de que se haga presente la verdadera necesidad, cuando se despierten con algún problema de este tipo, nadie las mirará con expresión divertida mientras van por el pasillo con las sábanas en la mano. Nadie va a preguntarles qué es lo que están haciendo.

Padres, si sus hijos pueden usar el microondas, configurar la computadora para el servicio de internet y programar el reproductor de vídeos, seguramente podrán usar la lavadora y la secadora. Si tan solo te tomas el tiempo para enseñarle a tu hijo ciertas habilidades sencillas, estarán sentando un precedente juntos, podrás confiar en él, y estarás inculcando en tu hijo un sentido de responsabilidad que es esencial para cualquier jovencito que está a un paso de la adolescencia.

El poder de las expectativas positivas

Si es una noche de semana en la casa de los Leman, hay dos palabras que jamás escucharán salir de mi boca: "¿Tienen tarea?" Nuestros hijos saben si tienen tarea y no necesitan que yo se los recuerde.

"¡Pero Dr. Leman! —protestan algunos padres— ¿qué tiene de malo que se lo recordemos?"

Si hablas con tus hijos, verás que ellos no lo llaman "recordatorio" sino "molestia" o "fastidio". Las expectativas desarrollan la responsabilidad. Yo deseo que mis hijos sean autónomos.

Por supuesto, eso no significa que no les prestemos atención. Según el sistema escolar, recibimos informes regulares y si uno de nuestros hijos esta flojo en matemáticas o en lengua, nos daremos cuenta por la libreta de calificaciones. Tal vez tengamos que contratar a una maestra que los haga repasar algunos conceptos o hacer tareas adicionales. Nuestra hija Lauren necesitó apoyo extraescolar durante un tiempo hasta que logró recuperarse. Sin embargo, jamás le estuvimos encima diciéndole permanentemente lo que debía hacer. En cambio, la animamos con nuestras expectativas positivas.

Jamás podría enfatizar demasiado la expectativa positiva. Porque mientras me preocupan las matemáticas de mi hija, mucho más me preocupa que ella sea capaz de tomar decisiones sabias con respecto a su cuerpo. Al enseñarle cómo ser responsable con sus tareas escolares estaré enseñándole a fin de cuentas cómo manejar los temas relacionados con la sexualidad. Nuestros hijos tienen que aprender a ser autónomos y a detectar las señales de advertencia que Dios nos da.

Nos gusta explicarle a los chicos acerca de lo que llamamos el "fenómeno oh-oh". Cuando uno está en situaciones sociales en las que siente dentro ese "oh-oh", sabe internamente que algo no está bien. Es como esa vocecita que llama nuestra atención, nuestra conciencia que nos dice que no todo está bien; que es un buen momento para salir, para irse o para cambiar. Que es el momento de detenerse en lo que estás haciendo o diciendo y proponerle a tu novio o novia: "Es mejor que cambiemos de actitud". En otras palabras, las decisiones que una jovencita toma mientras está en el asiento posterior del automóvil cuando tiene dieciséis o diecisiete con frecuencia están forjadas en decisiones no relacionadas con la sexualidad que ella tomó cuando tenía ocho o nueve años.

El caso de Sara nos sirve de ejemplo. Ella estuvo vendiendo casa por casa suscripciones a una revista; tenía que tomar los pedidos, cobrar y quedarse con una comisión por la venta. El problema fue que Sara se quedó con el dinero y jamás entregó los pedidos. Triste como parece, lo que es más triste todavía es que ella no entregó los pedidos sencillamente porque no sabía seguir adelante, porque no había aprendido cómo hacerlo. Cuando estaba en quinto grado, Sara le robaba dinero a la madre, y en séptimo, robaba de las tiendas. Cuando estaba en octavo grado, la descubrieron cuando robó en un día de compras.

Muchos adultos puede que apunten a la presión de sus semejantes, pero cuando Kathy conversó con Sara, descubrió una perspectiva distinta por completo. Sara contó que comenzó a robar dinero del monedero de su madre no por presión de los amigos sino porque quería tener dinero para comprarse helados y útiles en la escuela cuando estaba en quinto. Incluso estaba dispuesta a trabajar duro para conseguir lo que deseaba, por lo que comenzó a vender las revistas. Si alguien hubiera estado con ella para ayudarla a desarrollar habilidades responsables del manejo del dinero, habría tenido dinero y probablemente jamás se habría metido en problemas.

Para muchos púberes, meterse en problemas no es una cuestión de presión de sus semejantes, sino de un deseo intenso, del impulso de hacer algo, de una motivación para pasar a otro nivel y no contar con alguien que les enseñe las habilidades necesarias para conseguir estas cosas de la manera correcta. A nuestros jovencitos se les deja con frecuencia andar a tientas, tratando de hallar su camino y su lugar en el mundo. Y a veces se enfrentan con problemas cuando solo tenían buenas intenciones.

Es evidente que crear un antecedente con tu hijo ayudará al éxito. Puedo ingresar (habla Kathy) en un salón de quinto grado y darme cuenta de si un padre ha olvidado transmitir una habilidad social esencial. Cuando veo a un niño que sigue conversando durante el momento de estudiar, me doy cuenta de que necesita límites, mientras que otra niña sabe manejarse sola. Podría decir mucho de la relación de cada estudiante con sus padres cuando no pueden dejar de lado la diversión y los juegos o cuando sienten la necesidad de continuar haciendo bromas acerca de algo de lo que estamos hablando. Por ejemplo, si hablo del crecimiento de los pechos, les pregunto a los varones si saben que a ellos también les crecerán un poco. Puede que un muchacho levante la mano para decir que ya le ha pasado. "¿En serio?", preguntarán algunos, y ahí nomás se iniciará la discusión. Sin embargo, cuando tratamos de dirigirnos a cierto grupo que no deja de reírse, de hacerse bromas y de hacer comentarios groseros como si quisieran atraer la atención sobre sí, sé que no están preparados para el éxito. Lo más probable es que esos chicos jamás hayan tenido límites claros en el hogar.

Hay determinadas conductas que deben estar aprendidas cuando el niño llega a quinto grado para que pueda alcanzar el éxito social: conocer la rutina, aprender a esperar, persistir, desarrollar la previsión, la administración del tiempo, poder dominar los sentimientos y el respeto a la autoridad. Si estas estructuras externas no están sólidamente fundadas en su lugar hacia quinto grado, cuando luego las hormonas transformen las estructuras internas en una vorágine, esto terminará en un caos a pesar de tus intentos de hacerlos responsables de respetar unos límites que jamás aprendieron a obedecer. Sin estas estructuras, tu hijo corre el riesgo de involucrarse en conductas dañinas y antisociales.

Conocer la rutina. En el hogar de los Bell hemos trabajado duro en el desarrollo de patrones y rutinas básicas. Una noche, una de mis hijas pareció no haberlo comprendido.

—Elizabeth —le dije a mi hija de siete años—, es hora de ir a dormir. Tienes que recoger todas tus cosas.

—Ya voy —respondió; pero unos minutos más tarde seguía pintando.

—Elizabeth, ¿no escuchaste?

¿Me estará desafiando? —pensé—. *¿Es qué está tan concentrada que no tiene en cuenta mis instrucciones?* Me acerqué a ella, establecí contacto visual y apoyé una mano sobre su hombro para ayudarla a regresar a la rutina establecida.

La fidelidad con la que tu hijo se prepara por la mañana, se encuentra contigo a la salida del colegio en el lugar acordado, y se va a la cama y cumple con sus tareas son signos de que comprende el proceso, el orden y el devenir de la rutina familiar. ¿Cuántas veces se meterá en problemas tu hijo debido al desorden en el hogar, la alteración de la rutina o porque envías mensajes confusos en cuanto a tus expectativas? Crear una vida familiar segura y estable ayuda a que se desarrolle la confianza entre tú y tu hijo, algo crucial en lo referido a compartir la vulnerabilidad acerca de la sexualidad.

Si yo no hubiera seguido adelante con Elizabeth, habría contribuido al caos. Entonces Elizabeth habría comenzado a pensar: *Bueno, tal vez no tenga que irme a la cama a determinada hora ni tenga que guardar mis cosas por la noche.* Me encargué de recordarle su rutina y ella cedió de inmediato porque así eran siempre las cosas: con expectativas y responsabilidades claras, la obediencia se daba por sentada.

Cuando un chico crece durante dieciocho años con una rutina sólida, con un papá (y tal vez la mamá) que van a trabajar, con las tareas que se cumplen, con la familia que cena junta, con las tareas y los juegos de fin de semana y cosas así, aprende que la vida tiene un orden determinado. Cuando empieces a explicarle a este niño que el matrimonio viene antes que el sexo, ya tiene una comprensión y apreciación innata por hacer las cosas de la manera correcta.

Dicho esto, no dejamos de reconocer que el mundo de hoy en día puede llegar a ser un lugar muy difícil para criar a los hijos. Existe un elemento de caos por el simple hecho del tiempo que se requiere para llevar a cabo una actividad. Que un chico practique un deporte puede significar cruzar en auto la ciudad, postergar una cena y hacer malabarismos con los compromisos de todos.

Esto es así, mientras tratamos de llegar al ideal de un hogar agradable y pacífico donde todo se hace en determinado orden y sin interrupciones, debemos reconocer que la vida contiene un lado caótico. Entonces necesitarás aquietar tu mente allí donde te encuentres. Tu tiempo devocional puede quizás realizarse tras el volante. La educación sexual puede que se haga mientras caminas por el supermercado o mientras conduces rumbo al local de comidas rápidas en vez de en la mesa de la cocina. Es tan importante aprender a mantener la paz en medio del caos como lo es establecer una rutina sólida.

Aunque parezca que estamos dando un doble mensaje (establecer una rutina y conformarnos con el caos), la verdad es que nuestros hijos necesitan de ambas cosas. Cuando hablamos con ellos respecto del cuerpo, les pedimos que se fijen en el orden: son niños, sus cuerpos maduran, se convierten en adultos, se casan, comienzan a ser sexualmente activos, tienen hijos y así. Si viven en un mundo con un orden externo, el orden interno tiene más sentido.

Sin embargo, cualquier orden se ve desafiado en ocasiones. Aunque *sepan* que el orden correcto es posponer el sexo hasta después del matrimonio, su cuerpo puede estar clamando *ahora mismo* por actividad sexual. La forma en que te vean mantener la calma y el equilibrio en medio del caos les dirá mucho acerca de como mantenerse en calma a pesar del caos que se agita dentro de ellos.

Algo que ha funcionado muy bien en el hogar de los Bell ha sido responder a la presión o al caos con un canturreo familiar. Cuando alguno de nosotros lo dice, indica que está en un dilema y hace una pausa para pensar en lo que va a decir o hacer. Entonces, el otro miembro de la familia se hace a un lado para darle espacio. Esta ha sido una habilidad importantísima que aprendieron nuestros hijos, porque si bien tratamos de que tengan el mayor orden posible, debemos reconocer que nuestros hijos se van a enfrentar de vez en cuando al caos.

Aprender a esperar. Una semana antes de que Kathy y sus hijos hicieran un viaje en avión, ella les compró un regalo a cada uno, los envolvió y los puso a la vista sobre la alacena. Conocían las reglas: "Pueden mirar la caja, pueden tomarla, pero no deben abrirla. Debe quedarse allí hasta nuestro viaje y luego, en el avión, podrán abrirla". A los chicos les costó muchísimo aguantar, pero Kathy les explicó que les estaba enseñando a aprender a esperar (lo que llamamos "gratificación retardada").

"Sé que realmente desean eso —reconocía Kathy comprensiva— y ya llegará el día dentro de poco tiempo en que podrán tenerlo; pero por ahora, deben esperar." Sus palabras debían bastarles por el momento, debían apoyarse en ellas y depositar allí sus esperanzas. Kathy sabía que, tarde o temprano, ella no podría controlar la conducta de sus hijos, incluso su conducta sexual, así que deseaba enseñarles a esperar algo que ansiaban muchísimo.

Si siempre cedes a las demandas de tus hijos, si nunca hay un placer por el que esperar, ingresarán en la adolescencia sin haber incorporado la habilidad de la gratificación retardada. Y en nuestra sociedad de innumerables tentaciones, ¿quién desea que nuestros hijos carezcan de la habilidad de posponer una gratificación?

Continuidad. ¿Comprende tu hijo las consecuencias de no seguir adelante? El Dr. Leman enseña lo que se conoce como "disciplina real" (ver su libro *Making Children Mind without Lossing Yours* [Cómo formar la mente de tu hijo sin perder la propia]). La disciplina real significa que tú no lo fastidias, ni le ruegas ni le gritas. Sencillamente dejas que tu hijo se enfrente a las consecuencias de su irresponsabilidad. Si no hace la tarea, se pierde la fiesta, el juego o su programa de televisión preferido. En otras palabras, paga el precio y aprende una lección valiosa cuando los padres le hacen pagar las consecuencias por su conducta irresponsable.

Para lograr que se vuelvan autónomos, esto es mucho más beneficioso que gritar amenazas, ponerlos en penitencia o castigarlos. Si no finalizamos el libro a tiempo o no nos presentamos cuando nos invitaron a una conferencia, no cobraremos y nuestras familias no podrán pagar la hipoteca. Como adultos, hemos tenido que aprender a ser responsables con los compromisos, aun cuando sea penoso (como la vez en que el Dr. Leman tenía unas entradas con excelente ubicación para el torneo de baloncesto *Final Four* de la NCAA, pero las perdió debido a un compromiso previo para hablar). Los chicos necesitan tener esa capacidad, por eso cuanto más se parezca su vida a la vida real, con sus consecuencias y todo lo demás, mejor preparados estarán.

Desarrollar la previsión. Nadie puede tener éxito en el mundo actual sin la habilidad crucial de la previsión. A nuestros hijos hay que enseñarles a detenerse un momento y analizar las consecuencias de sus actos. Por supuesto, esto tiene toda clase de ramificaciones en lo referido a la sexualidad y las elecciones que tomarán en cuanto a sus relaciones.

Nos encanta recordarles a los padres lo beneficioso de usar el factor sorpresa. Supongamos que tu hija tiene una fiesta de cumpleaños a la una el sábado. Ella sabe que todos los sábados tiene que ordenar y limpiar su habitación y que debe recoger del patio la caca del perro. Un padre con disciplina realista no le andará detrás repitiéndole que lo haga, ni siquiera se lo recordará. Ella sabe lo que debe hacer y las expectativas son consecuentes.

Eso significa que si se pasó toda la mañana mirando la televisión o leyendo una novela para adolescentes y no cumplió con su tarea, y aparece a las 12.45 diciendo: "Estoy lista, papi" entonces tú le dirás: "Ah… pero no puedo llevarte. Tu cuarto no está limpio y en el patio todavía hay caca de perro".

Dejar que ella se vista y se arregle para ir a la fiesta aumenta el beneficio que tiene esta tremenda desilusión. El impacto de darse cuenta de pronto de que no puede ir, le enseñará que por no haber sido previsora se perderá una actividad que valoraba mucho. Le hará reconsiderar la situación y pensar: *Si quiero salir a divertirme a la una, mejor será que haga mi tarea por la mañana.*

Por lo general, con que lo haga una o dos veces, tu hijo aprenderá la lección y se convertirá en alguien *muy* previsor.

Padres, ¡no sean permisivos o blandos en esto! Si tus hijos no aprenden a ser previsores, buscarán la inmediata gratificación sexual, irán tras el flagelo de la droga y se involucrarán en todo tipo de conductas peligrosas (conducir a altas velocidades, asumir riesgos estúpidos y cosas por el estilo) sin mirar más allá y analizar las consecuencias de sus actos. Tienes que permitirles que aprendan a enfrentar los golpes debidos a las decisiones tontas. Equivocarse y tener que afrontar las consecuencias resulta mejor cuando uno tiene ocho años y se pierde una fiesta de cumpleaños que cuando tiene diecisiete y termina detenido por conducir en estado de ebriedad, o cuando a los dieciséis queda embarazada en la noche del baile escolar.

Administración del tiempo. Cuando están en quinto grado, los chicos necesitan saber que "el reloj manda". Como padres, muchas veces entorpecemos el aprendizaje de esta habilidad por parte de nuestros hijos porque nuestra conducta no es de ningún ejemplo. ¿Cuántas veces decimos: "Vamos… ya es hora de irnos" y luego nos quedamos conversando quince minutos más? ¿Cuántas veces manejas mal tu propio horario y llegas al colegio para dejar a tu hijo más tarde de la hora, e incluso es probable que hayas conducido hasta allí de forma imprudente?

Una vez más, regañar y repetir las cosas no enseña absolutamente nada. Lo que sí enseña es permitirles enfrentar las consecuencias.

Veamos un caso. Tú anuncias: "La cena está lista" y uno de tus hijos insiste en terminar un juego en la computadora. A los quince minutos, aparece por la cocina y se sienta a comer. ¿Qué aprendió? A ser irrespetuoso, a llegar tarde y a desvalorizarte.

Ahora imagina que entra en la cocina y ve que todos están comiendo, pero que falta su plato.

—¿Dónde está mi plato?

—No viniste a comer, así que supuse que no tendrías hambre.

—¡Qué locura! —exclama y se dirige a la alacena.

—No, Alberto, lo siento pero no vas a cenar esta noche. La próxima vez, ven cuando te llamamos.

Solo tendrás que hacerlo una vez hasta que aprenda que cuando llamas a cenar, significa que la cena está lista *ahora* y no dentro de quince minutos.

Enseñarle a tus hijos a respetar horarios es una pequeña manera de ayudarlos a cultivar la responsabilidad.

Aprender a dominar los sentimientos. Si asistieras a una de las disertaciones de Kathy Bell en las escuelas públicas, se lo escucharías repetir vez tras vez: "No esperes a desear hacer lo correcto". Es la forma en que ella les dice a los chicos que necesitan aprender a dejar de lado lo que sienten con respecto a algo para poder elegir racionalmente lo que es mejor.

Si las mujeres que sufrieron debido a padres ausentes o abusivos se dejaran llevar por sus sentimientos, elegirán al hombre equivocado nueve veces y media de cada diez. No queremos decir que debas negar o reprimir tus sentimientos, pero todos necesitamos aprender a analizarlos y luego actuar sabiamente más que emocionalmente.

Esto comienza antes de lo que imaginas. Por ejemplo, le enseñas a tu hija de cinco años a que domine su temor y que no permita que las emociones la sobrepasen. "Este perro no te hará daño, Anita; acércate y acarícialo".

Le enseñas a un pequeñito a enojarse pero sin reaccionar con violencia. "Claro que estás enojado, Miguel, pero sabes que golpear a otro niño no está bien. ¿Qué otra cosa podrías hacer?"

De la misma manera, necesitamos enseñarle a nuestro púber que estar "enamorado" no debería hacerlo bajar su nivel establecido en cuanto a las personas con las que relacionarse. Si se trata de alguien que consume drogas o actúa con crueldad hacia los demás, no es una buena elección como novio, más allá de lo que sienta cuando está con él. También necesitamos enseñarles que los sentimientos no deberían hacerle olvidar sus amistades. Un error bastante común entre los chicos que están descubriendo al otro sexo es que están tan embobados con alguien, que rompen relaciones con sus antiguos amigos y dedican todo su tiempo a estar con su nuevo novio o novia. Esta es otra forma de causar estragos que tienen los sentimientos.

Si los chicos aprenden a manejar los sentimientos a edad temprana, estarán muy bien preparados para cuando sus emociones se agiten incontroladas en una fiesta, y su novio o novia trate de convencerlos de que se acuesten en la habitación del fondo.

Respetar la autoridad. Aunque tu púber crea que está al mando, tenemos noticias que darle: No está al mando y ni siquiera está cerca de estarlo. Hay muchísimas autoridades sobre él: maestros, directores, entrenadores, su piel, su cabello y nada menos que tú, su padre. Una sumisión saludable a la autoridad es importante en esta etapa de su desarrollo.

Enseñarle a tu hijo a someterse a estas autoridades tiene un enorme valor espiritual, porque lo que al fin y al cabo deseas es que tu hijo se someta a su Padre celestial. Hemos hablado acerca de criar hijos autónomos, pero ¿qué sucede si su brújula personal apunta en la dirección equivocada? Aquí es donde entran en juego Dios y una conciencia adecuadamente formada. Aun más importante que ser autónomo es someterse a Dios y a las creencias por las que vives tu vida.

Dios está presente allí donde tú no puedes estar. Él está presente cuando están pasando ese cigarrillo de mano en mano después de la clase de gimnasia. Dios está cercano cuando el novio de tu hija quiere meterle la mano por debajo de la blusa. Dios está mirando cuando desafían a tu hijo a robar ese paquete de seis latas de cerveza.

Un niño que no aprendió a respetar a sus padres y maestros, probablemente no respete a Dios. Y un chico que no respeta a Dios puede llegar a meterse en muchos problemas hoy en día.

A medida que tu hijo desarrolle estas habilidades: como aceptar la rutina, aprender a esperar, cumplir con las responsabilidades, ser previsor, administrar el tiempo, dominar las emociones y someterse a las autoridades, estará en mejores condiciones para manejarse en el camino que sienta que debe iniciar para hacerse un lugar en el mundo. Tu hijo estará mucho mejor preparado para confrontar la atracción de la presión de sus semejantes, en la que centraremos ahora nuestra atención.

Capítulo 4

El pánico por la presión de los semejantes

Cómo comprender y confrontar las raíces de la presión de los semejantes

Justin Kreutzmann, hijo del baterista de *Grateful Dead,* Bill Kreutzmann, estaba aún en su primera década de vida cuando el padre le dijo: "Ve al baño". *Grateful Dead* se iba a presentar a tocar en *Saturday Night Live,* y la NBC quería muestras de orina antes de que el grupo, famoso por el uso de drogas, saliera al aire.

Justin contempló seis envases e instintivamente dedujo que se suponía que él los llenara con su orina.

"Dame un poco de agua", rogó el pequeño.[1]

Justin no se quejaba demasiado. Después de todo, no eran muchos los chicos que podían comenzar el día pidiendo que le trajeran a la habitación de hotel tres helados y terminar el día con un cuarto lleno de fanáticas más cercanas a él en edad que a su padre.

Ser hijo de una estrella del rock es un gran desafío. Francesa Gregorini, hija adoptiva de Ringo Starr, expresó: "Era una mezcla de opulencia, belleza, náuseas y desazón... todo a la vez".[2]

Tener un padre famoso no significa que uno esté orgulloso de él. Kimberley Steward intentó sin éxito que su padre, el rockero Rod Stewart, la dejara a una cuadra de la escuela porque sus compañeros se burlaban de su manera de vestir y de ciertos rumores acerca de su sexualidad. Sin embargo, cuando Kim llegó a los dieciséis, se sintió orgullosa de la fama de su padre; aunque eso significara que él no estuviera muy disponible para ella. Probablemente no sea una coincidencia que la hija de un hombre famoso por tener a la "modelo del mes" siempre colgando de un brazo ahora esté ella misma queriendo ser modelo (por si crees que se trata de un caso aislado, Elizabeth Jagger, hija del Rolling Stone Mick Jagger, también está en la carrera del modelaje).

Uno de los peores ejemplos en cuanto a "padres rockeros" debe haber sido el desaparecido John Phillips, que tocaba para *The Mamas and the Papas*. Cuando su hija de trece años se presentó en su casa porque había escapado de la de su madre, él la recibió con un cigarrillo de marihuana en la mano.

—¿Cuáles son las reglas? —preguntó la casi adolescente Mackenzie.

—Bien... veamos. Tienes que regresar a casa al menos una vez por semana. Y si regresas de haber pasado la noche afuera y ya amaneció, cámbiate de ropa porque una dama jamás se muestra de día con ropa de noche.[3]

Mick Jagger estaba en la casa de Phillips cuando llegó Mackenzie. El más grande de los Rolling Stone esperó cinco años, hasta que Mackenzie cumplió los 18, entonces, cuando un día Phillips salió a comprar algo, trabó la puerta. Miró a Mackenzie a los ojos y le dijo: "He esperado este momento desde que tenías diez años".

Cuando John regresó y notó que la puerta estaba trabada empezó a golpearla con los puños, pero lo único que exclamó fue: "Mick, sé amable con ella. No la lastimes". Cuando Mackenzie replicó: "Papá, déjanos solos; todo está bien", John se fue.

Aunque resulte asombroso, la cosa se puso peor. Una vez que Mackenzie estuvo con Mick Jagger, John pensó que era hora de que su hija se inyectara cocaína. Incluso la ayudó a inyectarse por primera vez. Esto llegó a horrorizar al propio Mick Jagger, pero John replicó: "¿Sabes qué? Esa niña y yo hemos sido amigos por tanto tiempo que no puedo ocultarle nada".

Ahora que John ha fallecido, a una Mackenzie de cuarenta y tantos años aún se le llenan los ojos de lágrimas al recordar a su padre. "Él jamás miró hacia atrás ni pidió perdón. Nunca, nunca, nunca... Sin embargo, lo extraño todos los días."[4]

Lo extraño todos los días. ¿Cómo puedes extrañar a un padre que permite que un hombre mucho mayor se aproveche sexualmente de ti? ¿Cómo puedes extrañar a un padre que te ayuda a caer en una de las mayores trampas que destruye la vida como es la cocaína?

Lo extrañas porque es tu padre. Aun el peor de los padres nos deja una huella tan profunda en el alma que lo extrañamos cuando no está.

Ambos hemos escuchado a algunos padres que están aterrorizados por la presión de los compañeros de sus hijos, pero la verdad es que los padres pueden ejercer una influencia mucho mayor, para bien o para mal, si tan solo deciden involucrarse un poco más. Tú eres la mayor influencia en la vida de tus hijos.

El que estés de acuerdo con la educación sexual que tu hijo recibe en la escuela primaria importa mucho menos que el modelo que le das en casa, en especial en los momentos más vulnerables del día: al levantarse, al hacer la tarea, al prepararse para ir al colegio o al relajarse al fin del día. La educación del púber en el hogar tiene a la vez mucho que ver y nada que ver con el sexo. Se trata de lo que hablas de sexo y las manifestaciones físicas de cariño que tienes con tu cónyuge, pero también tiene que ver con la vida familiar en general. Es lo que sucede a lo largo de todo el día. Es lo que dices al levantarte, al saludarse o al ocuparte de alguno cuando está enfermo.

Alguien dijo en cierta ocasión que si vieras una película de un día cualquiera de tu vida te morirías de aburrimiento. En un día cualquiera de nuestra vida no hay explosiones, persecuciones en automóvil o tiroteos en casas abandonadas; pero Dios usa los aspectos más comunes para modelar nuestra vida o la de nuestros hijos. En lo que se refiere a la sexualidad y a expresar lo que significa ser un hombre o una mujer, tus hijos lo imitarán de quienes mejor conocen: papá y mamá.

Tu matrimonio instruye a tus hijos sobre sexualidad más que cualquier otra cosa. Si todos los días se tratan como si fueran basura, le estarás dando a tu hijo un mensaje más dañino que el peor vídeo que ofrezca la televisión. Si papá es el "macho" de la casa y mamá es el felpudo, o si papá es el felpudo y mamá un "sargento", entonces ese es el modelo de sexualidad que tu hijo va a imitar.

Tienes un poder que no tiene ningún canal de televisión, ni Hollywood ni sus compañeros: tú decides la cantidad de dinero de que dispondrá tu hijo; tú establecerás las rutinas básicas de su día; y tú puedes demostrar cómo deben vivir las personas en la intimidad de sus hogares.

La vida real

Una de las series más largas y populares de MTV se llama *The Real World* [El mundo real]. En realidad, este programa es cualquier cosa menos la vida real. Ocho personas jóvenes viviendo juntas en una casa con cámaras que registran todas sus conversaciones resulta más alejado de la vida real que cualquier cosa que pudiéramos imaginar.

Sin embargo, muchos chicos ven esa serie e imitan ese estilo de vida. Tu misión como padre es ser un ejemplo de lo que es la vida. No la vida que llevarían los compañeros de tu hijo, sino la vida tal y como tú sabes que debe ser.

Un buen ejemplo de esto es la creciente presión de los padres a perder la cabeza en cuanto a financiar la fiesta de egresados de sus hijos. ¡Algunos chicos gastan más de mil dólares en una sola noche! Analiza este ejemplo:

"Para Dan Aversano el 'camión-limusina' era lo máximo. Con un jacuzzi, dos televisores, un reproductor de vídeos, un videojuego y espacio para diez personas, este camión adaptado que alquiló para su graduación de la primavera pasada fue el mayor Lexus de Mineola, Nueva York, que alguien haya alquilado para la graduación de un hijo. 'Buscábamos hacer algo más —comenta—. Mi papá pensó que era un tanto ridículo; pero puedo decirles que fue muy divertido y que me gustaría repetirlo'. Después de la graduación, Dan y sus amigos fueron a una casa de siete habitaciones y cancha de tenis, que alquilaron en Hamptons, el sitio vacaciones preferido por los famosos. Su parte en el gasto fue de $1.000."[5]

¿Cuántos matrimonios conoces que hagan una salida al año en la que gasten $ 1000 en una sola noche? ¡Eso no es la vida real! La mayoría de los padres que conozco, se lo piensan dos veces antes de gastar $75 en una niñera, ir al cine y cenar una hamburguesa. Es lamentable que muchos chicos hoy en día gasten mil dólares en su baile de graduación de la escuela primaria. Cuando cuestiono esto, algunos padres me dicen: "Bueno, Dr. Leman... Si uno puede costearlo, es bueno que los chicos tengan un poco de diversión extravagante de vez en cuando".

Lo que queremos decirles es que no es bueno para ellos. Es alocado, es destructivo, los empuja a crecer demasiado aprisa y desarrolla conceptos irrealistas acerca del presupuesto.

La pubertad no dura demasiado, de modo que no la hagas más breve de lo que es. El mundo intenta ponerles a los chicos un cohete en la cola para lanzarlos a la edad adulta, pero nosotros queremos que crezcan tan *lentamente* como sea posible.

He aquí el dilema que muchos padres no entienden y lo que en realidad es el poder que subyace en la mayor parte de la presión de los muchachos de su edad: tu hijo con frecuencia desea ser cualquier persona menos quien es de verdad. Los chicos desean destacar de cierta manera (siendo populares, siendo vistos), pero a la vez quieren pasar inadvertidos (no llamar la atención por algo vergonzoso, que no se metan con ellos). Nuestra tarea como padres es la de inculcarles que deben ser quienes son, en vez de tratar de definirse según las reacciones de la gente de su edad.

"Sé tú mismo" puede ser una gran decepción para un púber que desea parecerse a cualquier otro. Como padre, la clave está en animarlos a que sean únicos y en hacerles saber que no necesitan comportarse según los caprichos de los demás.

Ahora bien, si acostumbraste a tu pequeñín a ropa de marca, no puedes cortar de golpe con eso cuando llegue a la pubertad. Conocimos a padres que llevan a sus hijos de cuatro o cinco años a cortarse el cabello con un estilista. ¡Niños de cuatro y cinco años! ¿Qué clase de mensaje es el que les están dando? ¿Que quieres que tu hijo sea como los demás? Deberías desear que tu hijo sea él mismo; y por si no lo sabías, los hijos de cualquier otro no hacen todas las cosas bien.

Si has establecido un patrón saludable de conducta, y has educado a tu hijo de manera que no corra tras toda moda pasajera ni se rija por cada manía de los diseñadores de moda que surgen cada siete meses, entonces tu hijo *puede* ser diferente, en el buen sentido. Verá la vida como es en realidad.

Hemos descubierto que los padres son tan vulnerables como los hijos a la presión de sus semejantes. Con frecuencia eres tú mismo el que le sigue la corriente porque eres el que desea mantener las apariencias. Antes de atacar la presión de los compañeros de tus hijos, asegúrate de que esta no esté presente en tu vida.

Esto es importante, porque aunque se puede controlar la presión de los otros, la verdad es que tiene mucha fuerza.

Tu hijo va a luchar con esto

"Bueno... ¿qué te pasa?", le preguntó Ana a su hija Julieta en la piscina. Ambas habían ido a nadar, y Julieta actuó todo el tiempo de manera extraña sin decir una palabra. Al final, después de un poco de paciente insistencia materna, Julieta se decidió a hablar.

"¿Ves aquellas chicas que están allá?", dijo Julieta mientras indicaba en dirección al jacuzzi. Las conozco del colegio". Las dos jovencitas lucían impecables, perfectamente peinadas y maquilladas, y estaban en bikini, sentadas en el borde de la piscina flirteando con unos muchachitos adolescentes. Julieta, con el traje de baño enterizo y el cabello chorreando agua después de nadar, volvió a mirar a su madre.

Al principio Ana se sorprendió. Los muchachos que Julieta señaló no parecían ser la clase de chicos que Ana pensaba que su hija elegiría; y por cierto no eran la clase que ella deseaba que su hija frecuentara. Sin embargo, en vez de decirle: "¿Por qué te formas semejante problema por eso?" o "Pensé que esas cosas te tenían sin cuidado"; Ana aprovechó la ocasión para pedirle a Julieta que reconsiderara dónde preferiría estar.

Después de una conversación larga y significativa, Julieta se dio cuenta de que su elección no tenía nada que ver con la de esas debutantes pretenciosas. Madre e hija salieron de la piscina convencidas de que la vida del jacuzzi no era lo que Julieta deseaba en definitiva.

Padres, necesitan comprender que incluso los chicos saludables y bien criados experimentarán ocasionalmente una verdadera presión por parte de la gente de su edad, y esto no tiene nada que ver con las habilidades de ustedes como padres. Habrá momentos en que sus chicos mirarán a su alrededor y pensarán: *¡Caray, cómo quisiera hacer eso...!*, aun cuando sea algo que vaya en contra de lo que saben que es correcto.

Nosotros como adultos hacemos lo mismo. Miramos a nuestro alrededor y pensamos: *¡Caray, cómo me gustaría tener su empleo!* Los chicos también van a tener que luchar con eso. Sin embargo, si eres un buen padre, estos momentos de lucha serán solo eso: unos momentos, no meses ni años. Recuérdalo la próxima vez que veas a tu hijo luchando y pienses: Creo que te criamos para algo mejor que eso.

Un recorrido por el centro comercial: no temas seguir adelante

Una tarde que disfrutábamos como madre e hija, Amy y yo (Kathy) habíamos ido de compras al centro comercial cuando vimos a una casi adolescente que regañaba en voz alta a su madre. Amy observó asombrada cómo la madre permitía la insolencia de la hija.

Más tarde le recordé a Amy nuestras primeras salidas de compras. Si bien no hasta ese extremo, Amy me había faltado el respeto unas pocas veces en el centro comercial y me había prometido que no volvería a pasar. Es más, después de la primera vez, establecí la regla de que no admitiría ninguna falta de respeto en público. "Estoy aquí para almorzar —le anuncié a la vez siguiente—, para caminar hasta que nos cansemos y para comprar lo que deseas. Pero cuando diga 'no' es no, si digo 'sí' es sí y si digo 'convénceme' te estaré dando la oportunidad de que uses tu mejor discurso. Sin embargo, si empiezas a poner los ojos en blanco, a encogerte de hombros y a crear problemas, pego media vuelta y te espero en el automóvil". Le costó irnos tres veces del centro de compras antes de tiempo hasta que Amy entendió que yo hablaba en serio.

Padres, una vez que hayan establecido las reglas, no teman seguir adelante. Es tu dinero, así que eres tú quien decide en qué gastarlo. Las faldas son cada vez más cortas y los jeans cada vez más bajos; si no me gusta lo que veo, no lo compro para mi hija. Me sorprende y me entristece ver a algunos padres en las tiendas con las manos atadas frente a sus hijos porque no comprenden que pueden darse la vuelta e irse en cuanto comienza la manipulación. Algunos padres siguen discutiendo o ceden y comienzan a emitir el cheque, aunque de esa manera violan lo que saben que es correcto. No te hace ningún bien, sino que, por el contrario, produce un enorme daño cuando te pones a negociar con tus hijos sobre algo que ya has dejado perfectamente en claro.

En cierto sentido, esto es lo contrario de la presión de los semejantes... ¡los hijos influyen en los padres! En esos casos, los padres permiten que un grupo de púberes decidan qué es adecuado y correcto.

A veces, esta cobardía por parte de los padres se presenta encubierta bajo un lenguaje supuestamente noble. Un padre nos dijo en cierta ocasión: "Le voy a comprar a mi hija todo lo que quiera, porque recuerdo mis luchas por tratar de encajar con mis amigos y las peleas con mis padres sobre la ropa a comprar". Ese padre no está ayudando en nada a su hija en cuanto a su futuro manejo personal del dinero. ¿Cómo hará para ajustarse cuando su presupuesto no le permita más que las ofertas de las grandes cadenas de supermercados?

Presta atención, si no te haces cargo de esta presión de comprar más y más para tu hijo o hija púber, las cosas se pondrán peor más adelante. Las elecciones y los temas se complicarán. En pocos años más, Susi y Juan pedirán las llaves del automóvil para salir. ¿Querrán conducir el viejo auto familiar? De ninguna manera si se han acostumbrado a los jeans de grandes marcas o a zapatillas Nike de 250 dólares. ¡*Tienen* que manejar un auto deportivo!

Esta es una buena regla: observa la conducta de tu hijo ahora y multiplícala por algunos años y por mucha más actitud; así tendrás un parámetro bastante exacto de lo que será la vida cuando seas padre de un adolescente.

Trabaja en el establecimiento de límites y en fomentar el respeto mientras los temas son todavía manejables. Esa es la belleza de los años de la pubertad. Y estos límites tendrán que extenderse no solo a lo que nuestros hijos usan sino también a lo que miran y escuchan.

La manía de los medios

El Dr. Leman nunca fue fanático de las películas o de la televisión, pero cada tanto se fija en lo que sus hijas miran. Cierta vez las encontró mirando uno de los últimos *"reality show"* (también llamados "la vida en directo").

—Eso es mentira —les dijo—. Lo que acaban de escuchar es una mentira.

Acto seguido, iniciaron un debate más profundo sobre por qué lo que acababa de ver era una mentira y por qué su padre estaba en tal desacuerdo con la visión que presentaban de la vida.

Si las hijas miran algo inadecuado, el Dr. Leman por lo general apaga el televisor. Sin embargo, y esta es la idea, hay veces en que mira ese programa con sus hijas con el propósito de conversar sobre él.

Cierta vez, Hannah cayó bajo el hechizo de *The Bachelor* [El soltero].

—Querida —le dijo el Dr. Leman—, te voy a decir por qué no va a funcionar esta relación. Un muchacho no puede pasarse seis semanas siendo cortejado por veinticinco mujeres y luego ser capaz de tomar una decisión inteligente. Es una premisa ridícula.

—¿Y qué pasa si es más tiempo? —preguntó Hannah.

—Seis semanas, trece semanas... ¿cuál es la diferencia? Mi amigo Neil Clark Warren dice que si quieres comprometerte en serio con alguien, deberías tener citas con esa persona por lo menos *dos años*, si es que viven en la misma ciudad. La razón de la proximidad es que puedes ocultar cualquier clase de adicción si las citas son esporádicas y desde otra localidad. No conocerás realmente a un muchacho, Hannah, hasta que hayas vivido en la misma ciudad que él por al menos seis o siete temporadas.

En la última emisión, el soltero del programa terminó proponiéndole matrimonio a una chica, pero el Dr. Leman no le creyó y le dijo a Hannah:

—Apuesto lo que quieras a que eso no funcionará. Cuando le oigo decir: "Esta es la mujer con quien deseo compartir la vida, quiero estar con ella para siempre", me da risa... Él nunca le sintió mal aliento ni tuvo que limpiar su vómito.

—¡Papá!

—Bueno, querida, es la verdad... Hubo veces en que tuve que sostener el cabello de tu madre cuando ella se descompuso en el baño. Esta situación de vivir en un apartamento de lujo y hacer salidas sofisticadas no dice nada del uno ni del otro. Es una fantasía, y los chicos, por supuesto, caen presa de esa fantasía. Escucha: no hay nada instantáneo en las relaciones. Solo una sociedad superficial puede pensar lo contrario.

—¿Crees que estas personas están siendo superficiales?

—Sí, querida, eso creo.

Cuando a los pocos días apareció la noticia de que la pareja se había separado, las palabras del Dr. Leman terminaron siendo ciertas.

Relato este incidente porque creo que los padres responsables dedicarán tiempo a ver la televisión *con* sus hijos. Hoy día es una irresponsabilidad abandonar a sus hijos frente al televisor o la radio y no prestar atención a lo que está entrando en sus cabecitas. Y no nos referimos solo al sexo y la violencia gratuitos; porque tanto o más dañinas son las falsas nociones de amor y romance que promueven los *"reality show"*.

Cuando su hija Amy estaba en quinto grado, Kathy organizó un baile de San Valentín para ella y sus amigas. Kathy compró las serpentinas y el refresco rosado. Las niñas se vistieron con sus mejores galas y decoraron galletas. Las amigas de Amy trajeron su música y bailaron en la sala mientras Kathy observaba con otra madre.

Kathy recuerda: "Mientras permanecí allí sentada, me asombró ver cuáles eran las chicas que giraban en el piso. No tenía idea de que las madres les permitieran comprar la música que tenían. Pensé: *Kathy, la próxima vez que creas conocer a alguien, piénsalo dos veces.* Si bien en ese entonces Amy no se dio cuenta de lo que hacían las chicas con sus giros, yo pensé que tenía que hablar con mi hija".

La fundación Kaiser Family descubrió que "el 68% de todos los programas de TV tienen contenido sexual, con respecto al 56% en los años 97 y 98 ... Los programas de mayor audiencia, los que se emiten en el mejor horario y por los canales más grandes, prefieren incluir contenido sexual. Tres de cada cuatro de estos programas incluyen sexo, comparado con dos de cada tres en la temporada 97/98".[6] Y como si eso fuera poco, "el 24% de los adolescentes de entre 12 y 17 años opinan que les gustaría tener más información televisiva acerca de sexo y relaciones".[7]

Para hablar sinceramente con tu hijo o hija púber, necesitas familiarizarte con aquello a lo que está expuesto a diario. Para hacerlo, deberás leer sus revistas, escuchar sus programas radiofónicos y mirar las películas que ve. Los índices de audiencia no deben ponernos de rodillas. Si por ejemplo permitiste que tu hija de trece años fuera sola a ver tres veces la película Titanic, "apta para mayores de 13 años", en nuestra opinión has cometido un grave error.

Si crees que tu hijo está protegido, probablemente estés equivocado. Tu hijo se sienta en el automóvil y lee las carteleras en las calles. Tu hijo te acompaña al supermercado y ve las portadas de ciertas revistas. Tu hijo se reúne con otros de su edad cuyos padres no los protegen tanto como tú crees. Una vez que tu hijo sale de tu casa, hallará un mundo muy distinto. Cuando han probado algo del mundo real, algunos chicos los mirarán a ustedes, sus padres, y pensarán que viven en una cueva. De modo que deciden que no pueden hablar contigo porque estás muy fuera de onda. Otros chicos puede que vuelvan a casa, pero con la mente plagada de interrogantes. Mucho depende de los antecedentes que hayas creado entre ellos y tú.

Como resultado de la fiesta de San Valentín de Amy, Kathy se dio cuenta de que cuando sus hijos no estaban con ella, estaban expuestos a programas radiofónicos que ella no aprueba. De modo que les indicó lo siguiente: "Si pueden ir a otra habitación, háganlo. Si pueden ponerse a conversar de forma tal que se distraigan y no presten atención a la música, hagan lo posible por hacerlo".

Gracias a Dios, los chicos habían aprendido a ser responsables por sí mismos. Mientras visitábamos a unos parientes de Phoenix, toda la familia Bell paró en un local de alquileres de vídeos. Cuando los chicos no encontraron nada apropiado, salieron del local con las manos vacías. Kathy reconoce que se sintieron muy orgullosos de ellos.

La presión del amor adolescente

Existe otro tipo de presión de los compañeros: el amor adolescente. Puede llegar a ser la presión más fascinante de todas.

En el oeste de Nueva York, donde se crió el Dr. Leman, el baile de figuras o *square dancing* era parte del programa de educación física.

Cierto día formaron una fila de chicas ordenadas alfabéticamente a un lado del gimnasio y a los varones a unos 5 metros más allá. El Dr. Leman lo recuerda como si fuera hoy.

Nos quedamos mirándonos mudos, como hacen los chicos de séptimo y octavo.

—Muy bien, chicas —anunció la profesora de gimnasia—. Quiero que cada una elija a un compañero.

Una chica llamada Marci se me acercó, rubia y sonriente. Yo estaba en séptimo y ella en octavo grado... Pertenecía a otra especie... ¡Era una mujer más grande!

—¿Quieres bailar conmigo? —me preguntó.

¡Vaya! —pensé— *Está en octavo grado y tiene sostén.*

—Eh... bu-bueno... — respondí con voz temblorosa.

Mis amigos y yo seguíamos mudos, como suelen estar los muchachos. Durante este baile recorríamos subrepticiamente con el pulgar la espalda de la chica para comprobar si tenía sostén (lo que llamábamos: "control de corpiño"). Sin embargo, aquella tarde después de la clase de educación física, sentí que mi infancia había quedado atrás cuando me descubrí garrapateando "Marci" en un trozo de papel. Y luego, por si acaso, le agregué mi apellido como si se tratara de una boda.

Estos momentos de euforia trayeron los primeros chispazos del amor adolescente. El púber se manifiesta y piensa distinto. Debes tener cuidado de no confundir el pensamiento adolescente con el de un púber.

En la película *My Fair Lady* (Mi bella dama), Freddie está atormentado por Eliza Doolittle. Él entona: "Ya he caminado por esta calle, pero el pavimento siempre estaba debajo de mis pies. De repente me encuentro varias historias más allá y descubro que estoy en la calle donde vives".

El amor adolescente es algo así. Es esa primera sensación de que a uno le gusta alguien a quien también le gusta uno; alguien que no es ni mamá ni papá. Es la euforia de estar profundamente convencidos del amor de los padres, pero descubrir de repente que eso no es todo y que hay más. Un niño que sea muy querido por sus padres probablemente no tropiece, porque lo rodea un mar de apoyo y amor.

El amor adolescente es algo natural dentro del madurar, porque la pubertad les brinda a los chicos una conciencia creciente del sexo opuesto. Los adultos puede que pregunten: "¿Tienes novio/novia?" Sin embargo, no es recomendable porque alienta a que todo el proceso se manifieste de una forma no tan sutil. Los púberes no necesitan que los despabilemos; su propio cuerpo se ocupará de hacerlo.

"No... no me interesan los chicos/chicas —puede decirnos un púber, mientras que cuando se acerca un poquito más a la adolescencia dirá—: ¡Hey! Averíguame si le gusto a ella ".

Para la época en que tu hijo esté en cuarto o quinto grado, escucharás expresiones como "andan" o "salen". En la mayoría de los casos, eso significa que uno gusta del otro y viceversa. Es la etapa inicial del amor adolescente. Los chicos de esa edad son muy superficiales y se dejan llevar por la fantasía.

Tómalo con calma. No reacciones de forma exagerada. Abundarán los momentos para enseñarle, por ejemplo cuando tu hija de diez años te cuente que un chico gusta de ella. Tal vez diga: "Lo odio! Es un tonto"— lo que es una reacción típica de una pequeña.

Y tú puedes comentar:

—Escucha, querida... Sé de lo que hablas. No te gusta por una razón u otra. Te vas a encontrar con toda clase de personas en la vida, y algunos te gustarán más que otros. Sin embargo, es correcto buscar lo bueno en la otra persona. Aunque a ti no te guste, ¿qué cosas buenas observas en él?

—¡Nada! No hay nada de bueno en él.

—¿Y cómo le va en la escuela?

— uno de los más inteligentes. Tiene en todo buenas notas.

—Bien, sí hay algo entonces. Evidentemente es un buen estudiante, solo que inmaduro y algunas de las cosas que hace para llamar tu atención, lo creas o no, pueden ser maneras de que te des cuenta de que tú le gustas.

—¿Por qué me pega si yo le gusto?

—Escucha, sé por qué te lo digo. Esa es una de las formas en que un chico le dice a una chica que le gusta.

—¿Pegándole?

—Sí, pegándole. ¿No es extraño? Querida, los muchachos son raros... e incluso hacen cosas más raras que esa.

Todo padre desea ser el maestro de su hijo, y esta es tu oportunidad de ocupar ese lugar. Pero si exclamas: "¿Qué dijiste? ¿No estarás andando con él, no? Quiero que te quede una cosa en claro: ¡no tendrás citas hasta que tengas al menos diecisiete y si tu padre y yo lo aprobamos!", entonces has dado un salto a un abismo tan ancho como el cañón del Colorado. Eso es a lo que nos referimos cuando hablamos de no confundir las emociones adolescentes con las de un púber. Averigua qué significa para tu hijo "andar" o "salir" y trata el tema sobre esa base en vez de empezar a sacar conclusiones.

El amor adolescente es algo común dentro del crecimiento; tómalo con calma para mantenerlo en la perspectiva justa. Para tu hijo puede llegar a ser una gran satisfacción para su ego, como si estuviera en la cumbre del mundo; pero puedes ayudarlo a bajar a tierra no haciendo la cosa más grande de lo que es.

Además del amor adolescente, que dura alrededor de la mitad de una temporada deportiva profesional, descubrirás que tu púber intentará sobrevivir a la presión de las relaciones con la gente de su edad. Podrás ayudarlo a eliminar un poco de esa presión al guiarlo a desarrollar relaciones saludables y enriquecedoras.

Amigos

—Mamá, ¿puede venir Cintia? —pregunta tu hija con el teléfono en la mano.

—¡Bueno! —respondes. Pasan un par de minutos y luego la voz de tu hija vuelve a romper el silencio—: Su mamá puede traerla, pero no puede venir a buscarla.

—Yo puedo llevarla de regreso a su casa —respondes tú.

Hacer ese viaje no te conviene, pero es una inconveniencia que vale la pena. Por tu manera de actuar, estás haciendo hincapié en algo. ¿Cuál es el mensaje que le transmites a tu hijo? "Mi mamá se ocupa de mí y de mis amigos". ¿Significa eso que cada vez que tu hijo pide algo tienes que dejar todo de lado y acudir? No, claro que no. A veces tendrás que decir: "Querida, me encantaría poder llevarla, pero vendrán los tíos y tengo que prepararme".

—¡Ufa, ma...!

—Ya tendremos otra ocasión de hacerlo.

Al igual que ustedes, nosotros también queremos que nuestros hijos desarrollen sus amistades; deseamos que aprendan a ser buenos amigos. ¿Y cómo haces para alentar las buenas amistades? Esto tiene que ver con algo de lo que ya hemos hablado, de que nuestra casa sea un hogar y no un hotel. Tu hogar debe ser un centro de actividades para tu hijo.

Hay que reconocer que esto abre un abanico de complicaciones, pero cuando estas pequeñas desilusiones ocurren en casa, estarás mejor equipado para tratarlas. Los chicos no siempre se tratan bien entre sí. Son egoístas y hedonistas por naturaleza, y es probable que alguna vez tu hijo llegue a llorar por lo que alguien le dijo. No temas decirle la verdad: toda clase de personas en la vida te usarán y abusarán de ti. Algunos dirán que son tus amigos cuando en realidad no lo son.

Hablé en cierta oportunidad (habla el Dr. Leman) con un entrenador de fútbol profesional que estaba buscando a un jugador en la universidad de Arizona. Le comenté acerca de un jugador excelente que conocía que era verdaderamente bueno, y este entrenador me respondió algo muy interesante: "Hay muchos jugadores buenos, pero solo unos pocos pueden jugar un domingo por la tarde".

Eso tiene que ver con la vida en general. Muchas personas dirán que son tus amigos, pero solo unos pocos no te abandonarán. Tengo tres amigos bien cercanos, uno de los cuales es mi mejor amigo, alguien con quien puedo hablar de cualquier cosa. Los otros dos dejarían lo que estén haciendo si yo los llamo.

La mayoría de los adultos no tienen tres amigos. Cuando sientas una camaradería profunda que es mutua, aférrate a ella y aliméntala. Tus hijos necesitan ver que esa amistad es una parte importante de la vida.

Hemos hablado de amor adolescente y de relaciones entre semejantes, pero la relación más importante durante la pubertad de tu hijo es la relación padre-hijo. Tendrás que hallar el delicado equilibrio entre lo que significa aprovechar el día sin "abusar" de tener las riendas.

Aprovechar el día y no abusar de las riendas

La historia se repite en mi consulta como consejero (habla el Dr. Leman): padres que aparecen con su hija de trece, un pimpollo temprano en todo sentido: físico, emocional y, según ella, relacional. Ella cree que está lista para "empezar con los muchachos".

Primero, la buena noticia: estos padres se ocupan lo suficiente como para involucrarse en la vida de su hija. Ahora, la mala noticia: se asustan y toman medidas drásticas con ella, la controlan en demasía y están encima de ella. Son lo que yo llamo "padres centinelas".

Lamentablemente, esta es una reacción demasiado común. Muchos padres no actúan con autoridad, sino como dictadores. "¡Vas a hacer todo lo que yo te diga mientras vivas bajo este techo! ¡Y mejor que cambies esa cara o yo te la haré cambiar!" Si estás encima del chico y te conviertes en un padre autoritario, que toma todas las decisiones por él, estarás en problemas. Un púber necesita espacio para crecer, y un adolescente necesita aun un poco más. Si no aflojas un poco las riendas, estarás preparando la escena para una rebelión.

Soy consciente de que este consejo puede caerles mal a algunos padres. Quizá pienses: *¿Acaso quieres decir que mi hijo sabe más que yo?* Claro que no; pero lo que quiero decir es lo siguiente: ¿qué mensaje le está transmitiendo a su hijo un padre sobreprotector? Concretamente, este: "Mamá y yo pensamos que no tienes idea de qué hacer en el mundo. Creemos que eres un incompetente, por eso te seguiremos tratando como a un bebé".

Al ser humano le resulta difícil tratar de crecer en todo sentido día tras día. Y el arte de ser padres es sutil: uno debe aflojar las riendas gradualmente, en la proporción justa para permitir que tu hijo empiece a correr.

Claro que puedes llegar a permitirle que vaya demasiado lejos, demasiado rápido. Ambos nos hemos encontrado con padres en el extremo opuesto del espectro, que en esencia dicen: "Querido, quiero hacerme cargo de todas tus necesidades. Deseo asegurarme de que seas feliz, muy feliz". Entonces, no importa lo que el chico pida, se lo dan. ¿Quiere un videojuego de violencia? No hay problema. ¿Un CD con canciones subidas de tono? Por supuesto. ¿Ropa con la que tu hija muestra medio trasero? ¡Claro! Si después de todo, es solo una etapa.

Lo que transmite esta clase de padres es: "Ya estás listo para enfrentarte al mundo, así que te doy autorización para tener la última palabra. Solo tienes que decirme qué necesitas para seguir creciendo y yo sacaré mi tarjeta de crédito".

La verdad es que un púber *no sabe* lo que necesita. Si tu hijo te dice que eres un "bueno para nada ...", no tienes que decirle: "Oh, querido... me parece que estás enojado con papi". Bajo ninguna circunstancia deberías aceptar algo así de parte de tu hijo. Este tiene que saber que hay un costo que pagar por ser insolente.

Sin embargo, eso tampoco significa que quieras que tu hogar sea un campo de concentración. Existe un equilibrio entre ser un despreocupado hasta el punto de que tus hijos están descontrolados y el extremo opuesto de ser tan autoritario que prácticamente lo lleves de la mano por la vida.

Ambos extremos terminan en rebelión. Como padre, caminas por una viga de equilibrio: no reacciones exageradamente ni te abstengas por completo de hacerlo. De otro modo, ¿qué hará esa criatura a los trece años? Se convertirá en un salvaje que se escapará de casa, saldrá de noche hasta cualquier hora, consumirá drogas y terminará esperando un bebé a los dieciséis. Lo vemos todo el tiempo.

Hay algo maravilloso en cuanto a ser lo que yo (Dr. Leman) llamo un padre con autoridad. Es cuando se ejerce una *autoridad* saludable sobre un chico; algo distinto es el *autoritarismo,* cuando se gritan órdenes. Me baso en Efesios 6, que comienza diciendo: "Hijos, obedezcan en el Señor a sus padres, porque esto es justo". Dios te ha colocado en una posición de autoridad saludable sobre tus hijos.

La presión que bulle en el interior de tu hijo es la siguiente: él desea crecer, pero no sabe la manera todavía y necesita tu guía. Tu hijo no va a decírtelo con esas palabras, pero eso es lo que siente.

¿Cuál es la manera más saludable de responder en una situación semejante? Hay que crear los límites adecuados a la edad. Tu hijo en la pubertad tendrá mayores libertades que un niñito, pero menos que un adolescente. Puede escuchar algunos tipos de música, pero igualmente puedes condicionar cualquier álbum según la letra de las canciones. Puede escoger las actividades que desea hacer, pero limitarás el tiempo que pasa fuera de casa. Puede elegir su propia ropa, pero puedes oponerte ante prendas inapropiadas.

Los límites son saludables. Sin embargo, las líneas delgadas y derechas sin ninguna variación son poco saludables. En esa clase de ambiente, tu hijo se sentirá como si estuviera en una cárcel en vez de una casa y se pasará el día planeando escapar. Tu hijo está en ese territorio entre la infancia y la adultez, por lo tanto necesita tanto la guía de los padres como la libertad personal para ejercitar algo de responsabilidad.

¿Es sencillo hallar este equilibrio? Por supuesto que no, pero es crucial que lo intente.

Presión positiva de semejantes: la familia

Se ha comprobado que los púberes traicionan su conciencia con tal de ganarse la aceptación del grupo de gente de su edad. Por eso algunos chicos se unen en pandillas. Por esa misma razón otros se visten de determinada manera distintiva o incluso se perforan el cuerpo con toda clase de objetos metálicos.

Sin embargo, un chico hace esto solo cuando siente que no pertenece a ninguna parte. Ya hemos tocado este tema, por eso no volveremos sobre él; pero sería irresponsable de nuestra parte si finalizáramos este capítulo sin enfatizar la mejor defensa contra la presión de los compañeros: la pertenencia a una familia.

Cuando tu hijo siente que pertenece a tu familia, desde la perspectiva psicológica tiene pocas razones para involucrarse en conductas aberrantes. Es una declaración muy fuerte, pero es la verdad. Los niños saludables desean encajar dentro de familias saludables. Les encanta estar con su familia y les preocupa más no hacer algo que perjudique esa relación de lo que les preocupa encajar dentro de determinado grupo de la escuela.

¿Cómo haces que un niño se sienta parte de la familia? ¿Es acaso solo cuestión de decirle cosas lindas, alabarlo y exaltar lo maravilloso que es? No, los chicos se dan cuenta enseguida… Lo haces *permitiéndole retribuir a la familia*. Si quieres tener un hijo de dieciséis que sea responsable, debes comenzar a delegarle responsabilidades y decisiones además de rendir cuentas a los seis, siete y ocho.

También creas un sentido de pertenencia al pasar tiempo juntos, no solo como familia primaria sino también con la familia extendida. La Dra. Mary Piher dice: "Una de las mejores cosas para un niño de nueve años es pasar mucho tiempo con los abuelos, los primos, etc.; personas que lo aprecian por algo más que por lo sexy o popular que sea".[8]

Cuando una niña conoce a su abuela y la abuela la conoce a ella, cuando anhela ver a su papá cada noche y mantiene con su madre charlas significativas, cuando se da cuenta de que es importante en el hogar y que contribuye a la salud y el bienestar de su familia, se sentirá sumamente libre de la presión de la gente de su edad.

Será una frase hecha, pero es verdad: puedes maldecir la oscuridad (la presión de los semejantes) o puedes encender una vela (crear un sentido de pertenencia al hogar). Esperamos que decidas encender la vela.

Capítulo 5

Que tu hijo sea tu héroe

Cómo ser una influencia positiva en la vida de tu hijo durante su pubertad

Cuando Mike Carroll estaba en tercer grado hizo una redacción titulada "Cuando sea grande", que comenzaba así: "Cuando sea grande quiero ser bombero como mi papá ... Si fuera bombero como mi papá, ayudaría a apagar incendios, recorrería el edificio para ver si hay alguien atrapado e intentaría salvarlos. Admiro a mi papá".[1]

La ambición de Michael demostró ser algo más que la fantasía de un niño de ocho años. Después de graduarse en la universidad en 1984, Mike trabajó cierto tiempo en una oficina, pero enseguida se dio cuenta de que ese no era su mundo. Por eso se convirtió en uno de los 30.000 que realizó la prueba física para el departamento de bomberos de la ciudad de Nueva York y terminó entre los primeros 600.

Llamar "prueba" a esta terrible experiencia es como llamar "desacuerdo" a la Segunda Guerra Mundial. Como son tantos los que ansían ingresar en el cuerpo de bomberos, el proceso de inscripción y las exigencias físicas rayan la crueldad, debido a la determinación del departamento de eliminar a los débiles. Un ejemplo: el año en que Mike hizo la prueba, *tres hombres fallecieron en el proceso*. Los aspirantes a bomberos tenían que acarrear mangueras, levantar escaleras, transportar muñecos pesados y pasar por encima, por debajo y atravesar diversos obstáculos. Cuando habían llegado al límite mental y físico, les pidieron que atravesaran la pesadilla de un túnel claustrofóbico y oscuro como una boca de lobo. No solo debían sobrevivir a esto, sino que si querían quedar en el departamento de bomberos, su tiempo debía ser mejor que el de los otros 30.000 que intentaban ingresar.

A Mike le llevó un par de años conseguir un lugar en el departamento (los postulantes se contratan según el puntaje obtenido); pero finalmente lo logró, al igual que su padre y que su hermano, que hicieron "algunas llamadas" y consiguieron llevar a Michael al mismo sector en el que el padre de Michael trabajó durante veintidós años y el hermano terminó estando veinte años.

Michael se destacó en el servicio, tanto dentro como fuera de la fuerza. Su capitán lo seleccionó para que fuera "chófer", palabra con la que los bomberos designan a la persona que el capitán escoge para conducir el camión y para que esté a su lado, analizando la estrategia que se debe seguir y actuando en esencia como asistente principal. No era tan solo un bombero destacado, sino que también ocupaba un puesto importante en el equipo de sóftbol de su sección. Si crees que las ligas mayores son competitivas, nunca has visto un torneo entre departamentos de bomberos.

Michael estaba de servicio a principios de septiembre de 2001. El 9 de septiembre su esposa Nancy llevó a sus dos hijos, Brendan de seis y Olivia de tres, al departamento de bomberos para un encuentro de familias. Pudieron sentarse en el camión y deslizarse por el tubo. Aunque no pudieron permanecer allí mucho tiempo, que al día siguiente debían ir al colegio, esto pronto se convertiría en un momento que ni la esposa ni los hijos jamás olvidarían. Fue la última vez que vieron con vida a Michael.

El 11 de septiembre, Michael atendió un aviso para apagar un incendio en el World Trade Center. La torre norte fue el primer edificio en recibir el impacto del avión manejado por terroristas, y allí, en el piso 44, estuvieron enseguida Michael y sus compañeros, tratando de salvar a la gente.

Mientras el mundo observaba los terribles sucesos que sucedieron aquel día, la esposa de Michael pasaba por una durísima prueba personal. Ella estaba viendo el desastre por televisión, cuando el hermano de Michael la llamó para confirmar que Michael estaba trabajando.

Nancy se quedó muda.

"Es tan solo un incendio —intentó consolarla el cuñado—. Ya lo van a controlar. Eso es lo que hacen".

Era lo que Michael había soñado con hacer desde que estaba en tercer grado y escribió aquella composición: "Ayudaría a apagar incendios, recorrería el edificio para ver si hay alguien atrapado e intentaría salvarlos".

A las 10 de la mañana, se derrumbó la torre sur. Michael y sus compañeros escucharon lo que había sucedido y se dieron cuenta del peligro que corrían. El capitán transmitió por radio la posibilidad de que la torre norte también se viniera abajo. Michael permaneció junto a él.

Minutos más tarde cayó la torre norte, llevándose consigo a Michael, a su capitán y a la mayoría de sus compañeros. Les llevó tres meses llegar hasta el cuerpo de Michael entre los escombros. Los obreros lo hallaron cerca de su capitán.

Bill, el hermano de Michael, dirigió unas palabras en el acto de recuerdo de Michael, al que asistieron más de 1500 personas. Pocos podrán olvidar la última frase de Bill: "Que Dios te acompañe, mi hermano, mi amigo y mi héroe".

Todo niño quiere ser un héroe, y durante los terribles ataques del 11 de septiembre, todo el país tomó conciencia real de la cantidad de "héroes comunes" que viven entre nosotros. Los muchachos sueñan con ser bomberos y rescatar a las personas de los edificios en llamas, con volar a otro planeta y colonizarlo o con conseguir el último tanto del campeonato del mundo. Las chicas sueñan con ocuparse de los enfermos, o con escribir una gran novela o con destacar en un juego olímpico en alguna especialidad. Sin embargo, por más que un niño ansíe estar en el podio del mundo, si pudieran escoger un solo par de ojos que los miraran como a héroes, ese honor sería tuyo, como padre.

Tu hijo ansía contar con tus palabras de amor y reafirmación durante los años de la pubertad, cuando el caótico desarrollo físico lo hace sentirse con menos gracia que el "señor cara de papa". Para ellos, conversar es muy importante, y ansían escuchar palabras cargadas de admiración.

Imagina lo que sería para ti como adulto si escucharas a uno de tus padres decir: "¡Qué bendición que seas mi hijo! Me siento feliz por poder estar contigo en este camino de la vida". A muchas personas les gustaría escuchar las palabras que se dijeron en la ceremonia fúnebre de Mike Carroll: "Que Dios te acompañe, mi hermano, mi amigo y mi héroe".

Si esto es así con nosotros que somos adultos, ¿cuánto más para un chico que busca con desesperación de parte de los padres un indicio diario de cualquier cosa, desde si la mamá notó que el hijo limpió el piso de la cocina hasta si la hija limpió los estantes del baño?

No caigas en la palabrería. Tu hijo sabe distinguir entre un discurso acartonado, dicho de memoria y una frase auténtica y genuina. Tu hijo puede tener diez, catorce u ocho años, pero quizá sea capaz de hacer cosas que tú no hacías a su edad, o que ni siquiera sabes hacer ahora. Puede que te cueste hablar en público, pero tu hija de ocho años puede estar lista para conducir su propio programa de entrevistas. El único instrumento que tocas puede que sea la radio, pero tu hijo de nueve años quizá sea un inminente concertista de violín. Tal vez te cuesta caminar por el barrio llevando a tu perro con la correa, pero tu hija de doce años puede ostentar el tercer tiempo como fondista en su equipo de la escuela. ¿En qué se destaca tu hijo? ¿Qué admiras en él o ella? ¡No guardes tu admiración dentro de ti! ¡Exprésala!

Pero no te conformes con eso. Concéntrate también en el carácter. Dile cuánto se destaca por su compasión. Destaca en tu hija ese don suyo para invitar a la conversación, algo que a ti te ha costado años desarrollar. Saber que tiene una habilidad de la que tú careces puede llegar a asombrarla.

¿Por qué es importante en cuanto a la educación sexual hacer que tu hijo sea tu héroe? Porque, según lo expresara una estudiante virgen de secundaria: "Los muchachos te hacen sentir que eres la única que les importa. Muchas chicas creen necesitar eso. Sin embargo, mi madre y mi padre me aman, así que no hay espacio que haga falta llenar".[2]

Descubre a tus hijos haciendo algo bien hecho

Dos muchachitos de nueve y seis años estaban entretenidos cuando, de repente, el policía del barrio los detuvo mientras iban en sus bicicletas.

Una cosa es meterse en problemas con la maestra o con la directora del colegio, pero con la policía... ¿Cómo le iban a explicar esto a sus padres? Ser detenido por la policía no era buen indicio para conseguir un premio extra o una golosina después de la cena.

Los muchachos recibieron una "mención" por llevar casco y la "sanción" fue unos vales para tomar helado gratis. El incidente era parte de un programa especial para concienciar acerca de la seguridad al conducir bicicletas, que ahora se practica de diversas maneras en todos los Estados Unidos. Este plan utiliza premios para reconocer la buena conducta y para crear un primer encuentro positivo con la policía.[3]

Nos encantó enterarnos de esto porque, a decir verdad, los chicos por lo general tratan de que no se los atrape. Una tarde se trata de no responderle a la mamá en cuanto al lavado de los platos, la siguiente es por dejar corriendo la manguera una tarde de verano. Una noche será por quedarse demasiado en la casa de un amigo y volver tarde a cenar y la otra será por molestar a la hermana menor.

Señalar los errores de los chicos es parte de disciplinarlos, pero ¿cuál fue la última vez que descubriste a tu hijo haciendo algo bueno? Si la disciplina está más cerca del discipulado que del castigo, involucrará todos los aspectos de la vida de tu hijo, *los buenos y los malos*. De modo que cuando veas que tu hija hace algo bien, no dejes de mencionarlo. Ve a hurtadillas y comenta: "¿Sabes una cosa? Me encantó la manera en que hiciste tal cosa. Realmente estás creciendo y haciéndote cargo de cosas más difíciles". Cuando te molestas en hacerlo estarás reafirmándola y animándola de una manera muy valiosa en su crecimiento en la madurez y la responsabilidad. No estás diciendo: "Te quiero *porque* hiciste esto". Estarás señalando lo bien que ella navega por el mar de la vida. Los chicos aumentan su autoestima cuando los padres se dan cuenta de las buenas decisiones que toman y les dicen: "¡Bien hecho!"

No solo es importante que tu hogar sea un sitio donde tus hijos sean descubiertos cuando tienen éxito; también tiene que ser donde aprendan a fracasar. Si analizas tu propia vida, ¿aprendiste más de los éxitos o de los fracasos? Por lo general, los golpes y las magulladuras recibidos a lo largo del camino nos enseñan las lecciones más valiosas.

Hay una lista en el libro *The New Birth Order Book* [El libro del orden del nuevo nacimiento], del Dr. Leman, que señala la diferencia entre los perfeccionistas y quienes persiguen la excelencia. Los perfeccionistas, los que no han aprendido a fracasar y se obsesionan por evitarlo, tienen niveles de exigencia demasiado altos, mientras que los que persiguen la excelencia tienen aún expectativas altas por alcanzar. El perfeccionista odia la crítica, mientras que el que persigue la excelencia la recibe con agrado. Al enseñarle a tus hijos a saber fracasar, les enseñas a ser responsables. Y es menos probable que un chico responsable se meta en problemas con el sexo y las drogas.

El Dr. Leman se graduó de la escuela secundaria siendo el cuarto de su clase... contando de atrás para adelante. Muchas personas lo consideraron un fracaso, pero John y May Leman no. Cuando un padre confía en su hijo, aunque el consejero escolar lo descalifique como el más tonto de la escuela o del pueblo, eso marcará una diferencia enorme. ¡Tu ánimo y tu reafirmación pueden producir una enorme diferencia en la vida de tu hijo! El Dr. Leman reconoce francamente: "Yo no estaría donde estoy si no fuera por el amor y el apoyo, los valores firmes y el compromiso cristiano de mis padres". Los padres que saben expresar "¡Bien hecho!" están buscando lo mejor para sus hijos. Se ocupan de alentar y levantar el ánimo de su hijo cuando el resto del mundo lo tira abajo y lo desvaloriza. Se toman tiempo para recalcar las fortalezas específicas en de su hija. Y no temen hacer responsable al hijo de sus propias acciones, aun cuando eso signifique dar un paso al costado cuando en realidad se desea darlo para adelante.

"Confío en ti", "Sé que puedes hacerlo", "De ti pienso lo mejor" son todas frases excelentes para animar a un púber.

Analiza otro aspecto en cuanto a esto. Los padres nos fijamos con mucha frecuencia en lo negativo en vez de lo positivo de una situación que puede verse en ambos sentidos. Cuando mi hija Lizzie Bell tenía seis años recibió una invitación para hablar acerca de su extraña enfermedad en la médula ósea. Allí conocimos a Greg LeMond y a su esposa Kathy. Greg LeMond fue el primer norteamericano en ganar el Tour de Francia, la carrera de ciclismo más prestigiosa del mundo.

Greg nos contó que cuando estaba aprendiendo a andar y a correr en forma competitiva, no podía encontrar una bicicleta que le quedara cómoda, así que empezó a desarmar bicicletas para fabricarse una. ¿Cuántos son los padres que mirarían a su hijo y se alegrarían al verlo desarmar su bicicleta? La mayoría protestaría: "¿Sabes cuánto me costó? ¿Estás loco?"

Greg se hizo famoso por la bicicleta "LeMond" solo porque decidió ser creativo y hacer algo mejor de lo que había disponible. Su asombrosa victoria (después de recuperarse de una herida de bala, nada menos) en el Tour de Francia de 1989 se debió en parte a su ingenuidad. Venía cincuenta segundos detrás del líder y era la última prueba contra el reloj, un desafío que nadie creyó que pudiera superar. Sin embargo, Greg tenía un casco aerodinámico diseñado especialmente, mientras su competidor, Laurent Fignon, corría con una desgreñada cola de caballo. Greg tenía un disco especial en la rueda trasera en vez de los rayos, algo totalmente innovador en aquel momento. Además había desarrollado un manubrio especial que mantenía los hombros más juntos, lo que reducía la resistencia.

Estas innovaciones, junto con un corazón enorme, hicieron que Greg cruzara la meta cincuenta y ocho segundos antes que Fignon, lo que significó que ganara la carrera número veintiuno por el menor margen, solo ocho segundos.

Greg había sembrado la semilla de su fantástica victoria años antes en su garaje cuando desarmó varias bicicletas para crear una mejor. Greg LeMond fue un líder, y los líderes afectan con frecuencia el *statu quo*. Si eres un padre *"statu quo"*, que siempre hace las cosas como lo indica el manual, y nunca piensas más allá de tus límites, puedes causar un gran daño a un niño creativo y lleno de recursos cuando te fijes en lo negativo ("estás rompiendo la bicicleta") en vez de lo positivo ("estás mostrando una gran iniciativa y creatividad").

La tiranía del cuerpo

Los padres negativos, aquellos que son incapaces de descubrir a su hijo haciendo algo bien, con frecuencia aumentan el daño psicológico al transmitir asco por el proceso natural del cuerpo. Algunos chicos aprenden con facilidad a sentirse avergonzados de su cuerpo, y muchos nunca se sacuden esa lección tan dañina. Cuando enseño (habla Kathy) en la clase para padres sigo escuchando a mujeres que dicen: "Siento vergüenza de mi cuerpo. Odio mi trasero. Entro a la ducha de espaldas porque no quiero que mi esposo lo vea".

Este mensaje se traspasa a los hijos a una edad temprana. Algunos adultos exclaman: "¿Quién se tiró un gas? ¡Apestas! ¡Puaj! Tienes legañas en los ojos… ¡lávate la cara!" Cuando los chicos llegan a la pubertad ya han captado el mensaje, porque cuando les digo que les va a crecer vello en las axilas, exclaman: "¡Guácala!", aunque ese vello desempeña un papel integral en nuestro cuerpo, al recoger la transpiración y ayudarnos a mantenernos frescos. Cuando les digo a las chicas que van a comenzar a observar un flujo amarillento en su ropa interior, responden con un sonoro: "¡Puaj!", cuando en realidad esa mucosidad ayuda a que la vagina se mantenga limpia y libre de enfermedades. Si nuestro cuerpo no hiciera estas cosas, tendríamos serios problemas clínicos.

Hacia la pubertad, muchos chicos ya se encuentran disociados de su cuerpo, y las transformaciones que notan parecen distanciarlos aun más. "Muy bien —les digo— repasemos. Todos estos son mensajes del cuerpo que indican que estás creciendo. Cada orificio de tu cuerpo tiene algo que sale de él: las orejas, la boca, la nariz, los ojos. Y la vagina no difiere de cualquier otro orificio que tengas en el cuerpo. Necesita humedad para que la mantengas limpia. Todo esto es parte del plan".

Es triste que lo que es una maravilla de la creación, el maravilloso diseño divino, lo transformemos en algo sucio o vergonzoso. Podrás ayudar a tu hijo púber a aceptar mejor su desarrollo sexual dignificando el cambio de funciones de su cuerpo. Así como los chicos aprenden a apreciar el cuerpo que Dios les dio, lo que alguna vez pudo haber parecido repulsivo podrá verse como el regalo que en realidad es. Si tu hija no tuviera su ciclo menstrual, jamás podría gozar de la maravilla de dar a luz. La actitud de nuestros hijos debe transformarse de "¡Puaj!" a "¡Qué interesante! ¿Cómo puedo cuidar esa parte del cuerpo?" o "Está bien... esa parte del cuerpo huele mal, ¿qué puedo hacer al respecto?"

Padres, necesitan comprender que si no proveen una interpretación positiva de las funciones del cuerpo, su hijo pubescente se sentirá avergonzado y desanimado por los cambios que suceden en su cuerpo. La emisión nocturna es embarazosa. El ciclo menstrual es doloroso y oloroso. Sin embargo, ambos procesos dan lugar al milagro de la concepción y de la vida. Tus hijos van a sentir vergüenza; tu tarea es señalarles la belleza que hay en ello.

Si bien las vergüenzas por el cuerpo tienen un gran peso en nuestros púberes, hay otro desafío tan formidable como ese: encontrar el camino por el cual ellos podrán hacer su mayor contribución. Los chicos que tengan un sentido de propósito y de misión tienen menos probabilidades de volverse sexualmente promiscuos.

Lento y gordo: ¡la receta para un gran éxito!

¿Te suenan los nombres de Jerry Greenfield y Ben Cohen? Tal vez no. ¿Y si digo Ben y Jerry? ¡Ahora sí! Los de la famosa heladería.

Según reconocen ellos mismos, Ben y Jerry eran los dos "más gordos y lentos" de la clase de gimnasia de séptimo grado en el colegio de la Merrick Avenue.[4] Probaron en otras áreas y fracasaron, por eso siguieron en la búsqueda del éxito en algún otro lugar.

Sentados a la puerta de la casa de los padres de Jerry en Merrick, Long Island, circunscribieron las opciones a dos: rosquillas o helados. Como no tenían los 40.000 dólares para la maquinaria que necesitaban para las rosquillas, el helado pasó a presentarse como más probable.

"Encontramos un aviso que ofrecía un curso de fabricación de helados por correspondencia por $5 —escribieron—. Como no teníamos recursos, decidimos repartir el gasto entre ambos, enviamos el dinero, leímos el material que nos enviaron y aprobamos los exámenes a libro abierto con todos los honores".[5]

Haríamos helados.

Ambos jóvenes reunieron $8000, pidieron prestados otros $4000 y con algunos ayudantes abrieron un local en uno de los pocos lugares que hallaron: una vieja gasolinera en Vermont, que no es precisamente un paraíso tropical en el invierno.[6]

¿Cuántos habrían imaginado que Ben y Jerry lo lograrían? ¡Y lo hicieron! Y todo comenzó con dos chicos gorditos que alquilaron una gasolinera porque eran muy pobres como para fabricar rosquillas.

¿Qué tendrá el futuro deparado para tus hijos?

Una vez mientras conducía rumbo a la escuela (habla Kathy) les pregunté a mis hijas qué querían ser cuando fueran grandes.

—Maestras, mamá —respondieron.

—Entonces, yo creo que serán excelentes maestras. Puede que enseñen en una escuela, en una reserva o que se casen y se conviertan en mamás que enseñan a sus hijos. No sabemos dónde Dios las pondrá para que muestren su divino amor a las personas —comenté y proseguí—: Lizzie, ¿cuáles son algunos atributos de Alicia?

—Los modales —respondió Lizzie.

—Eso es algo que aprendió Alicia —le aclaré— pero no es eso a lo que me refiero. ¿Qué cosa es característica en Alicia, algo que Dios le dio siendo pequeña sin que ella tuviera que hacer nada?

Cada don que Dios nos da, nos brinda un motivo para ser parte junto a él de su ministerio al mundo, y deseo que ellas se pregunten: "¿Por qué Dios me dio estos dones?" Yo quiero que ellas no solo reconozcan sus propios dones sino también los de los demás. Cuando pasamos por el almacén, tuve una idea.

—Quiero que observen esto. ¿Ven a aquél señor que está lavando el piso? Es uno de los siervos de Dios. Dios lo ve y piensa: *¡Qué bien! ¡Miren a mi siervo!* Y comencé a alabarlo desde el auto: "¡Miren cómo limpia ese piso! Está demostrando su amor porque se preocupa por hacerlo bien, le dedica tiempo y limpia cada rincón y cada ranura del piso. Está haciendo un trabajo formidable. Allí es donde Dios lo puso a mostrar al mundo el amor de Dios".

Conduje un poco más allá y les comenté:

—¿Ven aquel remolque? Allí hay un hombre que tiene que usar

pañales, y el único que lo cuida es su hijo. Todos los días ese hijo le demuestra su amor lavándolo y cambiando sus pañales. Y Dios dice: "¡Sí! ¡Muy bien!" Entonces después se fija en Britney Spears —continué mientras seguíamos viajando— y dice: "Le di una hermosa voz, le di la habilidad para bailar, le di belleza... ¿y qué hace ella con todo eso?" ¿Glorifica a Dios con lo que hace? ¿Es acaso más especial porque está en la televisión y frente a miles de admiradores? ¿Es acaso más importante que el hombre que le cambia los pañales a su padre? Britney tiene su escenario, pero ayudar a su padre es el escenario de aquel hombre.

¿Cuáles son los dones de tus hijos, esas características intrínsecas a su personalidad, dadas por Dios: belleza, fuerza, inteligencia, compasión? ¿Cuáles son los talentos y habilidades de tu hijo? ¿Por qué esas características lo convierten en especial? ¿Cómo podría Dios usar esos dones para su reino?

En la iglesia a la que asisten los Bell no hay dudas de si algún miembro asumirá determinada responsabilidad dentro de la comunidad; la pregunta es: "¿Cuál será?" A todo el mundo se le pide que haga algo, ya sea ujier, hacer crecer los dones, cantar en el coro o llevar la cruz. A todos los niños se les anima a involucrarse. Les indicamos que miren a su alrededor y vean las tareas que les pueda gustar hacer. Eso es algo que les decimos a nuestros hijos desde pequeños. Algunos tienen voces destacadas, ese es su don. Es algo que no pueden ir y comprar, lo que sirve de excelente ejemplo para hablar con tus hijos acerca de los dones. ¿Qué tienen tus hijos que nadie puede comprar? ¿Qué es lo que está allí sencillamente por la gracia de Dios?

En el hogar de los Leman enfatizamos el hecho de crear oportunidades para que nuestros hijos sirvan de alguna manera a la familia. Todos traen algo a la mesa que nadie más tiene; cada persona tiene su lugar. Cuando los chicos sienten la confianza de que son especiales, de que tienen un escenario en el cual desarrollarse en esta vida, de que tienen dones dados por Dios, se sentirán más seguros al estar con otros que tienen dones distintos. Serán capaces de reconocer a otro: "¡Eres bueno para eso! Realmente admiro tu don y me encanta cómo lo estás usando".

Cada persona está en este mundo con un motivo. Entre las millones de combinaciones posibles entre un espermatozoide y un óvulo para crear un ser humano, tu hijo fue el elegido. A pesar de cómo sea la vida a veces, ¡existe un plan!

"Hay algo en este mundo —tenemos que decirle a nuestros hijos— que solo tú puedes hacer".

Debes saber que puede resultarte difícil concentrarte en las fortalezas de tu hijo si él y tú tienen temperamentos distintos. Los padres con frecuencia no se dan cuenta de cuánto pueden influir estas diferencias de personalidad en su capacidad de reafirmar a su hijo y de relacionarse con este y su forma de ser única. Como ya imaginarás, existen muchas razones para las diferencias de personalidad, demasiadas como para tratarlas aquí en profundidad. Sin embargo, el Dr. Leman alienta a que los padres descubran el tipo de personalidad de su hijo en *The New Birth Order Book*. Los rasgos de la personalidad de tu hijo que te parecen debilidades pueden ser sencillamente las fortalezas emergentes de una personalidad distinta. Pregúntate: ¿Quién soy? ¿Quién es mi hija? ¿Cuáles son nuestros puntos potenciales de conflicto? ¿Cómo podemos trabajar juntos? ¿Qué se necesita para que tenga éxito?

Identificar y tomar conciencia de lo que los distingue podrá ser la diferencia entre una relación tensa y una relación estrecha. Lo que ves como algo negativo (desarmar una bicicleta, o ser gordo o lento en la clase de gimnasia) puede ser la semilla para un gran éxito. Lo que te parece fastidioso (ser muy conversador, demasiado analítico o medio vago) pueden llegar a ser las características que ayuden a que tu hijo se destaque en la vida.

El héroe

Comenzamos este capítulo hablando de los héroes. Finalicemos de la misma manera. Hay más que decir de Mike Carroll, el bombero que murió en el World Trade Center.

Cuando Michael era un muchacho era fanático del equipo de béisbol *New York Mets*. Y el jugador favorito de Michael era Mike Piazza, el bateador. Cuando Michael llevó a su hijo Brendan a practicar béisbol, utilizó a Piazza como modelo digno de ser imitado. Brendan, fanático de los *Yankees*, trataba de batear como Derek Meter, que agitaba el bate en el aire con las manos puestas arriba. Michael le dijo que siguiera el ejemplo de Piazza de mantener las manos bajas y quietas.

Michael habrá derramado lágrimas de felicidad en el cielo el día antes del Día de Acción de Gracias del 2001, cuando Mike Piazza golpeó a la puerta de los Carroll. Un amigo le había contado a Piazza acerca de

Michael Carroll y su familia. Sin que nadie lo supiera, Piazza accedió a visitar a la viuda y a los hijos de Michael.

Piazza respondió con paciencia a las muchas preguntas de Brendan, como por ejemplo:

—¿Cómo es el club de los Mets?

—Un lugar de mala muerte.

—Eras el jugador favorito de mi papá.

—Es un gran honor —respondió haciendo el énfasis correspondiente.

Luego Piazza llevó a Brendan a la jaula de bateo y le mostró su estilo particular de bateo. Cuando Brendan se golpeó la mano con una de las bolas, Mike Piazza se sentó a su lado y se la restregó para que no le doliera mientras le decía:

—Ya se te pasará el dolor, muchacho; se te pasará.

¿Le hablaba del golpe o de la vida?

Michael Carroll ni remotamente habrá soñado con que su hijo fuera consolado por Mike Piazza. Y seguramente tampoco hubiera imaginado que Mike Piazza no deseaba que se terminara el día y que Brendan tuviera que irse. Imagina a ese muchacho en la casa del jugador favorito de su padre, jugando un vídeo juego, sentado en el sillón de cuero de Mike Piazza y viendo el televisor de pantalla plana.

Nancy, la viuda de Michael, le comentó confidencialmente a Michael Bamberger, del *Sports Illustrated*: "Brendan sale con Mike Piazza, va a su apartamento y Mike piensa que es lo más divertido del mundo".[7]

Nuestros hijos quieren ser héroes y quieren que nosotros seamos sus héroes. No necesitas ser bombero o atleta profesional para conseguirlo. Solo tienes que tener en cuenta a tus hijos, animarlos, descubrirlos haciendo algo bueno y valorarlos. Si lo haces, crearás una valla alta y efectiva entre ellos y alguna prostituta o algún imbécil deseosos de darle a tu hijo o a tu hija toda la adulación que no recibieron en el hogar, siempre y cuando ellos accedan a concederles favores sexuales a cambio.

Capítulo 6

Educación sexual en la mesa de la cocina

Cuando falleció su mamá, mi abuela (habla Kathy) Rose Rodriquez, fue criada en un convento junto con sus siete hermanas, y por lo tanto creció entre monjas que no hablaban de sexo. Como nadie le habló de ese tema, ella tampoco lo tocó con mi madre, y eso generó problemas.

Cuando mi madre, que era bastonera, se enamoró de mi padre, un jugador de fútbol destacado en la secundaria, ambos eran dos chicos pobres en busca del amor, forzados por el silencio de sus padres a descubrir las cosas por sí mismos. Cuando mi mamá quedó embarazada, mi papá le hizo la pregunta que aun hoy en día se hace: "¿Es mío?" Mi mamá puso la mano sobre la Biblia y juró que no había estado con nadie más.

Como tuvo que descubrir todo de la manera más difícil, por su cuenta, mi madre tomó la resolución de que nosotros creciéramos sabiendo más que ella. Como consecuencia, desarrolló una excelente "educación sexual en la mesa de la cocina".

Mi madre no planificaba sus charlas sobre sexo. Solo surgían con naturalidad durante el tiempo que compartíamos. Podíamos estar haciendo algo juntas en la cocina como lavar los platos y una de nosotras quizá sacaba el tema de los bebés.

—Mami, ¿dónde crecen los bebés? —preguntábamos.

—Existe un bolsillito especial dentro de ti —diría ella a la vez que llenaba de agua una bolsa para congelados y la cerraba mientras nos hablaba de ese "bolsillito especial" que tenemos las mujeres—. Dentro de esa bolsa de agua crece el bebé.

Ella era tan positiva y hablaba con tal maravilla y devoción acerca de lo precioso que es ser quien da la vida que nos encantaba escuchar los

 87

relatos acerca del embarazo y nacimiento. Mi padre también participaba de la educación sexual en la mesa de la cocina. No se limitó a decirme que me afeitara las piernas, sino que me mostró cómo pasar la maquinita por las rodillas y la espinilla.

Los chicos aprenden mejor con información concisa presentada en pocas frases, preferentemente con ejemplos concretos que uno tiene a la mano. Eso es un desafío, en especial cuando se refiere a enseñar a chicos acerca de la sexualidad, pero mis padres hallaban siempre ejemplos creativos con lo cotidiano.

"¿Recuerdas el período?", añadía ella mientras tomaba una taza para mostrarme cuánta sangre iría a perder. Allí mismo en la cocina, mientras ella lavaba los platos y yo me sentaba en el comedor, mi mamá hacía tángibles las respuestas a nuestras preguntas.

Por medio de charlas como esta cuando estaba en quinto y sexto grado, me mostró la forma de tomar un tema complicado y desglosarlo en los componentes primarios. He transferido estas habilidades a innumerables asuntos en mis seminarios de padres e hijos, talleres de capacitación para docentes y encuentros educativos para administradores y médicos. Incluso hoy en día, ya sea que esté con alguien en un restaurante, junto a una piscina o a una fogata, tomo cualquier cosa que tenga cerca para describir el aparato reproductor.

La educación sexual de la mesa de la cocina emplea objetos comunes y corrientes para ejemplificar lo que tu hijo está aprendiendo. Por ejemplo, casi todos los libros dicen que el ovario humano tiene el tamaño y la forma de una almendra. Consigue almendras para mostrarle a tu hija cómo son los ovarios. ¿Parece gracioso? Los púberes buscan respuestas de cualquier sitio accesible y que brinde la información que ellos buscan *de una manera que les resulte comprensible*. Esto tiene el efecto paralelo de ponerte en la posición del experto, aquel que sabe cómo explicar todas estas verdades tan confusas. Tu hijo verá que a pesar de lo que a veces piense de ti, la verdad es que sabes unas cuantas cosas acerca de la vida.

¿Cuándo hay que comenzar con esta clase de educación? Como ya hemos indicado, comienza desde que les cambiamos los pañales. Si desarrollas tus habilidades como instructor de un niño de cinco años y, por ejemplo, le explicas cómo lavarse las manos; y continúas haciéndolo durante toda la vida, entonces más adelante cuando le expliques cómo colocarse un tampón, la vía de comunicación será directa y accesible. Es como unir los puntos: lavarse las manos con lavarse la cara con ponerse las lentes de contacto con ponerse un tampón.

Los mismos chicos son los que nos dicen cuándo quieren mayor información, no necesariamente con palabras pero sí a través del lenguaje corporal. Puedes ayudarlo a agregar años a su vida emocional animándolos paso a paso. Por esa razón animamos a los padres preocupados a concentrarse en la edad emocional de sus hijos más que en la edad cronológica. Todos los chicos son diferentes, aun en la misma familia. ¿Cómo reacciona tu hijo a tus respuestas? Eso te dará un mejor parámetro sobre cómo discutir el desarrollo sexual en vez de la edad cronológica de tu hijo.

Aprovecha las calles: conversa mientras conduces

"Mamá, ¿alguna vez te has masturbado?"

Era un viaje tranquilo. Sin embargo, en ese momento la madre me dijo que hizo un esfuerzo por lograr que los ojos no se le salieran de sus órbitas.

La hija estaba haciendo una pregunta que a ella le parecía de lo más natural, acerca de una palabra que había oído en la televisión o en alguna conversación en la escuela. Ella podría haber preguntado infinidad de cosas, y todas con la misma inocencia. Si la hija sabía lo que significaba, su madre debía considerarlo un gran indicio de que su hija se sentía lo suficientemente cómoda como para sacar ese tema con ella. La belleza de esa pregunta radica en que por un lado es un signo de confianza y, por el otro, una puerta abierta para tu respuesta. No has trabajado durante una década para construir la confianza de tu hijo para después derribarla de un manotazo diciendo: "¡De esas cosas no se habla!"

Muchas preguntas surgen mientras conducimos el automóvil. Hay algo muy placentero en mirar por la ventanilla y conversar acerca de la vida mientras los paisajes se suceden ante nosotros. Los psicólogos muchas veces aconsejan que si queremos tener una buena comunicación con nuestros hijos, hemos de mirarnos a los ojos. ¡No hay nada más alejado de la realidad! Tu hijo o hija se sentirán muy cómodos mirando por la ventanilla mientras piensan: *¡No puedo creer que estemos hablando de esto!* Y tu hijo, sea o no consciente de ello, estará feliz de que lo hablen. Esto es tan cierto que te *recomendamos* que si piensas hablar de sexo analices la posibilidad de salir a andar en automóvil con tu hijo. Andar en auto brinda innumerables distracciones naturales, lo que puede ayudar a que se diluya un poco algo de la lógica incomodidad que surge al tratar estos temas tan personales. Si ambos padres pueden participar, mucho mejor. Luego, pueden reírse un rato juntos y así aliviar un poco la tensión.

Consejos para la conversación

Analiza algunos puntos interesantes dignos de ser tenidos en cuenta a la hora de poner en práctica la educación sexual en la mesa de la cocina (o en el automóvil).

1. Responde siempre la pregunta según el nivel adecuado a la edad. Aprende a detenerte y ganar tiempo con respeto. "Mamá, ¿qué son los preservativos y por qué tienen sabores?"

Gabriela y Juana nunca habían hablado de sexo más allá de charlas acerca de la menstruación y Juana, la mamá, se sintió avergonzada.

Lamentablemente, hizo frente a su incomodidad brindando más información de la necesaria. "Terminé explicándole todo acerca del sexo oral, cosas de las que nunca había pensado que le hablaría —reconoció Juana—. Incluso entré en detalles acerca de los juegos de sexo oral que practican algunos matrimonios". Por fin, después de una hora y media, llegó a la conclusión de la charla y le dijo por qué los profilácticos venían con sabor. Para entonces, Gabriela debió de haberse sentido tan apabullada de información que ya no le interesaba la respuesta...

En nuestro afán por ser sinceros, a veces le damos a nuestros hijos más información de la que desean o necesitan. Por eso es tan importante conocer a tus hijos individualment,e para que puedas discernir qué necesitan y qué no.

Una buena técnica es la de responder a la pregunta con otra pregunta: "¿Sabes lo que son los profilácticos o condones? ¿Dónde escuchaste hablar de ellos?" Esto te dará una mejor idea de cuán específica necesita ser tu respuesta. Con determinado niño de diez años podrás pensar: *Bien, podemos seguir adelante y ser específicos.* Otro padre con otro niño de la misma edad puede pensar: *Mi hijo necesita madurar un poco más antes de que podamos hablar de las formas específicas de control de la natalidad. Por ahora le diré solamente que es algo que las personas casadas usan para evitar la concepción.*

Nuestra preocupación en cuanto a la segunda respuesta es que algunos padres no comprenden que su hijo puede manejar la respuesta y que de ese modo no volverán a hablar del tema. O los padres pueden pensar: *Mi hijo jamás querría saber eso*, cuando en realidad se trata de un niño muy curioso. Nos olvidamos que nuestros hijos viven en un mundo altamente sexualizado.

Claro que algunas respuestas jamás son apropiadas. Conocemos a un padre, médico de profesión, que deseaba que sus hijos supieran cómo son "verdaderamente" las mujeres, de modo que usó una revista *Playboy* para mostrarles cómo era la cosa. Este mundo de fantasía está tan lejos de la vida real que sus hijos se habrían beneficiado mucho más de un sencillo dibujo académico.

Entonces, ¿qué hacer cuando el chico hace las preguntas? Lo primero es alentar esta conducta, de modo que sepan que pueden volver a preguntar. Cuando te sorprendan con la guardia baja, aprende a ganar tiempo con respeto. Muchos padres que no se dan cuenta de que sus hijos saben tanto como ellos, se sienten aturdidos por algunas preguntas. Ambos nos hemos encontrado con padres bienintencionados que jamás imaginaron que sus hijos fueran a preguntar cosas semejantes. Para organizarte mentalmente, empieza con una frase como:

- "Es una buena pregunta".
- "¿Así es como le dicen los chicos ahora?"
- "¿Qué más dice la gente?"
- "Está bien, a ver por dónde empezamos..."

Si no te sientes cómodo de responder en el instante, está bien, pero no desaproveches la pregunta. Asegúrate de volver sobre el tema y de que tu hijo sepa que lo harás. Podrías seguir con una frase como:

- "Dame un poco de tiempo para pensar en cómo responder a eso".
- "Es una pregunta muy interesante. Voy a tener que averiguarlo para asegurarme de que te respondo de manera adecuada".
- "A decir verdad, para responderte de forma adecuada mejor lo hablamos esta noche o mañana. No creas que no voy a responderte".

Y sobre todo, tómalo con calma y mantén las vías de comunicación abiertas.

2. Practica. ¿Cómo aprendes a golpear la pelota de béisbol? Con la práctica. Anticipas el movimiento, te imaginas la pequeña esfera blanca que se acerca y te imaginas a ti mismo balanceando el bate y golpeando la bola justo entre las costuras.

Lo mismo sucede en cuanto a conversar con tus hijos acerca de los cambios de la pubertad. Llegará el momento en que el lanzamiento venga hacia ti, una hermosa bola curva que llega al borde del plato, una verdadera belleza.

Y si la dejas pasar será un tanto en contra tuya.

Practicamos para toda clase de eventos en la vida: para responder preguntas potenciales antes de una entrevista laboral, para leer las Escrituras frente a la congregación, para repetir nuestro libreto en el papel que desempeñamos en la obra de teatro del barrio.

Aunque parezca una tontería, deberías practicar cómo responder a las preguntas de tu hijo sobre sexo. No nos referimos a que memorices respuestas enlatadas, sino a que pienses las respuestas a las preguntas que sabes que te harán tus hijos. ¿Qué piensas de la masturbación? ¿Cuáles son las razones que le darás a tus hijos para que esperen hasta el matrimonio para tener sexo? Estas son dos preguntas que por lo general aparecen, y es bueno tener las respuestas preparadas de antemano. Mejor todavía, comenta tus respuestas con tu cónyuge para asegurarte de que ambos van a decir lo mismo. La práctica puede que no haga que tu presentación del tema sea perfecta, pero te ayudará en el momento en que trates de hallar las palabras cuando llegue el momento.

3. Retroalimentación. Si tu hijo no comprendió lo que dijiste, o si le respondiste algo distinto a lo que te preguntó, no se ha producido una buena comunicación. A veces es más sencillo obtener una respuesta o una reacción antes de contestar la pregunta. En ocasiones es bueno repetir la frase de manera diferente para obtener un poco más de datos al respecto: "Me preguntas esto porque..." Por lo general, esto le da a tu hijo la oportunidad de definir por qué hizo la pregunta, y también le permite saber que papá y mamá están contentos de hablar del tema. Además, sabrás si la respuesta que se te ocurrió satisfará el interrogante que él tiene en mente.

Si tu hijo te dice: "Papá, he oído decir que una chica no queda embarazada en la primera relación sexual", puedes preguntar algo con final abierto como: "¿Dónde escuchaste eso?"

"Bueno, estábamos en la cancha con Julián y eso fue lo que dijo Bruno".

Tu pregunta mantiene la puerta abierta. Y le indica a tu hijo que estás dispuesto al diálogo y que te tomas esto con calma.

Cuando hayas terminado de responder, puedes usar una última pregunta para comprobar si comprendió: "¿Y tú qué piensas al respecto?"

Puede que responda: "Tiene sentido" o "No estoy del todo seguro" y continuar con otra pregunta. Creemos que es una buena estrategia que le pidas a tu hijo que responda a lo que acabas de decirle para que tengas una idea de los conceptos que necesitas afianzar.

4. Observa lo que están pasando las familias con hijos mayores. Conversen sobre cómo tratar esas situaciones antes de que se presenten. Los padres sabios reconocerán que una parte importante de la educación sexual en la mesa de la cocina va más allá de las preguntas actuales, y se anticipan a discutir temas futuros.

Un caso que se presentó en el hogar de los Bell: un año la fiesta de graduación de octavo grado fue el comentario de toda la escuela. Nuestro hijo mayor, John, estaba en séptimo grado en ese momento y una parte de él deseaba con todas sus ansias estar en la cima de la popularidad. Se moría de ganas de chismear sobre la fiesta, que se había ido de las manos. Los hijos mayores de la familia donde se hacía la fiesta le echaron algo a la bebida y los chicos bailaron con música bastante cuestionable. Los padres no participaron de la fiesta, sino que se recluyeron en el dormitorio y dejaron que los chicos se adueñaran de toda la casa. (Muchos padres de los chicos invitados confiaban en que los padres dueños de casa mantendrían las cosas bajo control.) Los chicos pensaban que había sido divertido, al igual que algunos padres; aunque la madre de los muchachos estaba consternada por lo que habían hecho sus hijos. Lamentablemente, esta fiesta terminó en boca de todos y John ansiaba ser del montón.

No podía dejar pasar ese momento. Pensar en que un evento así no volvería a suceder habría sido una locura. Yo no quería entrar en guerra con mi hijo, que ya era más corpulento que yo y más potente al emitir su opinión. Todo ese rumor acerca de la fiesta me dio oportunidad de conversar con John acerca de las cosas que había escuchado.

—En primer lugar —le dije— todo lo que escuchaste es un rumor. Puede que algunas cosas sean ciertas y otras probablemente no. Sin embargo, no puedes creer que *todo* lo que escuchaste sea cierto.

La fiesta nos dio la oportunidad de hablar acerca de lo que vendría durante octavo grado y más allá: bailes, fiestas, encuentros deportivos,

93

incluso llegar a pasar la noche en un hotel cuando el equipo de fútbol viajara a otra localidad.

—Tú sabes que tu padre y yo pondremos reglas en cuanto a todo esto —le dije.

—Sí, lo sé —respondió. En ese momento, yo no tenía idea de cuáles serían, entonces le dije:

—Tenemos que pensar en cómo haremos las cosas —y continué en tono jocoso— porque sé lo importante que para ti es divertirte, ¿no es cierto? Al mismo tiempo, sabes que algunas cosas que sucedieron en aquella fiesta no van en esta familia.

—Sí, ya sé mamá —reconoció.

Cuando Mike (mi esposo) y yo nos reunimos a tratar los temas de la semana, hablamos de las reglas que pondríamos. ¿Podría John asistir a *cualquier* fiesta a la que lo invitaran?

—De ninguna manera —dijo Mike—. Y supongo que lo vamos a llevar y a buscar. En ocasiones, podremos dejar que lo lleve o lo busque algún otro padre si conocemos a la familia.

—Cuando lo llevemos a una fiesta, quiero poder acompañarlos hasta adentro —añadí.

—Eso va a ser un poco difícil —objetó Mike.

—Bueno... pero ya le dije a John que le pediríamos algunas cosas específicas y esa es una de las que pienso decirle. Y lo haré en esta etapa —y no puse límite de edad—; vamos a entrar con él en la fiesta.

Durante uno de nuestros almuerzos, le comenté a John cuáles habían sido las decisiones que tomamos y pusimos las cosas en claro.

—Mira —le dije—, sé cuánto te importa encajar en el grupo. Si no fuera así no te compraríamos esa ropa que usas, para que la gente no se burle de ti. Por eso no quiero avergonzarte al entrar contigo a la fiesta; pero necesito que comprendas que quiero saber de lo que se trata. De manera que si te molesta demasiado que te acompañemos, entonces ni siquiera nos pidas ir a la fiesta, porque ya lo sabes de antemano. No te voy a llevar de la mano como si fueras un nenito de jardín de infancia. Llevaré de regalo un paquete de gaseosas o una bolsa de papas fritas para que no sea tan incómodo para ti. Sé que no te será fácil, pero quiero que te quede claro que si tú entras, yo entraré contigo.

Puso los ojos en blanco, pero estuvo de acuerdo porque no estábamos discutiendo acaloradamente. No fue una situación emocional; no estábamos peleando. Ocurrió más allá del hecho, *antes* de que tuviéramos que hablar de una fiesta en particular.

Luego le preguntamos qué necesitaba él de nosotros.

—Que no me asfixien —respondió y le permitimos que nos comentara sus preocupaciones. Fuimos sumamente específicos. Por último le dijimos:

—John, tienes que averiguar la siguiente información antes de la fiesta, si no, ni siquiera te molestes en preguntarnos si puedes ir a ella:

• ¿Van a estar los padres en la casa y participarán activamente de la fiesta?

• ¿Quién estará a cargo? ¿Los padres o los hermanos mayores?

• ¿Qué puedes llevar para que coman?

• ¿Habrá chicos y chicas en la fiesta? ¿Qué habitaciones de la casa estarán disponibles y qué actividades van a realizar?

• ¿Qué clase de fiesta es? (Le dijimos que si era una fiesta para "pasar el rato", se olvidara de ella. Hasta que los chicos tengan habilidades de socialización, deben centrarse en una actividad que involucre a los padres.)

Como queríamos que John también fuera responsable, le indicamos que si comenzaba a pasar algo cuestionable, debía llamarnos y lo iríamos a buscar; sin discusiones. Si ni Mike ni yo conocemos a la familia anfitriona, uno de nosotros llamaría a los padres en algún momento antes de la fiesta para presentarnos y hacerles algunas preguntas. Algo así:

—Hola, señora Jones, soy Kathy Bell. John piensa ir a la fiesta de Zac este viernes a la noche. Solo quería asegurarme de saber cómo llegar hasta su casa.

— ...

—Fantástico. Tengo entendido que usted y su esposo estarán allí y participarán de las actividades. Si creen que necesitan ayuda, no dejen de avisarnos; podemos llevar hamburguesas o lo que sea.

— ...

—¡Ah! Van a comer sándwiches... muy bien. ¿Quiere que lleve algo cuando vaya con John?

Creo que captaste la idea. Si de la conversación surge que será una actividad sin padres, John ya habrá estado prevenido de antemano de que esta no es una fiesta aconsejable. Solo porque hayamos considerado que va a ir a una fiesta no significa que efectivamente vaya a hacerlo. De acuerdo, se molestará; pero John también sabe que sus padres lo aman de manera genuina. Y él sabe lo que esperamos de él ya desde antes.

Como resultado de nuestras conversaciones durante esta época, sucedió algo maravilloso. Durante todo ese año, cada vez que John escuchaba de una nueva situación que se daba con muchachos mayores, él la comentaba en casa y preguntaba cómo iríamos a manejar esa situación nosotros cuando él tuviera la edad suficiente para participar. Esto le dio a John y a nosotros mucho tiempo para prepararnos para su octavo grado y mucho tiempo también para practicar con situaciones pequeñas y mucho más insignificantes durante su séptimo año. Como John sabía las reglas de antemano, comenzó a decidir por su cuenta si nos pediría o no que le dejáramos ir. Cuando ingresó en la secundaria, ya decidía por su cuenta sin preguntar ni siquiera sobre ciertas fiestas.

Nos sentimos sumamente orgullosos cuando al preguntarle un viernes o sábado por la noche por qué estaba en casa, nos respondía: "Porque en todas las fiestas se servirá alcohol, y yo no quiero ir".

Si tienes un hijo en sexto grado, observa lo que sucede con los padres de séptimo, qué cosas enfrentan. Luego, habla con tu hijo acerca de lo que sucederá al año siguiente. Esas decisiones y temas van a venir y es mejor hablar de ellos antes de que tu hijo esté emocionalmente apegado a una respuesta en particular. Luego, cuando tu hijo sienta las presiones para encajar en el grupo, él ya estará al tanto de las reglas.

5. *Ayuda a que tu hijo mire más allá de su limitada experiencia para prever problemas potenciales.* Aquí presentamos una historia verídica que le dará a todos los padres un motivo para pensar.

Poco después de cumplir los trece años, Samanta se mudó de barrio. Jazmín fue a visitar a la nueva vecinita de la cuadra. Al poco tiempo ya estaban jugando juntas y Samanta estaba feliz de que hubieran congeniado tan bien. Al irse, Jazmín mencionó algo de unos chicos que Samanta tenía que conocer, unos muchachos "muy en onda" que vivían a la vuelta.

La madre de Samanta, que tenía una buena relación con su hija, fue lo suficientemente inteligente como para tomar nota de la conversación, reconocer los temas de seguridad que eso involucraba y decidió que en principio su hija no iría a ninguna parte. "Tú sabes, querida —le dijo más tarde— que no irás a esa casa por ahora. No conozco a esos chicos ni tampoco sé quiénes son sus padres."

Samanta y Jazmín siguieron viéndose durante la semana, y hacia el fin de semana, Jazmín preguntó: "¿Por qué no le dices a tu mamá que vas a estar en mi casa el sábado por la noche? Los muchachos que viven a la vuelta han organizado una fiesta". A Samanta le pareció divertido, porque pensó que si quería podía irse de la fiesta y regresar a su casa.

Sin embargo, la mamá de Samanta sospechó algo, así que le dijo directamente a la amiga de su hija: "Lo siento, Jazmín, pero mi hija no puede. Tal vez otro día". Y Jazmín se fue.

A las diez de la noche apareció la mamá de Jazmín en casa de Samanta, preguntando si sabían dónde estaba su hija. Había recibido una llamada telefónica que se cortó. Jazmín alcanzó a decir que estaba en una fiesta, que estaba en problemas y que necesitaba ayuda. Samanta salió del dormitorio y dijo: "Creo que sé dónde está. Me dijo algo acerca de una fiesta en la casa de unos muchachos que viven a la vuelta".

La madre de Jazmín se imaginó dónde era y llamó a la policía. En la fiesta corrían las drogas y el alcohol, y Jazmín había estado bebiendo, creyendo que así era moderna y parte del grupo.

Samanta había pensado en irse de la fiesta porque no veía problema alguno en eso. *Si hay alguna cosa rara* —pensó— *me voy a mi casa. Después de todo, es a la vuelta.* El pensamiento de que quizás no *podría* irse ni le había pasado por la cabeza.

La educación sexual en la mesa de la cocina asume que nosotros como padres sabemos más acerca de los problemas potenciales que nuestros hijos, con su experiencia limitada. Una jovencita no sabe cómo pueden irse de las manos las cosas, y nuestra tarea es explicárselo. Esta clase de información es tan importante como charlar sobre las funciones del cuerpo.

Tú sabes lo peligroso que es andar en un automóvil si el conductor ha bebido, pero ¿lo saben tus hijos? Tú sabes que es posible que los chicos decentes sucumban a la tentación cuando pasan mucho tiempo solos y se hace tarde, y están cansados y las inhibiciones normales disminuyen. Tú sabes la fuerza que puede tener un muchacho cuando la pasión se escapa de sus manos, pero ¿lo sabe tu hija? Ella considera que ese muchacho es bueno y amable, que se emociona durante los anuncios del canal Hallmark, pero jamás lo ha visto tarde de noche, después de intensas caricias, diciendo y haciendo cosas de las que se avergonzaría a la mañana siguiente.

Tú eres el padre. Tienes décadas de experiencia, mientras que tu hijo es todavía idealista e ingenuo. Utiliza la experiencia para involucrarte y para detectar problemas potenciales. Préstale atención a las señales de alarma, a esa vocecita interna que te advierte cuando algo no huele demasiado bien.

6. Prepárate para responder cualquier cosa con expresiones faciales, con contacto visual, con gestos y con el lenguaje corporal. Mi madre (habla Kathy), Gloria Flores, me había prometido responder todas mis preguntas, y un día al llegar a casa le comenté lo que había escuchado: "Si el hombre no permanece sobre la mujer al menos durante tres minutos, ella no quedará embarazada". Yo quería saber si era cierto. Después de todo, mamá había dicho que podía acudir a ella en cualquier momento y yo tomé su palabra al pie de la letra.

Tus hijos te harán preguntas cuando menos te lo esperas. Jamás estarás esperando una conversación como la siguiente:

—Mamá, ¿qué es el sexo oral?

—Bien, Susi, es curioso que preguntes eso porque justamente estaba sentada aquí pensando en lo que es el sexo oral y en cómo te lo explicaría.

No... No es así como sucederá.

Aquella tarde, sorprendí a mi madre en un momento en que estaba ocupada. Estaba buscando algo frente a un aparador lleno de papeles. Cuando le hice aquella pregunta, casi se cae; luego me respondió con brusquedad que no tenía tiempo para responder esa clase de preguntas. La miré a los ojos y decidí no volver a preguntarle nada más sobre sexo.

Gracias a Dios, nunca fui consecuente con esa decisión, porque recuerdo que ella vino más tarde y me dijo: "Me equivoqué". Luego, me brindó información, pero durante cierto tiempo fui más cautelosa con mis preguntas. Ella era prácticamente una niña también y por eso era buena para venir con la humildad de un niño.

Espera el impacto. Anticípate a ser sorprendido. Difícilmente tus hijos elijan el momento más oportuno y apropiado para formular tales preguntas.

Una de las pequeñas Leman tenía solo tres años cuando me lanzó una buena. En ese momento, estaba en el baño y me había olvidado de cerrar la puerta, por lo que ella entró. Allí estaba yo, con los pantalones bajados y ocupado en mitad de algo.

—¿Qué es eso? —preguntó.

—Es el reloj de papá —respondí esperanzado.

—No, tu reloj no... eso —replicó ella mientras señalaba en dirección al tema de la conversación que sabía que tendríamos.

—Se llama pene —respondí.

¿Cómo le dices *tú*? ¿Acaso dices: Es el pito de papá o es la salchicha o la linterna; o dices: "Es el pene de papá". ¿Te calmas lo suficiente como para comenzar a hablar acerca del maravilloso regalo dado por Dios de nuestra sexualidad? Cuando se acerca la bola curva, ¿te balanceas confiado o sales de la placa y la dejas pasar? Porque si te asustas, ya le estás enseñando algo a tu hijo, y no es algo bueno.

Es frecuente que las niñas pregunten: "¿Y yo tengo uno? ¿Y mami?" *No, ella no tiene la "suerte" de tener uno de estos.*

—No —puedes responder— tú, tus hermanas y mamá tienen vaginas y tu hermano y papá tienen penes.

Mi respuesta: "Se llama pene", pareció ser suficiente para ella en aquel momento. Yo no me puse a explicar el aparato reproductor masculino y femenino, cómo ella iría a sangrar algún día por su vagina, y que cuando se casara, un hombre introduciría su pene allí. Y no lo debía hacer tampoco. Esa hubiera sido demasiada información para su edad.

¿Crees acaso que cuando fui al baño aquella mañana esperaba que mi hija me preguntara acerca de mi pene? No tenía forma de saber que mi hija iría a lanzarme semejante jugada. La gente no habla de sexo según un patrón predecible. Tus hijos no te dirán algo como: "Mamá y papá, esta charla estuvo fenomenal. ¿Podrían contarme más acerca del funcionamiento de mi pene mañana durante el desayuno?"

No tienes manera de saber si esta noche tu pequeña de preescolar llegará corriendo a la sala, preocupada porque se encontró un agujero "aquí, entre las piernas". O si mañana por la tarde, mientras camines por los pasillos del supermercado, tu hijo va a preguntarte por qué esa mujer de la revista se olvidó de ponerse la ropa.

Lo mismo sucede cuando los chicos llegan a la pubertad. Para poder responder la jugada, debes estar listo para aprovechar al máximo cuando se presente, y eso sucederá.

Algo para que recuerdes: Tu reacción a cada pregunta es el aval que tendrá tu hijo para hacerte la siguiente. Nuestro cuerpo refleja de forma natural lo que sucede dentro de nosotros. La primera señal para tu hijo de que están caminando sobre huevos es tu expresión facial y tu lenguaje corporal. Tu expresión facial, tus brazos cruzados, tu tono de voz, tu agitación... todo eso dice mucho a tu pubescente, e influye en gran manera en si vuelve o no por más. Por eso es tan importante un corazón sincero; no puedes falsear lo que sucede dentro de él. Es más, tus palabras son lo último que hará que regrese. La primera cosa que recordará cuando se decidan o no a regresar es la actitud de tu corazón.

7. Lee. Consigue información precisa. Una alumna explicó al grupo que su mamá le había dicho que las chicas en el sangrado "pierden todos sus óvulos". Eso me puso incómoda (habla Kathy) no solo porque tuve que darle la información correcta frente a toda la clase, sino porque al hacerlo, la jovencita tuvo que darse cuenta de que su mamá estaba equivocada. Ella quedó en una postura incómoda frente a sus compañeros.

Debes darle a tus hijos la información precisa. Lee un libro de anatomía. Familiarízate con los términos apropiados. Si le dices algo a tu hijo que haga que sus amigos se rían de él, las probabilidades de que regrese con otra pregunta no son muy grandes.

8. Circunscribe el tema al contexto adecuado. Siempre debes encerrar las conversaciones sobre sexo dentro del contexto adecuado: el matrimonio.

"¿Qué es j...?" puede preguntarte tu hija a la salida de la escuela porque escuchó esa palabra en boca de sus compañeros de tercer grado.

¿Acaso respondes agresivamente diciendo: "¡Así no hablamos en esta casa!"?

Papá y mamá, tu hija ni siquiera tiene idea de lo que significa la palabra, por eso lo pregunta. Es más, tal vez lo pregunte porque se siente fuera de lugar y cree que los otros chicos saben lo que significa. La belleza de esa pregunta está en que se formula con confianza, y te brinda la oportunidad de dar la respuesta dentro de la escala de valores en que educaste a tu hija. En esencia es como si ella te dijera: "Hoy me pasó esto y no sé cómo manejarlo. ¿De qué manera debo reaccionar?"

"Ah... querida —puedes responder sin avergonzarla—. Es una palabra terrible para referirse a algo hermoso que solo las personas casadas deben hacer. No es una palabra que nos hayas escuchado decir a mami o a papi, ¿no es cierto?"

Como ves, le estamos enseñando a los chicos quiénes somos. Y puedes tomar lo que sería una respuesta simple y burda a su pregunta y añadir un efecto positivo. "¿Sabes lo que significa esa palabra? Se refiere a las relaciones sexuales."

"¿Y qué son las relaciones sexuales?"

"Cuando te casas —comienzas por circunscribir el tema al contexto adecuado, el matrimonio— uno de los aspectos interesantes de formar una pareja es que nos transformamos en uno en varios sentidos." Y luego puedes explicarle cómo Dios le dio a un papá y a una mamá una forma maravillosa no solo de hacer bebés sino también de estar físicamente unidos. "Has escuchado a la gente hablar de sexo. Permíteme decirte lo que es el sexo". Entonces explicas cómo el papá introduce su pene en la vagina de la mamá y de esa manera se hacen los bebés. No se los encuentra dentro de un repollo ni los arroja por la chimenea una cigüeña. Saca ventaja de la pregunta de tu hijo aunque parezca prematura.

Mi hijo Kevin Leman II escuchó la "palabrita" cuando tenía seis años y decidí aprovechar la oportunidad para decirle con mis propias palabras y con nuestro sistema de valores familiar lo que Dios desea que sea el sexo. Él ya lo escuchó con una palabra grosera, ahora yo quiero que lo vea desde una perspectiva distinta. Deseo circunscribir la información sobre sexo dentro de la escala de valores que yo tengo. Por eso, siempre voy a hacer referencia al matrimonio cuando hable de relaciones sexuales.

Recuerda que no es una conversación exclusiva. No puedes esperar que un niño de seis años comprenda por completo lo que significa mantener relaciones sexuales. Ya habrá otras oportunidades. Tranquilízate y tómalo con calma.

Puedes usar estas situaciones para enseñarle otras cosas a tu hijo; por ejemplo: "Me da mucha pena que hayas escuchado esa palabra, pero ¿sabes una cosa? Durante toda tu vida vas a escuchar a gente que usa un lenguaje horrible y dice cosas inadecuadas. Y entonces va a tener que tomar varias decisiones, al igual que mamá y papá las tienen que tomar. Nosotros no hablamos así. Ninguno de los dos usa esas palabrotas".

Los padres que se horrorizan porque no pueden creer que su hijo siquiera pronuncie esa palabra son los que pierden valiosos momentos de enseñanza. Hoy en día los niños te sorprenden. Así lo comprobó Kathy hace poco cuando una jovencita de sexto puso un pie sobre el escritorio para demostrarle a Kathy que ella estaba siempre preparada. Abrió una bolsita que tenía dentro del zapato y sacó un profiláctico que había colocado allí solo "por si acaso".

Puede que creas que nunca tendrás que hablar con tu hijo acerca de profilácticos porque, por supuesto, *tus* hijos nunca tendrán sexo antes del matrimonio, ¿no es así? Bien, tenemos noticias que darte. Vivimos en una cultura plagada de sexo, de modo que aunque tu hijo nunca se involucre en el juego sexual, de todas maneras se verá acosado todos los días por una sociedad saturada de sexo: la televisión, las películas, las charlas en el comedor, las fotografías que se colocan en el armario y las conversaciones con sus amigos.

Si esa alumna sintió la libertad de mostrarle el condón a Kathy, puedes apostar que algunos compañeros ya lo habían visto.

En vez de ignorar la máquina expendedora de profilácticos en el sanitario de hombres de la estación de servicio, que *sabes* que tu hijo ha visto y siente curiosidad por saber qué es, saca el tema por tu cuenta: "¿Viste lo que venden en la estación de servicio? Quiero contarte de qué se trata".

Tu hijo te va a mirar y pensará: *"¡No puedo creerlo! ¿Mis padres me van a hablar de esto?"* sin embargo una vez que hayas dado este paso, tu hijo sabrá que puede hablar contigo de cualquier cosa, porque fuiste capaz de sacar un tema que jamás pensó que tocarías. Sin embargo, si no hablas con tu hijo acerca de profilácticos y otras cosas que se le van a presentar o ya se le están presentando, lo estarás abandonando a su suerte para que adivine los valores relevantes que las acompañan.

Nos referimos a desvelarles el misterio a nuestros hijos haciendo que el sexo y todo lo relacionado parezcan una parte maravillosa y natural de la vida, *dentro del matrimonio.* Hoy en día no se habla del sexo en ese contexto; si no realizamos nosotros la relación de valores, nadie la hará.

Si conservas la conversación dentro del contexto de tus valores, eso te permitirá enfrentar falsas creencias. Vivimos en un mundo lleno de anuncios que presentan los profilácticos como la respuesta a todo. Incluso puedes tomar una cajita de condones en una tienda y leer con tu hijo: "Mmmm, dice que *reduce* el riesgo de embarazo y enfermedades; pero no dice que lo *elimine.* ¿Qué significa eso? ¿Podemos confiarnos? ¿Se ocupará de la prevención en un 100%? ¿No crees que tal vez por eso es mejor dejar cualquier clase de actividad sexual para el matrimonio?"

Los momentos propicios para la enseñanza se producirán cuando escuches algo en la radio o en la televisión o cuando hojees una revista. Hay avisos publicitarios en los ómnibus, en los periódicos y en las tiendas. Cada vez son más los centros comerciales que tienen profilácticos en el sanitario, y eso te da la oportunidad perfecta de hablar al respecto.

"¿Viste que están instalando máquinas expendedoras de profilácticos en todos los baños del centro comercial? —puedes preguntar— ¿has visto uno alguna vez? Cuando yo era pequeño no había eso así en los baños. La próxima vez que vayamos de compras, hazme acordar que compre uno para que podamos hablar de eso".

La organización *Planned Parenthood* [Paternidad planificada] desea *informar,* pero su información se suele dar en un plano carente de valores, o incluso un contexto inmoral. Como tienen a su disposición millones de dólares, van a exponer avisos publicitarios frente a nuestros hijos. Por esa razón nosotros como padres necesitamos ser claros en cuanto a nuestras expectativas y tratar esa información en un contexto de valores adecuado: "Los profilácticos pueden ser útiles cuando estás casado, porque pueden ayudarte a decidir en cierta medida cuándo quieres tener un hijo y cuántos vas a tener. Sin embargo, no son 100% seguros. Hay mujeres que quedaron embarazadas aunque se usaron condones en la relación y ¿sabes una cosa? Incluso pueden contagiarse enfermedades aunque los usen.

"Yo no quiero que tengas sexo hasta que te cases porque sé que eres una persona sensible y tendrás que luchar con la culpa si arruinas las cosas. Deseo que tu noche de bodas sea una noche especial, quizás la más maravillosa de tu vida. No quiero que tengas que preocuparte por un herpes justo en el momento en que deseas celebrar tu compromiso con la persona que amas. Tampoco quiero que llegues al matrimonio con un embarazo o con un hijo; espero que tengas la libertad de disfrutar de tu cónyuge antes de tener hijos. Deseo que el sexo sea algo que hayas esperado mucho tiempo".

Puede que tus hijos pongan los ojos en blanco, pero en su interior estarán felices por contar con tu explicación.

9. Conoce tu objetivo. Acabamos de mencionar que debes saber de lo que hablas y hemos comentado algunas maneras creativas en que puedes transmitir esa información.

Si bien proveer información adecuada para ser el principal educador de tu hijo es crucial, jamás debería ser ese el principal objetivo. El verdadero objetivo, más que el de transmitir información precisa, es relacionarte con tu hijo y demostrarle tu preocupación. No hay nada que sea prioritario a eso. Una buena investigación y una comunicación clara y precisa son cosas buenas, pero si nunca observas al niño para saber en qué anda... lo estarás perdiendo. Tu intimidad y atención genuinas quedarán embebidas para siempre en la memoria de tu hijo.

Volvamos a la historia de Samanta. Algunos padres, deseosos de tener vacío el nido, le habrían permitido con gusto a Samanta salir con Jazmín, aun cuando hubiera algo que no les pareciera del todo bien. Puede que otros padres no dediquen tiempo a darles a sus hijos respuestas buenas y fundamentadas acerca de aspectos básicos, o a recabar información porque son las ocho de la noche y no quieren perderse los primeros cinco minutos de su telenovela favorita.

¿Cuánto te importan tus hijos en realidad? Si tu objetivo es relacionarte con ellos, tendrás que sacrificar otras cosas. Los chicos no son grifos que puedes abrir y cerrar a voluntad. A veces están dispuestos a hablar de temas profundos y personales, y otras veces no tienen deseos de hablar. Sus hormonas los llevan por más estados de ánimo diferentes en doce horas que los que experimentas tú en doce días.

Si no aprovechas para atravesar la puerta cuando se abre, no hay garantía de que se vuelva a abrir. Ojalá que tu objetivo sea relacionarte de verdad con tus hijos. No tomes sus preguntas como interrupciones, sino como invitaciones a involucrarte más en su vida y a demostrar tu amor por ellos.

Una parte de la vida

"Voy a snif... extrañar... snif... a Rosie".

La familia Leman iba a ir a Nueva York durante las vacaciones, y nuestra hija Lauren, de diez años, lloraba al pensar que debería separarse de su perrita durante dos semanas.

"Sé que te cuesta despedirte porque amas a tu perrita —le dije una noche—. Eres tan buena mamá para ella y te ocupas tanto... la alimentas, eres muy responsable... y eso que recién tienes diez años. ¿Cómo puedo ser yo tan afortunado de tener una hija como tú?"

Lauren es una niña compasiva que se maravilla de la vida. Le encanta coleccionar insectos del jardín y meterlos en frascos. Cuando los trae a casa conversamos acerca de lo maravilloso que es que Dios haya creado a los insectos en tal variedad de colores, formas e incluso capacidades tan diferentes. "Sucede lo mismo que entre tú y tu hermana —le digo con frecuencia—. Él te creó distinta hasta de tu propia hermana."

Aquella noche, Lauren lloraba y le dije:

—Sé que vas a extrañar a Rosie, yo también voy a extrañarla. Sin embargo, podemos sentirnos felices de saber que Rosie estará con una familia responsable que la cuidará muy bien. Imagina lo que sucederá a nuestro regreso de Nueva York. ¿Qué hará Rosie? Va a correr alrededor de nosotros, ¿no? Va a pegar saltos y a hacer ese ruidito característico que hace cuando está feliz de verte".

Lauren asintió.

—¿Sabes una cosa, Lauren? —proseguí— Esto es también una preparación para lo que vendrá. De aquí a ocho años, probablemente papá te lleve a la universidad. Creo que no será fácil despedirnos entonces, ¿no lo crees?

—No.

—Sin embargo, podrás venir a casa en los días de fiesta, en Navidad y en las vacaciones de primavera.

A esto me refiero cuando hablo de educación sexual en la mesa de la cocina, a que seas sensible al desarrollo de tu hijo y a que relaciones las situaciones cotidianas con el contexto general de la vida.

¿Qué tiene que ver mi conversación con Lauren acerca de la perrita con el sexo? Parece que nada, ¿no? No tiene demasiado que ver directamente; pero indirectamente tiene mucho que ver. Estoy llenando su necesidad de amor al escuchar su corazón y reafirmar su posición como hija. Estoy dedicándole tiempo. No voy a estar leyendo el periódico en casa o escuchando la radio en el auto mientras estamos juntos. Me involucro, respondo a sus preguntas, actúo como guía en este misterioso asunto llamado vida.

¿Y sabes una cosa? No hay ninguna otra cosa que prefiera a esta.

Primera base: cambios del cuello para arriba

Cómo enseñar a tu hijo a que cuide su rostro y su cabello

"¡Odio mi cara!"

Se realizó una sencilla encuesta entre alumnos de octavo grado, y se les preguntó quién era su estrella favorita masculina y femenina. Debían explicar también la razón de esa admiración. Luego, les pedimos que describieran las características físicas que más les gustaban de sí mismos.

Lo que más admiraban de su estrella favorita era predecible: el cabello, la nariz o la apariencia exótica que está de moda. Cuando se les consultó acerca de sí mismos, las respuestas también fueron coincidentes:

"¡NADA!"

"¡Odio mi gordura!"

"Me gustaría ser _____."

Completa con lo que quieras.

Las letras mayúsculas y las marcas oscuras por la presión del lápiz enfatizaban el intenso disgusto. Cuando se les *obligó* a que hallaran algo positivo, los alumnos escogieron características inocuas.

"Creo que tengo lindas cejas".

"Tengo pies delicados".

"No soy demasiado bajito".

Notamos que los alumnos vergonzosos de quinto grado se habían convertido en alumnos de octavo llenos de enojo y humillación.

"Podemos hablar de cualquier tema, pero nuestros cuerpos son asquerosos —escribió uno de los alumnos— Desearía ser diferente o ser otra persona".

En un desesperado intento por lograr la aceptación, los chicos pasan horas acicalándose, haciendo gimnasia, leyendo revistas y probándose peinados con tal de parecerse a su estrella favorita. Cuando les contamos cómo los fotógrafos de moda retocan digitalmente las fotos y así cambian la ropa de las modelos, eliminan las arrugas y aumentan el busto, la actitud de los chicos no cambia: "Al menos Jennifer Love Hewitt tiene algo sobre lo que trabajar, pero yo no".

Puedo recordar mi propia experiencia siendo niña. Yo también me miré al espejo y casi me muero del susto. Cuando tenía tres años se me partieron los dos dientes de adelante en un accidente automovilístico, lo que me dejó un hueco durante muchísimo tiempo. Cuando finalmente me salieron los dientes, eran tan grandes que los chicos me llamaban "castor". También se burlaban de mi cabello ensortijado. Para evitar que me dijeran "caniche" llegué a acostarme con gorra, para ver si de esa manera se me alisaba el cabello.

No fue así.

Yo era gordita, con el cabello crespo y los dientes grandes como un castor. ¿Qué tal para una foto de quinto grado? Me sentía menos atractiva que una goma de mascar usada pegada a la suela de una zapatilla, y encima usaba la comida para aliviar mi angustia. Por fin un día me miré al espejo y dije: "Bien, esto es lo que hay. Si no aprendo a apreciarlo, entonces... ¿qué? No tengo más opción que hacer lo mejor que pueda con lo que tengo".

De esa manera comenzó mi camino de la aceptación, el mismo que ayudo ahora a recorrer a los chicos. En primer lugar, trato de que comprendan lo que sucede en su cuerpo durante la pubescencia.

Coordinador: la glándula pituitaria

La gran coordinadora del cambio corporal en nuestros hijos es la glándula pituitaria, que trabaja como un organizador de eventos. Las bodas son sucesos a gran escala que representan momentos de risas, alegría y festejo. Además implican una increíble cantidad de trabajo.

Tomemos como ejemplo las bodas reales y de famosos del siglo XX. Imagina lo que debe ser la coordinación de las miles de horas-hombre trabajadas por los floristas, los panaderos, los encargados de la comida, las costureras, los diseñadores de interior y los equipos de producción de radio y televisión. Piensa en lo que debe ser decorar la capilla de St. George con miles y miles de rosas, lilas, jazmín de Madagascar y, para citar al florista, "todas las 'espuelas de caballero' del país" para armar el ramo que Sophie llevó rumbo al altar en su boda con el príncipe Edward.[1] Alguien tuvo que escoger esas flores, cortarlas, transportarlas y luego realizar los arreglos. O imagina tener que administrar el equivalente a 100.000 dólares en seguridad para la boda de Brad Pitt y Jennifer Aniston, un evento sumamente atractivo para los *papparazzi*, que incluyó a la administración federal de aviación y el alquiler del helicóptero del Departamento de Policía de Los Ángeles para controlar el enjambre de helicópteros que sobrevolaban la boda. (La tarea de coordinar recayó en un ex agente de servicio secreto israelí.[2]) La boda del príncipe Carlos con Diana Spencer, con frecuencia llamada "la boda del siglo", involucró esfuerzos indescriptibles solo para poder televisarla a los 750 millones de personas que sintonizaron la emisión.[3] E imagina lo que habrá sido bordar 10.000 lentejuelas de madreperla en el vestido de Diana, que requirió tanta tela que debieron cambiar el plan de hacerlo con seda británica porque nadie podía hacer frente a semejante pedido.[4]

Los detalles son suficientes para producir un gran dolor de cabeza a cualquiera. Trata ahora de imaginar que tú eres el coordinador de todo eso, la persona responsable de hacer que *todo* esté listo para el gran día.

La pequeña glándula pituitaria, del tamaño de una arveja pero con forma de frijol, es la principal glándula del cuerpo responsable de los cambios de la pubertad, así como la coordinadora del desarrollo del crecimiento del niño. Desde el punto de vista físico, la pubertad comienza cuando el cerebro estimula la glándula pituitaria para que segregue hormonas que a su vez estimulan el crecimiento de nuestros órganos. Las fluctuaciones de las emociones son resultado de los mensajes químicos de las hormonas que recibe nuestro cuerpo: estrógeno y progesterona para las mujeres y testosterona para los varones. El cuerpo se prepara para la adultez y pone en marcha el organismo para la reproducción.

Uno puede detectar el efecto de estas hormonas varios años antes de que ocurran los cambios físicos visibles. Si registraras las emociones de tu hijo en un calendario, los días que está bien de ánimo y los días en que está con el ánimo por el piso, comenzarías a notar un patrón que indica el ciclo del niño y que va de veintiún a treinta y seis días, o una cifra intermedia.

La glándula pituitaria: una clase práctica
de educación sexual en la mesa de la cocina

Materiales necesarios: una judía roja seca, una arveja y una coliflor grande.

Objetivo: comprender el tamaño, la forma y la ubicación de la glándula pituitaria, responsable del crecimiento del niño.

Arveja: representa el tamaño de la glándula pituitaria.

Judía o frijol: representa la forma de la glándula pituitaria.

Coliflor: cortada a la mitad a lo largo, representa las dos mitades del cerebro; la glándula pituitaria se encuentra entre ambas mitades apenas por encima de la base del cogollito.

Las hormonas nos dirán si el cabello del niño será lacio, rizado, grueso, fino, crespo, o incluso si cambiará de color. Si bien la genética desempeña un papel fundamental en todo esto, las hormonas se suman a la conmoción que se desencadena en días en que el pelo es inmanejable y la voz fluctúa en los púberes. Y, por supuesto, también están los cambios en la piel y todos los problemas que ocasiona el acné. La genética dictamina si los chicos van a necesitar lentes para la visión o aparatos de ortodoncia, pero las hormonas intensificarán la percepción que los chicos tengan de sí mismos a través de estos cambios.

Una cosa sería si todo esto sucediera de una manera suave y continua; lamentablemente, se parece más a la marcha entrecortada con acelerones y frenazos de un día de tránsito pesado a la hora pico.

Volviendo a la analogía de una boda real, un coordinador sabe que las cosas no siempre resultan como se planificaron. Por ejemplo, imagina que tienes que llamar al joyero para una reparación de urgencia en la diadema de Elizabeth justo cuando ella está a punto de subirse en su carroza dorada.[5] O que tienes solo cinco días para rehacer el vestido de novia de Jacqueline Onassis cuando una inundación arruinó el traje en el que trabajaste durante dos meses.[6]

Prácticamente todos los días tienen lugar diversos "contratiempos" inesperados en el cuerpo de nuestro hijo púber. Nada parece salir como estaba planeado. El cuerpo de tu hijo cambia en algo totalmente diferente, y la experiencia entrecortada puede hacer que ambos se sientan tanto ansiosos como asustados. El cabello y la piel representan los dos mayores desafíos para la mayoría de los chicos, de modo que hablaremos de ambos.

Cabello rebelde

—Mamá, tengo que cortarme el pelo —comenta una niña.

—Se ve lindo así —responde la madre.

—¿Sabes el tiempo que me llevó conseguir que quedara así? —pregunta la pequeña—. No queda liso como antes.

Una madre sabia tendrá en cuenta la preocupación de su hija. Seguro que los peluqueros te comentan que la mayoría de los padres no comprende la necesidad legítima de su hijo o hija de probar un champú distinto o un corte de pelo nuevo. La mayoría de los padres escuchan esta petición como si se tratara de un deseo de parecer mayores o más modernos. Sin embargo, esa petición se basa en los cambios físicos que se producen en el cuerpo de tu hija. Las hormonas están creando problemas con los folículos pilosos, y lo mismo sucede con su corte de cabello. Los púberes pueden tener varios días en que el cabello se manifiesta rebelde.

Los pedidos frecuentes de arreglo del pelo por parte del niño son comprensibles y normales a esta edad. Si los orientamos en vez de tratar de sacarnos el problema de encima, estaremos equipándolos para sobrellevar este tema. Durante los primeros años de la pubertad, debemos concentrarnos en algunos puntos claves del cuello para arriba que son razonables y adecuados a la edad: cuidado del cabello, adecuada higiene bucal, cuidado de la piel y uso de protector solar.

Un buen corte de pelo puede producir una gran diferencia en la manera en que tu hijo logre peinarse. Si desea determinado corte, consigue una fotografía y pregúntale al estilista si se adapta al cabello de tu hijo. Puede que sí y puede que no. La meta es trabajar con lo que tiene y con aquello en lo que se está convirtiendo su cuerpo.

Formas del rostro y estilos de corte (para las chicas)

Los diferentes cortes de pelo quedan bien según la forma del rostro. Para determinar la forma que tiene tu cara y definir qué estilo de peinado queda mejor, necesitas conocer dos medidas:

Ancho: medido desde el centro del lóbulo de una oreja hasta el de la otra.
Largo: medido desde la línea de crecimiento del pelo hasta la punta de la barbilla.

Divide el largo por el ancho para obtener un número decimal que indique tu tipo de rostro.

Forma del rostro	Rango	Promedio
Oblongo	1,2-1,3	1,25
Corazón	1,3-1,37	1,34
Diamante	1,371-1,41	1,39
Ovalado	1,411-1,45	1,43
Redondo	1,451-1,458	1,47
Cuadrado	1,481-1,52	1,5
Triangular	1,521-1,69	1,6

Oblongo: Tu cara es larga y delgada, con un ancho semejante de arriba a abajo (pero más redondeada que la cara cuadrada) y por lo general con una barbilla de punta. (El personaje de Disney que tiene rostro oblongo es Mulán.)

Prueba: Cabellos cortos o de largo intermedio (lo mejor es a la mitad del cuello) con volumen de rulos, ondas o rebajado a los lados de la cara para aumentar el ancho y equilibrar tu rostro alargado y fino. También puedes llevar el cabello liso, peinado hacia atrás.

Evita: Peinados muy altos en la coronilla o el cabello demasiado largo (no debe sobrepasar los hombros) porque esto parecerá que alarga tu cara.

Corazón: Tu cabeza es ancha en la frente y se estrecha hacia la barbilla (p. ej. Bella en la película de Disney *La Bella y la Bestia*).

Prueba: Ccortes hasta la barbilla o más largos, que son los que mejor te sentarán. Quienes tienen un rostro muy marcado en forma de corazón, deben compensar esas maravillosas mejillas con volumen en la nuca.

Evita: El cabello corto, abultado en la coronilla que agregan demasiado peso a la parte superior del rostro y te dan una apariencia cargada en la parte superior. Evita también el cabello lacio hacia atrás.

Diamante: Tu rostro se ensancha a la altura de las mejillas y se afina tanto en la frente como en la barbilla (p. ej. la Aurora, de *La bella durmiente*, de Disney).

Prueba: Los diamantes perfectos (con un equilibrio entre la frente y la barbilla) pueden usar cualquier estilo. Quienes tengan los ángulos bien marcados necesitan armonizar los huesos de las mejillas con volumen en la nuca.

Evita: Mientras no cubras tu rostro (¡exhibe sus maravillosas características!), prácticamente todo te queda bien.

Ovalado: Tu rostro es solo un poco más delgado en la mandíbula que en la frente, con curvas redondeadas (p. ej. la princesa Jazmín en *Aladino*, de Disney).

Prueba: Corto, mediano o largo; cualquier estilo te quedará bien gracias al equilibrio de tus formas. Péinate con el cabello fuera de la cara para mostrar las características de tu rostro. (El cabello lacio hacia atrás también queda muy bien.)

Evita: Cubrir tu rostro con el peinado; ¡tienes que mostrar las maravillosas características de tu rostro!

Redondo: Tu rostro se ve pleno, ancho en las mejillas con una frente y barbilla redondeadas (p. ej. "Boo", la nena de *Monster's Inc,*. de Disney).

Prueba: Estilos que aumenten el volumen en la coronilla (rebajar la parte superior puede ayudar). Peinar el cabello pegado al rostro para que este parezca más largo y más delgado.

Evita: Estilos redondeados o peinados hacia atrás. El cabello muy corto que no se vea desde adelante, no complementará tu rostro.

Cuadrado: Tu rostro manifiesta una mandíbula marcadamente cuadrada, al igual que la línea de la base del pelo (p. ej. el personaje Campanita, de *Peter Pan*, de Disney).

Prueba: Cortes con el cabello largo o intermedio (desde un poco debajo de la barbilla hasta la altura del hombro es lo mejor) con volumen que venga hacia delante y cubra un poco el rostro. Piensa en los rulos o las ondas para darle cuerpo al cabello y para suavizar los ángulos de tu rostro.

Evita: El cabello largo y lacio que acentúa las líneas rectas de la mandíbula y la frente.

Triángulo: Tu rostro es angosto en la frente y se ensancha hacia la mandíbula. Es al revés que la forma corazón (p. ej. la Megara de Disney en *Hércules*).

Prueba: Estilos cortos y voluminosos en las sienes. Peina el cabello fuera del rostro para darle amplitud a la frente, y déjalo caer sobre las orejas en dirección a la mandíbula, o llévalo por detrás de las orejas.

Evita: El volumen a la altura de la mandíbula, porque acentúa la parte inferior del rostro.

En lo referente a los productos para el cuidado del cabello, ponerse de más no es mejor, y no conocer algunas habilidades sencillas para cuidarlo pueden ocasionar problemas.

"Mi hijo tiene un problema con el cuero cabelludo —afirman algunos padres— y no estamos seguros de qué se trata".

Hemos descubierto que numerosos muchachos no solo abusan del champú, sino que ni siquiera lo enjuagan correctamente. Se echan una taza de champú en la cabeza, masajean un poco para desparramarlo por el cabello, se ponen una taza de acondicionador y masajean sin enjuagar lo necesario. Después de ducharse, se echan gel.

"Muéstrame cuánto champú empleas para lavarte el cabello, solemos pedir a los muchachos en las clases de higiene.

Los chicos se llenan la mano de producto.

"¡Ahí se está yendo mi dinero!", exclaman los padres.

Esto no solo es costoso sino que también es malo para el cabello. Muéstrales a tus hijos cuánto champú y acondicionador deben usar. Parecen cosas elementales, pero te sorprenderás al saber que muchos niños ter-

> **Consejo para el cabello**
> Para mantener la salud del pelo, cambia el tipo de champú y acondicionador de tu hijo al menos una vez al mes.
>
>

minan empapando el cabello con estos productos. Indícales que comiencen con una cantidad del tamaño de una moneda. Si tu hijo tiene cabello largo o grueso, puede ser un poquito más, pero no mucho. Explícale que debe masajearse con las puntas de los dedos y enjuagarlo muy bien hasta quitar todo el producto.

Si tiene cabello corto, puede que no necesite acondicionador. Si tiene cabello largo, debe aplicárselo desde la mitad del pelo, a la altura del cuello, hacia las puntas. La grasa natural del cabello protegerá la parte cercana al cuero cabelludo.

Tipo de cabello

"Quiero que todas recorran el pasillo y escojan un champú para su cabello".

Después de explicarles a las chicas cómo definir su tipo de cabello, mi consultora de higiene personal (habla Kathy), Melissa, las llevó a la tienda para que vieran qué clase de champú deberían escoger. Las muchachas avanzaron por el pasillo y demoraron un rato viendo la enorme variedad de artículos para el cuidado del cabello, hasta que finalmente hicieron su elección. Con un solo vistazo Melissa se dio cuenta de lo que habían elegido.

Todas las muchachas habían seleccionado el champú por la fragancia que les gustaba. Ninguna había tomado el champú correcto para su tipo de cabello.

Al igual que las chicas, muchos de nosotros seguimos eligiendo el champú por la fragancia o por la marca, sin tener en cuenta cómo afectará nuestro cabello. ¡Y luego nos preguntamos por qué tenemos el pelo quebradizo, sin vida, grasoso o lleno de nudos! Descubrir el tipo de cabello que tiene tu hijo es sencillo.

¿Qué tipo de cabello tienes?

1. Escoge un fin de semana.

2. Lava tu cabello el viernes a la mañana y no te pongas acondicionador.

3. Espera un par de días para ver qué tipo de cabello tienes:

• Si a las seis horas tu pelo se ve sin brillo y como si no lo hubieras lavado, tu cabello es graso.

• Si tu cabello sigue viéndose limpio al día siguiente, es normal.

• Si lo tienes seco y abierto hacia el final del segundo día, tu cabello es seco.

Parece sencillo, ¿no? Si tu hijo hace esta experiencia en un fin de semana, no será tan complicado.

Una vez que descubriste si el cabello de tu hijo es graso, normal o seco, asegúrate de leer bien las etiquetas la próxima vez que vayas a comprar champú. ¿Corresponde al tipo de cabello de tu hijo? Ahora bien, antes de tomar ese frasco enorme y ponerlo en el carrito, compra una muestra o un frasco pequeño para probarlo. Solo porque en la etiqueta diga "para cabello graso" no significa que vaya a servirle a tu hijo. De esa manera, ahorrarás dinero al evitar el desperdicio de producto.

El fin del mundo: granos como el monte Everest y el cuidado de la piel.

Pregunta en un aula llena de chicos qué productos elegirían para el cuidado de la piel, y obtendrás treinta respuestas diferentes. Pocas estarán en consonancia con las necesidades reales del cutis. La mayoría de los chicos basa su respuesta en las marcas, en la fragancia o en qué estrella de Hollywood esté promocionando el producto. Sin embargo, lo que tu hijo tiene que darse cuenta es que su cuerpo y no el de la estrella de moda será el que tenga la última palabra.

—¡Hola! ¿Eres Kathy Bell? —me preguntó una señora en Starbucks, una cafetería conocida.

—Sí —le respondí.

—Estuvimos en tu clase de higiene personal y quería comentarte acerca del cambio que se produjo en mi hijo.

—Cuéntame por favor.

Ella discutía con su hijo de quinto grado sobre la necesidad de lavarse la cara, peinarse y lavarse los dientes. Sin embargo, cuando le dijimos que su cuerpo era el que mandaba y que necesitaba escoger productos para cuidar el cabello y la piel que fueran para la química de su cuerpo en particular, finalmente comprendió el mensaje y empezó a cuidarse. ¿Sabes lo que sucede? El cabello y la piel te dirán si les gusta lo que les pones y cuando dicen que no, tu única opción es prestarles atención. A nadie la gusta tener granos o el cabello inmanejable.

Si lo presentas así de fácil, tu hijo pensará: Mi cara es la que manda... Mamá y papá tienen razón. Entonces comenzarán a escucharte y a escuchar a su propio cuerpo. Antes le indicabas: "Lávate la cara". Ahora tiene una rutina que seguir: lavarse la cara con agua tibia, aplicarse con movimientos circulares pero sin refregar una crema de limpieza, enjuagarse con agua fría, limpiarse las orejas con una toalla cuando se lava la cara, secarse bien el rostro y aplicarse filtro solar por las mañanas. Una vez que se acostumbren a hacerlo, todo el proceso les llevará solo unos minutos.

—¿Sabes que no hemos vuelto a discutir del asunto, Kathy? —me dijo aquella mamá.

¿Por qué es tan importante el cuidado de la piel? Tiene enormes efectos a largo plazo. Habrás escuchado la fábula de la hormiga y la cigarra... La hormiga trabaja duro todo el verano almacenando alimentos mientras la cigarra canta y baila sin preocupaciones. Cuando llega el invierno, ¿quién aparece a la puerta de la hormiga y golpea humildemente porque no tiene nada para comer?

El cuidado de la piel es así. La niñez es la primavera de la vida de nuestra piel. Pareciera que nuestra piel de bebé siempre se mantendrá así a pesar de los embates del sol y el viento. Sin embargo, la edad y los agentes climáticos traerán arrugas, y la piel se pondrá mustia. El invierno de nuestros años postreros llega, y si no hemos hecho del cuidado de la piel un patrón diario y constante en la vida, nos enfrentaremos a serios problemas dermatológicos.

El filtro solar es uno de los productos más importantes para el cuidado de la piel que puede usar un chico. Si este artículo no se emplea constantemente, el niño no podrá avanzar hacia el uso de otros productos para el cuidado de la piel. La mayoría de los médicos recomienda un factor de protección 30 como mínimo. Si tu hijo tiene piel delicada que se pone colorada con facilidad, ten en cuenta que las quemaduras solares en la primera infancia pueden llevar a un aumento de la probabilidad de contraer cáncer de piel durante la adultez.

Algunas zonas de la piel es mejor no tocarlas. El tejido de la piel de alrededor de los ojos es particularmente delicado. Lamentablemente, es justo la zona donde a las adolescentes les encanta aplicar el maquillaje de moda. Trata de que tu hija observe las bolsas y arrugas alrededor de los ojos de algunas personas y pregúntale si es eso lo que quiere para ella.

La verdad es que la mayoría de los chicos se preocupa de los problemas inmediatos de la piel, como el acné. Durante la pubertad, las hormonas estimulan la producción de sebo o grasa en la piel. Por lo general, esta pasa a la superficie de la piel a través de los poros, pero a veces el canal se bloquea y da lugar al infame "tercer ojo". En la sociedad occidental, el acné es una enfermedad universal de la piel, que afecta entre el 79 y el 95% de los adolescentes.[7] Llevar un estilo saludable de vida y lavarse la cara para eliminar la grasa excesiva puede ayudar a aliviar el acné.

Si tu hijo tiene un acné serio, la causa más probable tal vez sean los genes. Lamentablemente, si bien el lavado frecuente y el uso de una crema para los granos puede ayudar, eso no eliminará el acné difícil. ¡Tampoco sirve protestar contra los padres y los antepasados! La visita a un dermatólogo puede brindar algún alivio, así como ir de compras a un herbolario en busca de remedios naturales.

¿Qué más puedes hacer?

- Enséñale a tu hijo a que mantenga las manos alejadas del rostro.
- Lava con frecuencia todos los elementos que estén en contacto con la piel, como el teléfono y las toallas. Cambia con frecuencia las fundas de las almohadas.
- Si bien lavarse la cara es un buen hábito, hacerlo con demasiada frecuencia o de forma vigorosa no ayudará a que el acné desaparezca. El acné es genético. Si existe en tu familia, tendrás que llevar a tu hijo al dermatólogo.

Consigue productos de muestra

Tu piel es un órgano sensible. Responde ante los días secos del verano abriendo los poros, y al frío invierno cerrándolos. Sin embargo, la temperatura es solo una de las muchas influencias que afectan a la piel.

Nuestra piel también reaccionará ante todos los jabones, acondicionadores, lociones, cremas, perfumes y desodorantes que nos ponemos, e incluso a los productos químicos que quedan en la ropa después de lavarla.

Prueba de productos para el cuidado de la piel

1. Como las distintas personas tienen diferente pH, compra primero una muestra del producto (si hay disponible) para controlar si es compatible con la química corporal de tu hijo.

2. Ya en casa, que tu hijo pruebe el producto en la parte inferior del antebrazo (si va a producir una reacción mejor que sea ahí y no en el rostro).

3. Cualquier reacción aparecerá poco después de la aplicación, pero debes dejar actuar la crema o loción durante veinticuatro horas para ver si aparecen manchas rojas o un sarpullido, que serían señales de una reacción alérgica.

Cuidado del cutis

La piel del rostro necesita mantenerse limpia e hidratada.

1. Abre los poros con agua tibia.

2. Coloca una crema limpiadora sin perfume o antibacterial según las indicaciones del envase y masajea con suavidad por todo el rostro, sin refregar.

3. Enjuaga con agua fría para cerrar los poros.

4. Seca el rostro con suavidad, sin restregar.

5. Coloca protector solar no graso y un bálsamo protector e hidratante para labios.

Prestarle atención a la piel significa que hay que tomarse el tiempo para probar un producto durante un período de 24 horas. Puedes decirle a tu hijo: "Quiero asegurarme de que no te vayas a brotar". Tu hijo estará fascinado porque te estás ocupando de su cara, algo que a él le interesa sobremanera. Adquiere un pote o frasco pequeño para probar. ¿Le salió un sarpullido? ¿Se le quema la piel? ¿Se puso colorada?

Cuando probamos productos para el cuidado de la piel en el aula, al menos uno de los chicos presenta una ligera reacción alérgica al producto.

"Aquí tienen —dirá nuestra especialista en higiene Melissa Scott-Pozarowski[8]—. Esto es lo que puede suceder. Por eso es importante prestarle atención a nuestra piel".

A medida que las chicas manifiesten signos de madurez, podrán comenzar a usar otros productos, como por ejemplo el maquillaje. Sin embargo, primero tienen que mostrar responsabilidad con las habilidades básicas y demostrar que hacen un uso adecuado de los productos de cuidado personal para no arruinarse la piel. Además, tienen que ser ordenadas con los productos en el baño, en un cajón, bajo el lavabo, o tal vez en alguna caja especial para mantenerlos a mano.

El dictamen de la moda

Los temas "del cuello para arriba" van inevitablemente más allá de la piel y el cabello, porque incluyen el *piercing*. Muchos chicos tienen las orejas perforadas desde que son bebés porque es algo cultural. Lauren Leman, de diez años, hace poco reunió valor para hacerse perforar las orejas; y Hannah, de quince, se hizo dos perforaciones en el lóbulo. Ahora bien, si ella llegara a pedirme que se quiere perforar la lengua o el ombligo me opondré. ¿Cómo lo decidimos Sande y yo? Tomamos esa decisión como padres. Son cuestiones que podrán no estar bien para la familia vecina, pero para nosotros es así.

Somos muy específicos, en especial en esta etapa de la vida de Hannah, en cuanto a los temas que queremos discutir. A decir verdad, si Hannah hubiera dicho que quería ponerse latas de refresco en las orejas... allá ella. Se verá un tanto rara, y puede que muchos de sus amigos piensen que le queda bien; pero apostaría a que el peso de las latas se volvería insoportable, hasta que finalmente optaría por algo más acorde y normal.

Recuerdo cuando nuestro hijo Kevin era adolescente y manifestó su intención de perforarse las orejas. Yo no reaccioné (y él lo notó) porque deseaba tomarme mi tiempo. Al día siguiente me presenté a cenar con uno de los aretes de mi esposa en la oreja.

—Papá —declaró Kevin—, estás absolutamente ridículo.

—¿En serio? —pregunté— Sin embargo, a tu madre le encanta.

Sin que mediara palabra, el mensaje quedó claro. Los lóbulos de Kevin están sin perforar hasta el día de hoy.

No subestimes el poder del humor durante esta época complicada de la vida de tu hijo. Si notas que le está por aparecer un enorme grano en la frente, coméntalo y ríete hablando del grano más grande que hayas tenido. Si tienes que hablarle a tu hijo acerca del mal aliento, usa un ejemplo de tu propia vida acerca de la ocasión en que mataste a un caballo por soplar frente a su cara.

La clave consiste en poner en la perspectiva correcta esta difícil etapa de la vida de tu hijo: está aquí, todos hemos pasado por ella, y ya pasará. El cabello enmarañado se solucionará, el acné tomará vacaciones y la glándula pituitaria aquietará un poco las cosas. Lo importante es que estés allí como influencia moderadora: a veces divertido, siempre comprensivo y siempre dispuesto a dedicar tiempo para involucrarte en esta importante etapa en la vida de tu hijo.

Higiene oral

Tu hijo notará que de vez en cuando tendrá mal aliento.

• Cepíllate los dientes, usa el hilo dental y usa enjuague bucal todos los días. Ve al dentista con regularidad.

• Cuando te cepilles los dientes, usa una cantidad de pasta dental del tamaño de una arveja. Cepilla también la lengua para evitar el mal aliento.

Capítulo 8

Segunda base: cambios del cuello a la cintura

Cómo enseñar a tu hijo a manejar los cambios corporales globales

Una tarde mi hija Amy (Bell) se dirigía hacia la puerta para ir a un partido de fútbol con un grupo de amigos. Como la mayoría de las chicas de secundaria, las amigas de Amy llevaban blusas con mucho escote y pantalones vaqueros que dejaban el vientre al aire. Amy tenía puesta una blusa escotada de color Burdeos, que apenas rozaba el borde de su pantalón vaquero. Sin embargo, lo que me llamó la atención y que iría a llamar la atención de todos los muchachos de secundaria cuya testosterona está fuera de control, era que la tela semitransparente dejaba ver su sostén.

—Amy —le dije—, se te ve el sujetador.

—Sí —reconoció ella—. Y creo que esta blusa es un poco chica, ¿no crees?

—Amy —respondí—. No vas a ir a ninguna parte con esa blusa.

A medida que las chicas entran en los últimos años de la pubertad, les comienza a interesar más la opinión de papá; en especial si se refiere a temas relacionados con la moda. Como en ocasiones Amy y yo tenemos enfrentamientos, mientras que no los tiene con su padre, recurrí a Mike y le dije:

—Ven a ver la blusa que tiene puesta Amy.

Solo le echó un vistazo y le dijo:

—Amy, esa blusa parece quedarte chica. ¿Estás segura de que no es de alguna de tus hermanas menores?

—Sí, estoy segura.

—¿Y de dónde la sacaste?

—No es mía, es de Suzanne.

—Bien, entonces, ¿por qué no se la devuelves? Porque no saldrá de aquí sobre tu cuerpo, querida.

—Pero papá...

—De ninguna manera. Cámbiate de ropa porque no vas a salir con esa blusa.

Mientras existan padres e hijos, habrá enfrentamientos en cuanto a lo que es y no es aceptable. Eso sucede en la casa de los Bell y también de los Leman, y estamos seguros de que en ocasiones también sucede en tu hogar. Enseñarle a tus hijos cómo vestirse adecuadamente es parte de la descripción de tareas de todo padre. Después de todo, ellos no saben qué es lo mejor para ellos... ¡son jóvenes!

"¿Y qué tiene de malo esa clase de ropa?", preguntó una de las chicas. Todas estaban en el automóvil con sus camisetas escotadas y cortas, con el vientre al aire. "Ella solo quiere mostrar el hardware", dijo un padre refiriéndose a su hija de quinto grado, que quería usar biquini no para nadar, sino para caminar alrededor de la piscina.

Ocultar el hardware

Las chicas de primaria se asombran con frecuencia cuando les explicamos que la mayoría de los muchachos prefieren a las jovencitas que se visten con modestia. La sutileza resulta mucho más atractiva que el descaro. Esa es la razón por la que el hombre considera mucho más sexy a la mujer que no muestra todo, que a aquella que revela por completo los atributos que Dios le ha dado. Los hombres siempre han sido y serán atraídos por lo misterioso. Si muestras todo lo que tienes, ya no hay nada más que ver.

Díselo a tu hija, cuyas hormonas necesitan direccionarse.

Es cierto que siempre estarán esos muchachos que parecen sentirse atraídos por las chicas que se visten de forma descarada, pero esa no es la clase de muchachos a los que tu hija desea atraer. Ambos tenemos la edad suficiente como para recordar un antiguo episodio de *Happy Days* ["Días felices", conocida serie televisiva de los '70 y '80], cuando Joanie Cunningham salió de su casa vestida como para matar, y maquillada como una vampiresa. Se vio envuelta en una situación peligrosa con algunos muchachos, y la salvó Fonz justo a tiempo, llevándola aparte y advirtiéndole: "Joanie, recuerda esto: si pones un aviso publicitario, quizá alguien responda a él".

Conversar con tus hijos acerca de la modestia es algo más que darles una charla, ha de ser un estilo de vida. Comienza por demostrar modestia en tu manera de vestirte. Si deseas enseñar esta virtud, mejor será que la poseas. Mi esposa siempre me dice que me ponga ropa, porque mi tendencia natural es andar por la casa en calzoncillos.

—Leemie, ¿podrías vestirte?

—¿Por qué? —preguntó inocentemente.

—Porque tienes cuatro hijas, por eso.

Excelente razón.

La modestia va más allá de vestirse de la manera adecuada, e incluye también hablar de las fotografías que se ven en los avisos publicitarios, en las revistas de la sala de espera o en una de esas entregas de premios de la televisión. Si una actriz lleva puesto un vestido con transparencias, que es censurado porque no pueden emitirlo al aire, conversa con tus hijos acerca de los valores que sustentan esa decisión.

Algunos padres desean tanto que sus hijos se sientan a gusto, que no les imponen ninguna restricción con respecto a la ropa que usan, pero ¿de verdad deseas que tu hijo sea como el resto? Si es así, prepárate para un embarazo fuera del matrimonio, el uso de drogas y muchos traumas emocionales, y todo esto antes de que tu hijo llegue siquiera a los veintiún años.

Afortunadamente, Dios nos ha puesto una tendencia hacia la modestia a partir de la que podemos trabajar, siempre y cuando no se haya destruido. Reconozco (habla Kathy) que en mis clases de desarrollo con chicas cuando muestro una diapositiva de la entrepierna femenina, la vergüenza colectiva es tal que se levanta como un muro.

"Reconozco que esto puede darles vergüenza —les digo— y su primer pensamiento puede ser: *No quiero ver esto* o *No quiero hablar de esto*. Sin embargo, tienen que comprender que ese sentimiento es normal y es bueno. Se llama modestia, y es lo que te hace darte cuenta de que esto es algo privado, algo de lo que normalmente no se habla abiertamente con otros. Yo no quiero que ese sentimiento desaparezca, sino todo lo contrario. Te ayuda y te protege cuando sobrepasas los límites. Nadie debe decirles que ese sentimiento tiene que desaparecer. Si sientes eso cuando alguien te toca, es ese aviso a lo que tienes que prestarle atención. Es la señal de que tienes que salir de allí".

Suelo describir ese sentimiento como el sexto sentido que nos evita los problemas. Cuando los adolescentes se vuelven sexualmente activos y permiten que los demás crucen con total libertad los límites e invadan su privacidad tanto emocional como física, estarán destruyendo ese increíble regalo divino de la intuición, que les advierte acerca de las cosas que no están bien. Si tu hija permite que los muchachos lo hagan y se convence a sí misma de que eso es correcto, estará borrando esos mensajes mentales de protección. Necesita protegerse nuevamente contra esa erosión, porque si permite que disminuya su sentido natural de modestia, le costará muchísimo recuperarlo.

Padres, ustedes también tienen que respetar este sexto sentido en sus hijos. Si tu hija de quinto grado se prepara para estudiar la reproducción y protesta enfáticamente: "No estoy lista para esto" y te parece que su respuesta no se relaciona con un deseo de evitar ir a la escuela, debes honrar ese sentimiento. Cuando respetas el desarrollo de tu hijo, este aprenderá una lección mucho mayor que si le obligas a avanzar con el resto del grupo esa semana en particular. De todas maneras, el tema de la reproducción es algo que puedes explicar muy bien en el hogar.

Además, muchos colegios hoy en día tienen una indiferencia casi criminal hacia la modestia. Una primavera me invitaron (habla Kathy) a observar una charla con muchachos de la escuela media acerca de la pubertad. Algunos de los chicos jugueteaban con el lápiz o la goma debajo del banco. Otros parecían estar auténticamente interesados mientras el disertante describía y explicaba los cambios de la pubertad. Unos pocos muchachos actuaban como lo hizo el Dr. Leman a esa edad... trataban de ser el centro de atención, causaban problemas, hacían bromas y esa clase de cosas. Solo era un puñado de chicos el que actuaba de esa manera, pero allí estaba.

El interés en el aula se puso al rojo vivo cuando el disertante comenzó a responder preguntas acerca de la actividad sexual y, en especial, sobre qué sucede con el cuerpo de la mujer cuando se excita. El grupo reaccionó ante las respuestas del instructor como era de esperar. Los muchachos que no estaban preparados para esas respuestas se sintieron horrorizados. Los que tenían auténtico interés se reían incómodos. Sin embargo, algunos de los muchachos que hicieron las preguntas casi saltaban de sus asientos con excitación a medida que sus preguntas se tornaban cada vez más específicas.

Salí de esa escuela con un nudo en el estómago. Si yo fuera la madre de uno de esos muchachos estaría furiosa. Me preguntaba qué harían esos chicos con toda esa energía sexual acumulada. Sabía por experiencia que muchos de ellos usarían esa información recientemente adquirida para burlarse sin misericordia de sus compañeras.

Los muchachos también necesitan ser modestos. En especial cuando un muchacho se burla de su compañera de banco, tiene que saber que ella ya habrá terminado sus cambios de pubertad cuando él esté en la parte más ardua: la barba incipiente, la voz fluctuante... ¡Ya le llegará su turno! Lo mejor que puede hacer es mantener la boca cerrada.

En el caso de algunas chicas, tenemos que ayudarlas a sobreponerse a la falsa modestia. En mis clases de madres e hijas (habla Kathy) suelo indicarles a las chicas: "Parte de la tarea que deben realizar en sus casas es tomar un espejo y observar sus partes privadas, su zona vaginal".

Las chicas carraspean, incómodas.

"No tienen que hacerlo hoy, si no quieren —suelo agregar—. Solo quiero que observen cómo se ve cuando está sana. Si les aparece un sarpullido debido a un baño de espuma, quiero que sean capaces de reconocer que las cosas se ven diferentes. También quiero que sepan dónde colocarse el tampón. Si están en el equipo de natación y les viene el período, no pueden colocarse una toallita íntima para entrar a la piscina. ¿A cuántas les gustaría preguntarle al entrenador cómo ponerse un tampón? De modo que simplemente quiero que den un vistazo para que sepan dónde va el tampón en el caso de que necesiten ponerlo rápido".

Si conocen y respetan su cuerpo, los chicos alimentarán ese precioso sexto sentido.

A la altura de las circunstancias

—Papi —me dijo mi hija Lauren un día—, estoy contenta de ser una chica.

—¿Por qué? —le pregunté.

—¡Ah! —repondió— porque creo que es más fácil ser buena cuando se es una chica.

Aunque suene gracioso, hay algo de cierto en eso. Los muchachos hacen toda clase de cosas extrañas, como orinar por la ventana para ver quién llega más lejos con el chorro. En cuanto a la madurez, las púberes parecen dar un salto por encima de los varones en varios sentidos.

¿Qué es la madurez? Una de mis charlas favoritas (habla el Dr. Leman) se da en la comedia televisiva *Everybody Loves Raymond* [Todos aman a Raymond). En una ocasión Raymond pasa la noche afuera con sus amigos y hacen las mismas estupideces que solían hacer cuando salían: escupir cubos de hielo, molestar a las camareras, contar chistes malos y todas esas cosas que uno suele hacer cuando está en séptimo u octavo grado. Raymond llegó a su casa deprimido y le dijo a la esposa que no se había divertido haciendo esas niñerías que tanto lo divertían.

"Raymond —dijo la esposa—. He estado esperando este momento por años... (pausa emocionante) ¡Has madurado!"

En realidad, la gente no crece del todo hasta que tiene veintiún años. Si te parece un disparate, pregúntale a cualquier promotor de seguros de automóviles acerca de las tarifas del seguro. Cuando tienes veintiún años quizá pienses: Soy legalmente responsable. Sin embargo, le preguntas a cualquiera que haya cumplido los veintiuno si se siente un adulto, y el 99% te responderá: "Bueno... no, la verdad es que no". Es algo que lleva tiempo, y la gente desea la madurez inmediata. En algunos países tienes que esperar a tener dieciséis para poder manejar, dieciocho para votar, veintiuno para beber y veinticinco para beneficiarte de un descenso en la tarifa del seguro. Hay una razón por la que no permitimos que nadie menor de treinta y cinco años presente su candidatura para presidente de los EE.UU.: la madurez.

Todo el mundo madura física, emocional y espiritualmente a distinto tiempo. Si tenemos una hija de trece años con un cuerpo como de dieciocho, eso presenta un problema potencial, porque el muchacho de dieciséis o diecisiete no se fijará en su personalidad de trece años, sino que quedará hipnotizado por ese cuerpo de dieciocho. Una chica de trece con senos no es más madura que una de la misma edad que no los tenga aún desarrollados. El desarrollo físico no está correlacionado con el desarrollo emocional. Su inmadurez e inocencia la pueden meter en toda clase de aprietos, así que asegúrate de mantener dentro de su rango de edad a los que se desarrollan tempranamente, ya que la diferencia entre un chico de dieciséis y uno de trece no son tres años sino ¡tres millones de años! No cometas el error de pensar: Bueno, como es madura para la edad que tiene, podrá manejar la situación. Esa forma de pensar anima a tu hijo a crecer demasiado aprisa y lo obliga a ingresar dentro de círculos a los que no pertenece. Uno no permite que su hija de diez o doce años ande con muchachos de quince. "Si tengo una hija que inicia con su período a los nueve años —afirma la Dra. Mary Piper— yo le diría: 'Esto no significa que seas una mujer sino sencillamente que eres una niña de nueve años a la que le ha venido el período, y vamos a proceder como corresponde'. Eso quiere decir que la ropa, los libros y la música serán los apropiados a su edad cronológica ... También significa que ella saldrá con la familia, donde la presión de los semejantes para actuar de manera sofisticada no es un problema".[1] Al lado de una mujer adulta las amigas de tu hija pueden parecer niñas, pero has de juzgar a tu hija —que se ha desarrollado prematuramente— por su edad *emocional* y no por su desarrollo físico.

Como en todas las situaciones, debes conversar sobre ello. Puedes decirle: "Querida, has sido bendecida con algunas características físicas realmente hermosas. Si observas a tus compañeros de clase, eres la única así. Junto con esto, tienes una carga porque la gente te verá como si fueras mayor. Sin embargo tienes que recordar que eres como tus amigas de once o doce años". Mantén a tu hijo dentro de su grupo y evita que ingrese en círculos que están más allá de su desarrollo emocional.

Los que se desarrollan tardíamente enfrentan desafíos diferentes. En Nueva York, donde me crié, separaban a los muchachos de las chicas en las clases de natación y nos hacían nadar desnudos, es decir, como Dios nos trajo al mundo. Recuerdo estar de pie mientras pasaban lista, con los talones contra el borde de la piscina, ordenados por orden alfabético y observando al muchacho que estaba a mi lado. ¡Ya era un hombre! Y allí estaba yo, un chiquillo con voz para el coro de niños. *¿Cuándo voy a crecer? —recuerdo que pensaba— ¿Cuándo me crecerá el vello púbico? ¿Cuándo se me verá como un hombre? ¿Cuándo voy a tener vello en las axilas?*

Padres, ¿recuerdan cuando descubrieron ese primer pelo y cuando se alegraron al verlo crecer? Era como un trofeo.

Los que demoran en desarrollarse tienen que saber que ya llegará su momento. Puede que al observar a sus compañeros luchen contra la inseguridad. Las chicas se preguntan si alguna vez les crecerán los senos, los muchachos si alguna vez lograrán sobrepasar el metro cincuenta o si la voz les bajará un poco de tono. Como siempre, ayudar a tus hijos a atravesar este tiempo y a reafirmar su masculinidad o feminidad los ayudará a llenar ese vacío que ahora parece ser especialmente ancho y profundo.

Saber qué hacer con lo que les tocó en suerte

Cuando el esposo de Kathy, Mike, estaba en los últimos años de la pubertad, comparaba su altura con la de cierto ladrillo en la escuela. Cada vez que pasaba por allí se medía y hacía lo mismo con los demás, en especial con las chicas por las que se interesaba. Antes de decidir invertir tiempo en ellas deseaba asegurarse de que no fueran más altas que él.

En lo referente a los cambios de la pubertad, no sirve de mucho decirles a los chicos lo que ya conocen, por ejemplo que todos crecen y alcanzan alturas diferentes. Ya lo saben... Lo que quieren saber es qué hacer con lo que les tocó en suerte. ¿Cómo les enseñamos esto?

Hay un ejercicio que nos encanta que nuestros clientes y sus hijos prueben en algún momento. "Vayan al centro comercial —les decimos—, siéntense en un banco y observen a las personas que pasan".

Si somos sinceros, debemos reconocer que en las tiendas de moda, la mayoría de nosotros entramos en el término medio. Después de todo, el término medio es... bueno, eso mismo. Muchos jovencitos se discriminan debido a los modelos de belleza de las revistas para adolescentes que leen y los programas de televisión que miran, pero pregúntales cuántos de sus amigos se parecen a Jennifer Aniston o a Brad Pitt. No son muchos. En el centro comercial uno ve gente gorda, alta, baja... pero prácticamente ninguno parece haber salido de uno de los programas más famosos.

Lo mejor que podemos hacer como padres es mostrarles otra forma de vida y que encuentren amor, aceptación y pertenencia en el hogar. Aunque se trate de una voz en medio de muchas, si has sido un padre comprometido tienes la voz más fuerte y con mayor influencia. Jamás olvides que eres tú quien mece el péndulo para tus hijos en todo lo que haces. Ocupa el lugar que te corresponde. Tienes una enorme responsabilidad en tu manera de ver el mundo. Transmíteles a tus hijos que los amas por lo que son, con acné y todo.

Al hacerlo, por favor, tienes que ser sincero. Si tu hija púber pesa 70 Kg. y tiene huesos grandes, no puedes decirle que es menudita. Tal vez ella se concentre en sus hombros anchos porque van en contra de la delgadez que nuestra sociedad considera ideal y a la que llama belleza; pero su persona no comienza ni termina en sus hombros. Concéntrate en sus cualidades: ojos tiernos, cabello sedoso, piel aterciopelada, mientras también enfatizas las cualidades que no son físicas como la integridad, fiabilidad, compasión, etc.

Cuando era chico (habla el Dr. Leman) estaba lleno de granos, y *todavía* tengo de tanto en tanto. Por eso le aconsejo a la gente que sea cuidadosa con lo que pide en oración. ¡Yo le pedí a Dios que me hiciera parecer joven y él me envió granos!

La forma del cuerpo

El tipo de cuerpo que tenga tu hijo no tiene nada que ver con la gimnasia que haga, con el peso ni con la altura, pero sí mucho con sus genes. El tipo de cuerpo depende de la estructura ósea, que está genéticamente determinada y que no se logra modificar ni con dieta ni con ejercicios.

El que tu hijo no entre en la ropa de cierta marca no significa que tenga un defecto en el cuerpo, sino que existen diferencias entre su cuerpo y el corte de esa marca en particular. Las medidas de la ropa se basan en los promedios, y el promedio no tiene nada que ver con la belleza.

El reconocimiento de que todos, incluso la gente famosa, tienen distintas formas de cuerpo puede ayudar en gran manera a los chicos. Para una chica tiene significado saber que si bien puede que jamás aparezca en la portada de la revista *Cosmopolitan*, su tipo de cuerpo con forma de pera es el mismo que el de Jennifer López o Cindy Crawford.

Los investigadores han escogido diversas maneras de clasificar los tipos de cuerpo. Uno de los métodos compara los tipos de cuerpo con distintas formas: el triángulo, el triángulo invertido, el rectángulo y el reloj de arena. Sin embargo, preferimos comparar la forma del cuerpo con alimentos que tienen formas que reflejan de manera más orgánica las curvas del cuerpo humano: la pera, la manzana, la patata y el cacahuete.

Conocer el tipo de cuerpo que uno tiene puede ayudar a decidir qué clase de ropa comprar, así como qué colores, telas y modelos lucen mejor en qué tipos de cuerpo. Por lo general, los colores oscuros hacen que determinada parte del cuerpo se vea más pequeña, mientras que los colores claros hacen que parezca más grande. Las peras, por ejemplo, deberían considerar el uso de colores oscuros de la cintura para abajo y más claros en la parte de arriba; y al revés en el caso de las manzanas.

Los cuatro tipos básicos de cuerpo

1. Pera: las caderas son más anchas que los hombros y la mayor parte del peso se concentra debajo del cinturón. Las chicas con cuerpos en forma de pera son anchas de caderas y de muslos, y más pequeñas de pecho y hombros. Los muchachos tienen muslos robustos y son más chicos de pecho y hombros. A este tipo de cuerpo también se le llama triángulo.

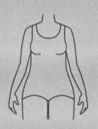

2. Manzana: más grande a la altura del busto y el estómago que en las caderas. Las personas con cuerpo en forma de manzana tienen brazos y piernas pequeños y cintura ancha; la mayor parte del peso se lleva en el abdomen y el pecho. A este tipo de cuerpo también se le llama triángulo invertido.

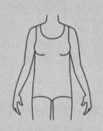

3. Patata: escasa o nula definición de la cintura. Los que tienen cuerpo con forma de patata pueden ser rellenitos o delgados. Si son delgados, suelen tener una figura recta, sin curvas. Este tipo de cuerpo se llama también óvalo o rectángulo.

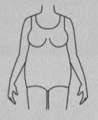

4. Cacahuete: la cintura es más estrecha que el pecho y la zona de las caderas y muslos. Las personas con cuerpo en forma de cacahuete tienen una cintura bien definida y la barriga plana. A este tipo de cuerpo se le suele llamar reloj de arena.

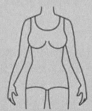

En el caso de los cacahuetes, la ropa ajustada y los cinturones que atraen la atención hacia la cintura suelen verse espectaculares. Para las patatas, los cinturones debajo de una chaqueta pueden aportar cintura a los cuerpos con forma rectangular, si bien pueden hacer que los cuerpos más gruesos y redondeados se vean más redondos todavía.

Lakita Garth, reina de la belleza, sabe que la belleza física es un don de la gracia y nada más. "Nina Blanchard, una de las representantes de modelos más respetada del mundo, me dijo en cierta oportunidad: 'Es como ganar a los dados. En el momento de la concepción uno se saca la lotería gracias a determinada asociación de genes provistos por los padres'."[2] A algunas personas Dios les da una apariencia fabulosa y a otras no.

Nuestra apariencia física, habilidades y relaciones no son lo que nos gustaría que fueran. La desilusión forma parte de la vida, y los chicos tienen que aprender a enfrentarlo al encontrarse con el nuevo cuerpo que comienzan a desarrollar durante la pubertad. Esta no será la última vez en la vida que se sientan desanimados por este motivo. El cuerpo de las mujeres se cae un poco después de tener hijos, muchos hombres echan barriga y pierden el cabello. Si nuestros hijos no saben qué hacer con lo que tienen, cuando sean mayores siempre andarán detrás de "soluciones" evasivas (cirugía plástica, dietas o ejercicios de moda, o la liposucción).

¿Cómo es un cuerpo perfecto?
¿Tienen Barbie y Ken una figura perfecta?

Para parecer una muñeca Barbie, una mujer que mida 1,57 m. y pese 57 Kg. tendría que:

- Crecer unos 60 cm.: 2,17 m. es una altura agradable para una mujer hoy en día, ¿no es cierto?
- Agregar 12 cm. de busto
- Perder 15 cm. de cintura

Para parecer un muñeco Ken, un hombre de 1,82 m. que pese 84 Kg. tendría que:

- Crecer unos 50 cm.: 2,32 m es una altura agradable para un hombre hoy en día, ¿no es cierto?
- Agregar 20 cm. a su cuello
- Agregar 28 cm. a su pecho[3]

Cuando escuchamos que los chicos dicen "Odio mi cara", "Odio mis granos", "Odio mi trasero", les preguntamos: "Además de hacer gimnasia y llevar una dieta adecuada, ¿qué puedes hacer *concretamente* en cuanto a eso? O aprendes a vivir con lo que tienes o te sentirás desdichado por el resto de tu vida. No hay un sitio al que puedas ir a comprar estas cosas que anhelas poder reemplazar".

Aun así habrá muchos chicos que digan: "Prefiero pasar hambre antes de tener un trasero como ese". Y así se cavan su propia fosa.

Los cambios que experimentan nuestros hijos van mucho más allá que el cambio de forma, por supuesto; la pubertad también afecta la manera en que huelen.

¿Qué es ese olor?

Un director preocupado me pidió (habla Kathy) que fuera a su oficina una tarde soleada en Arizona.

"Tenemos un pequeño problema, Sra. Bell. Una de nuestras alumnas tiene un serio problema de olor corporal. Hemos probado por todos los medios, e incluso hemos iniciado conversaciones acerca de los nuevos productos para el cuerpo que les encantan a los adolescentes. Llegamos a comprar algunos y los repartimos entre todos para que ella no se sintiera señalada. Sin embargo, la situación no mejora. Me sorprende que los compañeros no se burlen de ella. Estamos desorientados, no sabemos qué más hacer. ¿Qué nos sugiere?"

Los chicos durante la pubertad no huelen a suciedad, sino que apestan como ratas húmedas que se arrastran por las alcantarillas. Los padres y los maestros se preguntan: *¿Cómo puede ser que todo un retrete entre en los zapatos de este chico?* Una maestra de tercer grado nos contó que ella usaba ambientador en su aula. Es probable que tus hijos aún recuerden cuánto odiaban tomar un baño. Ahora si se olvidan, puede que sus propios amigos se lo recuerden.

Cómo combatir el olor corporal

- Para prevenir el olor corporal tienes que ducharte todos los días, usar desodorante y ponerte ropa limpia.
- Los desodorantes vienen en crema, bolita, aerosol, barra y gel. Elije el que mejor funcione y te haga sentir más cómodo.
- Durante la pubertad, dale preferencia a los desodorantes antes que a los antitranspirantes, porque las glándulas están aún desarrollándose. No necesitan ser de ninguna marca en especial.

Sin embargo, que un chico se meta en la ducha no significa que se esté bañando. Esto ocurre en especial con los muchachos, quienes a menudo no se preocupan de si huelen mal, si es que se llegan a dar cuenta de que huelen. Los padres tienen que decirle: "¿Podrías cambiarte las medias? Hace dos semanas que usas las mismas". Si tus hijos no aprenden de tus consejos, la molesta picazón de una infección o de un pie de atleta le recordará que tiene que mantener esa parte del cuerpo limpia y seca.

Otros chicos son más conscientes. Meg, que anda por los treinta, todavía recuerda el momento en que se dio cuenta de que ese extraño olor era suyo. Estaba sentada a corta distancia del profesor de

Un hecho real

Hace cientos de años, la gente enfermaba con frecuencia por usar el sanitario y no lavarse las manos antes de comer.

música cuando percibió el olor que salía de debajo de su camiseta de Mickey Mouse. *¿Hasta dónde llegará este hedor?*, pensó preocupada mienta observaba a Lance que estaba sentado a su lado.

Ponerse demasiado perfume, desodorante o antitranspirante puede causar problemas también. Es más, los antitranspirantes no deberían usarse durante la temprana pubertad, porque las glándulas sudoríparas de los chicos están aún desarrollándose y necesitan la libertad de hacer su trabajo sin que nada se lo impida. Lavarse con frecuencia es el mejor remedio (así también como usar un buen desodorante, que permita la transpiración y no que la impida como los antitranspirantes).

Por supuesto, una correcta higiene no tiene que ver solo con olores sino también con limpieza y salud. A continuación presentamos un ejercicio que contribuye con esta idea.

Lavado de manos

Objetivo: para ver dónde están los gérmenes y determinar lo que hace falta para quitarlos.

Materiales: canela, aceite de cocina o vaselina, algodón, toalla, un lavabo.

1. Con la ayuda del algodón, unta con aceite de cocina o vaselina las manos del chico. Explícale que nuestras manos tienen aceites naturales, pero como él debe tener las manos limpias, quieres asegurarte de que tengan aceite.

2. Espolvorea canela sobre las manos; la canela representa los gérmenes. Como no es soluble en agua, dile que si le cae sobre la ropa tiene que cepillarla y no mojarla porque mancha. La canela irrita la piel, por lo que debe evitar que le entre en las heridas.

3. Pídele que se frote las manos durante el tiempo que le lleva cantar el "Cumpleaños feliz", así puede ver cómo se desplazan los gérmenes.

4. Explícale que para lavarse las manos y que estas queden limpias hacen falta tres cosas. Dile que mientras se lava las manos piense cuáles son.

5. Envíalo al lavabo para que se lave.

6. Comenten las tres cosas que hacen falta para que las manos estén limpias. Por lo general, el niño responderá que jabón, agua y toalla. Yo suelo decirles que eso es lo que hacen los niños pequeños: se lavan con el jabón, se mojan con agua y después dejan toda la mugre en la toalla. Jabón, agua y fricción (frotarse) son las respuestas. Frotar las manos entre sí hace que se aflojen y se eliminen los gérmenes de las manos.

Desarrollo del busto

—Mamá —puede que te diga un día tu hija, preocupada por tener cáncer de mama—, siento un bulto en el pecho.

Esos bultos son brotes del pecho, primer signo del crecimiento del busto.

—¿Justo debajo del pezón? —quizá le preguntes.

—Sí.

—Se llama botón y sencillamente significa que tus pechos están comenzando a crecer —, si ella no menciona que uno crece antes que el otro, puedes agregar—: Si tienes un solo bulto, no hay de qué preocuparse porque un pecho comienza a crecer antes que el otro. El busto tarda algunos años en alcanzar el tamaño definitivo.

Así como existen diferencias en los tipos de cuerpo, también los pechos vienen en distintas formas, colores y tamaños. El mayor factor determinante es la genética. La edad que tengas cuando el pecho se comienza a desarrollar no definirá el tamaño. En ocasiones, los pechos crecen tan rápido que aparecen estrías, que parecen líneas rojizas o cicatrices.

Anima a tu hija a que examine sus pechos cuando está en la ducha unos pocos días después de cada período menstrual. Si bien el riesgo de cáncer es poco a esta edad, es posible que las niñas (e incluso los varones) tengan bultos que necesiten ser sacados. Además, es un excelente hábito de por vida.

A menudo los muchachos se sorprenden cuando descubren de pronto que tienen bultos en el pecho que les duele como si fueran un moretón cuando les pegan con la pelota o cuando un amigo los toca. *¿Qué hacen ahí esas cosas?*, puede preguntarse tu hijo.

La ginecomastia, como se llama el crecimiento del pecho masculino, ocurre cuando el cuerpo del púber atraviesa un ajuste hormonal entre hormonas femeninas y masculinas. El crecimiento del pecho del muchacho ocurre entre quinto y séptimo grados, así que es una buena idea conversar del tema cuando su hijo esté en quinto o sexto grado. "El 65% de los chicos de catorce años presenta algún grado de ginecomastia ... En dos años, el 75% de los muchachos tienen una regresión del tejido mamario. En tres años, el 90% pierde ese crecimiento del pecho."[4] Sin embargo, como el cáncer de mama puede afectar también a los hombres, si un pecho se desarrolla mucho más que el otro y no disminuye en uno o dos meses, consulta con el médico.

Cómo tomar las medidas para el sostén (Guía del Dr. Leman para padres)

—Ven —le dije a mi hija Hannah—. Vamos a ir a comprar un hermoso sostén anaranjado con lunares blancos.

Puso los ojos en blanco y los revoleó unas catorce veces.

—Hannah... espera un minuto —le dije— ¿Podrías hacerlo de nuevo pero a cámara lenta?

Se sonrió porque sabía que la había descubierto. Entonces revoleó los ojos en cámara lenta.

Las medidas del cuerpo

Objetivo: observar las proporciones del cuerpo.
Materiales: cinta de medir de tela.
Con el metro descubre qué partes del cuerpo miden igual. Por ejemplo, el largo de la mano desde el dedo más largo hasta la muñeca es, por lo general, el largo del rostro. La longitud de punta a punta de los dedos con los brazos extendidos, suele ser igual a la altura. A los chicos les encanta este juego.

—Mira, si necesitas un sostén, papi puede comprarte el primero. He comprado muchos.

Soy uno de esos tipos raros que creen que parte de la buena educación sexual de los chicos consiste en que las explicaciones provengan del progenitor del sexo opuesto. En gran parte porque estuve en numerosas consultas de consejería en las que me he sentido horrorizado por la información errónea que se pasaba de madres a hijas y de padres a hijos.

Cuidados del sostén

Lava el sostén en agua fría, en el ciclo para ropa delicada. Usa un detergente suave, lo que ayudará a que la prenda duré más tiempo.

¿Quién sabe cómo explicar lo que pasa por la mente de un muchacho mejor que el padre de la chica? ¿Y quién mejor para explicar el misterio de lo que excita o no a una chica que la madre del muchacho?

Sin embargo, como ya lo hemos mencionado, uno no puede ignorar todos los temas referidos al cuerpo y después de repente empezar a hablar de sexo. Por esa razón, acompañé a tres de mis cuatro hijas (Lauren no ha llegado a esa etapa todavía) a comprarse el primer sostén.

Si bien puede ser algo aterrador como quedarse encerrado en un negocio de telas, la compra de un sostén se puede realizar. Hay que reconocer que en las tiendas a las que vayas serás una isla de masculinidad en un mar de estrógenos. Recuerda que en la mayoría de las tiendas puede que debas, y debes hacerlo, pedirle a una vendedora que ayude a tu hija a tomarse la medida.

Dile a tu hija que no se ponga una camiseta muy gruesa, porque necesitará que midan dos cosas: el tamaño del sostén y el tamaño de la copa. Si tuvieras que medir tú mismo, aquí va una orientación al respecto (por supuesto que estas indicaciones variarán de un país a otro):

1. Inspira profundamente. (Repite el paso uno tantas veces como sea necesario.)

2. Pídele un metro a la vendedora para tu hija o, mejor aún, pídele que la ayude.

3. Si tu hija se mide sola, indícale que mida el contorno por debajo de los pechos. Suma 10 ó 12 cm. a la cifra obtenida y eso determinará la primera medida del sostén. (Recuerda ese número que será el del tamaño del sostén y estará entre 80 y 95.)

4. Ahora haz que se mida el contorno nuevamente pero a la altura de los pezones. (Recuerda este número que es el tamaño de la copa.)

• Si ambas medidas coinciden, necesitará un tamaño de copa AA o AAA.

• Si la medida del busto es de 2 a 3 cm. mayor, probablemente necesite una copa tamaño A.

• Si la medida del busto es 5 cm. más grande, tal vez necesite una copa tamaño B.

• Si la medida del busto es de 7 a 8 cm. más grande, tal vez necesite una copa tamaño C.

• Si la medida del busto es 10 cm. más grande, tal vez necesite una copa tamaño D.

Si no deseas medir, puedes calcular el tamaño que necesita, pero para ella será mejor intentarlo. Sea como sea, tu hija se sentirá toda una mujercita cuando salgan de la tienda.

Reconozco que ir a comprar un sostén con tu hija es incómodo, pero puede derribar varios muros. Si estás allí cuando ella se compra su primer sostén, probablemente seas la persona a la que recurra la primera vez que un muchacho intente quitárselo. No puedes ignorar el desarrollo de tu hija y luego esperar que de pronto ella confíe en ti más adelante. La confianza y la franqueza se desarrollan con el tiempo y por medio de los sucesos de la vida como estos. Cierta muchacha que se sentía tan avergonzada de solo pensar en usar un sujetador, se oponía a la insistencia de la madre de ir a comprar uno. La hija no podía articular su temor oculto de que alguien llegara a notar que tenía un sostén, y la madre pensaba que ella negaba su necesidad de usarlo. Solo si pasan tiempo juntas podrán llegar a la raíz del asunto. Haz de la salida un acontecimiento importante: vayan al centro comercial, compartan luego un café y un trozo de tarta, y profundiza de esa manera la intimidad con tu hija.

La torpeza: crecimiento de las extremidades

Imagínate que la transición de niño a púber es como un cambio de auto. Es como si durante toda su vida hubieran estado conduciendo un automóvil compacto y de repente se encuentran en un utilitario. Hacia mediados de la pubertad muchos chicos se golpearán con los bordes y estarán chocando en cada esquina. Lo que sucede es que no tienen idea de cómo manejarse con su nuevo cuerpo.

Es sencillo comprender el porqué: tienen que acostumbrarse a unos brazos que se extienden más allá de lo que solían y a piernas más largas, a cabezas que están más altas y todo lo demás. La distancia –que han recorrido toda la vida— entre la lámpara y el comedor, ahora se ha estrechado y uno escucha un sonoro "crash". Si le tomaran un examen de conducción a estos cuerpos, de seguro no lo aprobarían.

Las hormonas influyen en todo: el estado de alerta y de fatiga, la destreza, la motricidad fina y gruesa y la coordinación ojo-mano. Recuerda que cuando las hormonas inundan el cerebro, aun la capacidad de recordar cosas se ve afectada. No creas que tus hijos te ignoran. En vez de darle una larga lista de cosas para hacer, puedes ayudarlos si les indicas: "Cuando termines, ven a decirme para que te dé otra tarea". En ocasiones, el cerebro de ellos está tan sobrecargado de hormonas que tenemos que desglosar las tareas en el momento. No es que no nos presten atención o que nos ignoren; es solo que hay ocasiones en que no pueden recordar porque tienen el cuerpo inundado de hormonas.

En cierto sentido, es como tener que aprender a caminar de nuevo.

Todo les parece tan agotado que los ayudará muchísimo contar con el descanso y la alimentación adecuados durante esta etapa. Es como llenar el tanque de combustible de un automóvil que ahora funciona con ocho cilindros en vez de cuatro. Ese utilitario necesita el doble de combustible que el automóvil compacto.

¿Recuerdas lo torpe que te sentías durante la pubertad? ¿Te acuerdas lo horrible que era? Los chicos tienen que saber que esa torpeza es normal. Ellos son plenamente conscientes de eso, es como si estuvieran desnudos. Y no es solo la torpeza, es todo. Tu hija entra en la habitación con toda la gracia que puede, pero se siente incómoda porque piensa que todos se dan cuenta de que tiene puesta una toalla femenina y que notan que ahora lleva sostén. Tu hijo piensa que su grano es tan grande como la cabeza, e intenta deslizarse en la habitación sin que nadie lo note, pero se tropieza con una silla y así llama la atención de todos.

Cuanto más lo enfrentes diciendo cosas como: "¿Te diste cuenta de que es la tercera vez que golpeas la lámpara?", peor será para tu hijo. Existe una alternativa mejor: acomoda de otra manera los muebles. Puede parecer una exageración, pero ¿acaso no lo hiciste cuando tenías un bebé que estaba aprendiendo a caminar? En vez de discutir sobre lo que no se puede modificar, ¿por qué no aceptarlo y hacer los ajustes necesarios?

Actitud

Junto con los cambios corporales se presentan cambios masivos de actitud. Una mamá de una niña de quinto grado confesó: "Pensé que mi hija este año se estrellaría". Su hija ya era difícil a mitad de la primaria y la madre ya se preparaba porque sabía que cuando asomara la pubertad saldría a la superficie lo peor de ella.

La creencia y el temor más comunes son que la pubertad vendrá asociada con una plaga inmanejable de emociones volátiles, discusiones que surgen de la nada y una agenda de actividades que ningún padre humano es capaz de cumplir. Pídele a cualquier adulto que te diga cuál es la edad a la que menos les gustaría volver y la pubertad encabeza la lista.

Es cierto que los púberes son más activos y conservadores; hacen más preguntas, se rebelan contra las injusticias y se quejan porque quieren que el mundo sea justo. ¿Por qué vemos estas actitudes y reacciones de una forma tan negativa? ¿Por qué pensamos que estos años serán tan difíciles? Tu hijo se expresa de una manera en la que jamás lo hizo; son formas que lo ayudarán a insertarse en el mundo como adulto. Es más, las cuestiones específicas de tu hijo en crecimiento que te volverán más loco son con frecuencia las marcas de una necesidad vital nacida de Dios. Lo que observas es parte del camino que recorre tu hijo para convertirse en una persona apasionada creada por un Dios apasionado.

Cuando comencé a trabajar con esta edad (habla Kathy), percibí la sensación de que contemplaba el rostro de Cristo. Los púberes están llenos de vida, se dedican a diversas causas, claman por justicia y se lanzan de lleno a la actividad que encaran. La pasión de los púberes no deja de asombrarme.

El mundo hará que los chicos sexualicen esa pasión y los empujará a manifestarla unos con otros. Las películas y la televisión les hará creer que perder la virginidad es fantástico y que los demás "lo están haciendo" desde edades tempranas. Sin embargo, esto dirige en sentido equivocado una pasión legítima que refleja la imagen de Dios, la pasión de Cristo por un mundo vibrante aunque caído.

La pubertad es una época emocional, donde se plasma la paleta de colores que va del gozo al dolor, y los púberes tienen que aprender cómo vivir en este mundo cada vez más vasto. Descubren lo que tú y yo ya sabemos: que el mundo es un sitio lleno de maravillas, pero también de dolor; que uno puede hacer una diferencia, si bien los chicos buenos no siempre ganan; y que el bien en la vida es más diverso de lo que se podrían haber imaginado, a pesar de que a las personas buenas les sucedan cosas malas. Es como si hubieran comido del árbol del conocimiento del bien y del mal. Toman conciencia del horror que hay en el mundo, observan la situación difícil de algunos desafortunados y comienzan a entender la fragilidad de la vida. Exploran los límites de las emociones humanas y sienten en profundidad el peso de la tristeza así como los arrebatos de gozo. Esto también es parte de la pasión de Cristo.

El mundo nos condiciona a dar respuestas estereotipadas al sufrimiento de la humanidad; pero padres, por favor, no teman permitir que sus hijos giman ante esta realidad. Se convertirán en personas con una sensibilidad mayor. Estos temas se profundizarán durante la secundaria. Resulta evidente que abren su corazón. Es una época excelente para enseñarle a los chicos quién es Cristo, para orientarlos a su pasión por el mundo a medida que comienzan a comprender su propio corazón y sus dones.

En su libro *The Wonder of Girls* [La maravilla de las chicas], Michael

Gurian enfatiza que las actividades de los chicos durante la pubertad pueden darnos una clave de lo que harán más adelante.

> Las relaciones, intimidades, actividades deportivas, artísticas o musicales, así también como el aprendizaje académico de una niña durante el período de los diez a los doce años, tiene la característica de "quedarse pegado" o al menos "reaparecer" más adelante en la vida debido a la interconexión con el crecimiento masivo del cerebro. Existe también una gran relación en que no será buena en aquellas cosas que no practique durante esos dos años. Por esta razón podemos afirmar en general que si a los once años disfruta tocando el piano, seguirá dedicándose a algo relacionado con la música durante su vida. Si es una gran lectora a los doce, es probable que disfrute de la lectura toda la vida. Si tiene relaciones estables a los diez, es probable que se sienta más segura en relaciones estables durante toda su vida.[5]

Tu hijo tiene algo para hacer que está escrito en el corazón, ¿qué será? A medida que los chicos sientan el latido de Cristo en ellos, anímalos a salir del caparazón. Cristo lo hizo y desafió la injusticia de la sociedad, levantó muertos e hizo lo que Dios le mandó que hiciera, a menudo de maneras poco convencionales. Quizás esperemos criar hijos que tengan un empleo aparentemente seguro de nueve a cinco, pero ¿y si no han sido creados para eso? Anima a tu hijo a aprovechar las oportunidades que soñaste tener, pero sé cuidadoso de no tratar de vivir la vida por ellos. Permite que los chicos crezcan para ser ellos mismos, los niños que Dios quiere que sean.

Una sabia madre soltera que había pasado por un doloroso divorcio estaba criando a un hijo adoptivo al que le encantaba hacer cosas con madera. Lamentablemente, también le gustaba desarmar lo que había hecho y manifestaba su agresión dentro de la casa, golpeando las paredes y arrojando las cosas en todas direcciones. Así que ella fue a un depósito y recogió toda la madera que pudo conseguir, compró una caja de clavos y le dio a su hijo un martillo. Lo llevó hasta un lugar en la parte trasera de la casa y le dijo: "Esta es tu área de trabajo. Puedes construir todo lo que se te ocurra. Si no te gusta, puedes desarmarlo y hacer otra cosa". Lo que el chico hizo la sorprendió. Construyó hermosos crucifijos que incluso se utilizaron en la iglesia.

"Creo que Dios está poniendo la pasión de Cristo en él —comentó la madre—, porque él habla de las cruces. Jamás lo habría sabido si no le hubiera dado una pila de madera y le hubiera dicho: 'Hazlo, construye'".

Amber Coffman tenía 10 años en 1993 cuando según sus propias palabras: "Decidí que quería hacer algo". A una edad en la que muchos chicos están recién viendo quién puede hacer el globo más grande con la goma de mascar, Amber Coffman fundó *Happy Helpers for the Homeless* [Ayudantes felices para los sin techo] después de realizar un informe para la escuela sobre un libro de la madre Teresa. "La madre Teresa hizo hogares y yo voy a hacer almuerzos", explica Amber. Durante su adolescencia, Amber y un grupo de voluntarios preparaban y entregaban almuerzos los fines de semana para las personas sin techo en Glen Burnie, Maryland; localidad de donde es oriunda, cerca de Baltimore. En la actualidad, *Happy Helpers* brinda almuerzos para los sin techo en cuarenta y nueve estados de los EE.UU. y en varios países.

Amber ha estado muy ocupada desde entonces. Además de este servicio voluntario, da charlas a grupos de estudiantes y en otras organizaciones de todo el país acerca de su labor en *Happy Helpers*, explicando que los jóvenes pueden producir cambios en su comunidad. Apareció en los programas Oprah y Montel, y ganó más de un concurso de belleza, como *Miss Young America* en 1999. Incluso Crayola creó un par de productos (*Purple Heart* y *True Blue*) en su honor.

Puede parecer una vida de sueños, pero no ha sido fácil para ella. "Nunca conocí a mi padre —afirma Amber—. Hubo tiempos difíciles". Cuando vivía con su madre, Bobbie, Amber conoció lo que era la necesidad.

Aun así, con el cuidado y el firme ejemplo de su madre, Amber aprovechó su difícil experiencia para fijarse en las necesidades de los demás. "Los jóvenes buscan cómo insertarse en la sociedad —comenta— y desean que los adultos los tomen en serio. Deben avanzar porque pueden producir un impacto formidable en nuestro mundo".[6]

¿Ves cómo lo que inicialmente parece negativo puede convertirse en algo positivo? Tus hijos están pasando por cambios masivos tanto físicos como de actitud. Puede que empiecen a despedir olores, puede que choquen contra algunas lámparas o sillas, pueden necesitar ropa nueva (¡incluso de un mes para el otro!) y pueden desarrollar un agudo sentido de la justicia.

Apoya estos cambios. La misma niña que se mantiene firme en sus convicciones en casa puede ser una fabulosa abogada en la corte. El mismo muchachito que se manifiesta como un rebelde, puede llegar a convertirse en un profeta.

Ese adolescente torpe, oloroso y lleno de granos con un hedor tal en los zapatos que desmayaría a un elefante podría llegar a ser el próximo presidente, inventar una cura para el cáncer, liderar un avivamiento o escribir un bést-seller.

Solo espera y verás.

Capítulo 9

Tercera base: cambios femeninos de la cintura para abajo

Cómo ayudar a que tu hija comprenda su sistema reproductor

Uno necesita respirar, comer y beber para sobrevivir. El aparato digestivo es crucial para la continuidad de la vida. Sin este proceso activo, uno moriría en unos pocos días.

No ocurre lo mismo con el aparato reproductor. Uno puede vivir noventa años sin tener relaciones sexuales y mantenerse saludable. Nadie se muere por no usar su aparato reproductor, e incluso los que lo usan lo hacen frugalmente; nadie pasa las veinticuatro horas del día teniendo sexo.

Decimos esto porque los genitales masculinos y femeninos son solo partes del cuerpo. Cuando se habla con los chicos acerca del aparato reproductor, uno no debe apresurarse a explicar las relaciones sexuales. En el curso de la vida de cualquier ser humano, el uso de los genitales estará más relacionado con orinar y tener el periodo que con las relaciones sexuales. Recordar esto te ayudará a mantener todo lo que hay de la cintura para abajo dentro de la perspectiva correcta.

Anatomía femenina

Muchos de nosotros, los adultos, enfrentamos un enorme desafío al hablar con precisión acerca de la anatomía femenina porque no estamos familiarizados con nuestro propio cuerpo. Nos hemos encontrado con un sorprendente número de adultos, tanto hombres como mujeres, que no tienen idea acerca de los órganos reproductores básicos. Uno no puede enseñar acerca de lo que desconoce. Con esto en mente, analicemos una serie de conversaciones entre una madre y su hija, preparadas para que la niña pueda conocer el maravilloso cuerpo que Dios le ha dado.

Ovarios y óvulos (huevos).

— Denise me dijo que venimos de los huevos.

—Es cierto.

—¿En serio? Yo pensé que bromeaba.

—Bueno, no son como los huevos de la gallina...

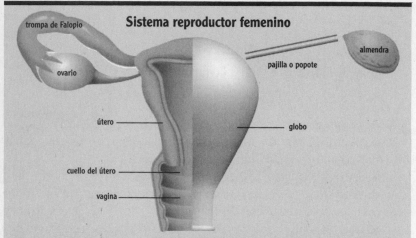

Sistema reproductor femenino

Objetivo: visualizar el tamaño del ovario y del óvulo (huevo) y esbozar la estructura básica del sistema reproductor femenino.

Materiales: dos almendras con cáscara, dos sobrecitos de azúcar, un budín o pastel de tapioca, dos pajillas o absorbentes de 10 cm. (también pueden ser fideos cocidos), un globo grande.

1. *Almendras:* representan los dos ovarios. Medio millón de huevos se hallan guardados dentro de cada ovario, que tiene el tamaño de una almendra con cáscara. Los huevos, más pequeños que un grano de azúcar, se desprenden uno por vez.

2. *Sobrecitos de azúcar:* abre un paquete y coloca el contenido al lado de cada almendra (ovario). Cada granito de azúcar representa un huevo maduro (óvulo).

3. *Budín de tapioca:* representa la consistencia interna de los ovarios.

4. Coloca las almendras, las pajillas o fideos cocidos y el globo según se muestra en el gráfico.

5. Con un bolígrafo marca una línea a unos 2 cm. del cuello del globo para indicar dónde está el cuello del útero aproximadamente.

—¡Ah...! Y yo que pensaba que se refería a eso.

—No, provenimos de huevos que tienen el tamaño del granito de sal que estás poniéndole a tu tortilla.

—¿Tan pequeños? Yo pensé que crecíamos ahí adentro.

—Y lo hacemos. Aquí es donde están los huevos. Se forman y se almacenan en los dos ovarios que tienen el tamaño de una almendra con cáscara, como esta —explica la mamá sacando una del aparador.

—No es muy grande.

—Así es, pero ¿sabes cuántos huevos entran allí? Hay alrededor de medio millón de huevos potenciales en cada ovario. Naces con todos los huevos que necesitarás durante toda tu vida. Sale uno por vez y solo madurarán quinientos. Por eso eres tan especial; entre ambos ovarios creo que puedo afirmar que tú eres una en un millón.

—¡Ay... mamá...!

Trompas de Falopio.

—¿Pero adónde van los huevos?

—Bueno, los ovarios se encuentran al final de lo que llamamos las trompas de Falopio.

—¿Y qué son?

—Son tubos que atrapan los huevos que salen de los ovarios.

—¿Y por qué tienen que atraparlos?

_Bueno, la tarea de estos dos tubitos es atrapar los huevos del ovario y ayudarlos a llegar seguros hasta el útero.

—¿Ahí es donde crece el bebé?

—Sí, cada trompa de Falopio tiene unos 10 cm. de largo y el ancho de esta pajilla. ¿Dónde está ese globo que tenías el otro día? Como ves, los ovarios (almendras) se conectan con el útero (globo) por medio de las trompas de Falopio (pajillas o absorbentes de 10 cm.).

El útero y el endometrio.

—¿Pero cómo entra allí un bebé?

—Parece imposible, ¿no? Sin embargo, el útero que es hueco y tiene el tamaño y la forma de una pera cabeza abajo, se puede estirar hasta cinco veces su tamaño para albergar al bebé que crece.

—Entonces en realidad el bebé no crece en el estómago.

—No, el útero es una parte del cuerpo completamente independiente. ¿Puedes sentir el hueso que tienes debajo del vientre, casi en tus partes íntimas?

—Ajá.

—Ese hueso es el hueso púbico.

—¿Y los varones también tienen uno?

—Sí, pero no tienen útero. Solo las mujeres tienen útero y se encuentra allí, detrás del hueso púbico. Tu papá me decía que le dolía de solo verme cuando estaba embarazada por la manera en que se me había estirado la piel. Sin embargo, cuando sacas el aire del globo, ¿qué sucede? Vuelve a su tamaño original, ¿no es cierto?

—Ajá.

—Lo mismo hace el útero. Se estira para que entre el bebé, pero luego vuelve a su forma y tamaño originales, como el globo, poco después del parto. Así que aunque tengo un rollo en mi vientre eso no significa que el útero ande flotando por ahí, pero vaya si se había agrandado cuando tú estabas adentro. Esa es una de las razones por las que es importante estar casado y ser adulto cuando uno tiene un hijo. Tu cuerpo no está preparado todavía para semejante esfuerzo. Ahora tienes que ocuparte de alimentarte bien, crecer y disfrutar de ser una niña. ¡Concéntrate en eso primero!

—¿Y qué sucede cuando los huevos no se fertilizan? ¿Se caen?

—Si el huevo no es fertilizado en la trompa de Falopio, muere y se desintegra. El suave revestimiento de sangre y tejido del interior del útero, llamado endometrio, se despide durante el período menstrual si el huevo no es fertilizado.

Pide a tu hija que sostenga una pelota de baloncesto en su abdomen y pregúntale:

—¿Está tu cuerpo físicamente preparado para cargar con un bebé?

Cuello del útero o cerviz.

—¿Y por dónde sale el bebé?

—Cuando está listo, atraviesa el cuello del útero, que conecta el útero y la vagina. Está ubicado en la parte inferior del útero y está en ese

Vejiga

Objetivo: observar cuánta orina puede contener la vejiga.

Materiales: una taza medidora de 350 cm^3

Llena el vaso medidor. Esa es la cantidad de orina que la vejiga de tu hijo puede contener (aproximadamente de 30 a 45 cm^3 de orín por cada año del niño).

Útero

Objetivo: visualizar el tamaño del útero de una embarazada.

Materiales: una pelota de softball, de baloncesto y de playa (o pelotas de tamaños similares a estos).

Usa los distintos tamaños de pelotas para mostrar el crecimiento del útero durante el embarazo.

1. *Tres meses:* softball.
2. *Seis meses:* baloncesto.
3. *Nueve meses:* entre la pelota de baloncesto y la de playa (en el caso de mellizos, puede ser similar a una pelota de playa).

lugar para proteger el interior. Allí hay pequeños bolsillitos llamados cavidades del cérvix, donde se produce el flujo.

—Eso suena asqueroso...

—Puede ser, pero todos los orificios del cuerpo tienen algo que los mantiene húmedos y limpios. Los ojos tienen las lágrimas, los oídos la cera y la nariz la mucosidad. La vagina no es distinta. Esa mucosidad o flujo vaginal hace que se mantenga húmeda y limpia.

Vagina.

—¿Y la vagina es por donde sale el bebé?

—Claro, el bebé atraviesa la vagina, que es un pasaje que cede como un elástico y está más abajo del orificio por donde sale la orina.

—Ahí abajo hay mucho más que un simple agujero, ¿no?

—Tienes razón. Llamamos vulva a toda el área genital femenina. Consta de dos orificios: la uretra, por la que orinas y la vagina, el orificio por el que sale el bebé. El vello púbico rodea la zona y crece en forma de triángulo invertido entre las piernas de la mujer. La vagina se encuentra detrás de la uretra pero no tan atrás como el recto. Tanto la uretra como la vagina están rodeadas por pliegues de piel. Las chicas tienen tres orificios en la zona púbica mientras que los varones tienen solo dos.

Puede que no abarques todos los temas en una sola charla, pero no importa, ya que tendrás otras oportunidades. Si estás atenta a las oportunidades y conoces el material podrás hacer que la conversación sea de lo más natural cuando se presente.

La historia de la menstruación

Para tu hija la sangre siempre significó una cosa: me lastimé, algo está mal, dolor. Sin embargo, la menstruación le da a la sangre un nuevo significado.

Como la menstruación le resulta desconocida, pensar acerca de la sangre de otra manera puede resultar tan abrumador que tu hija quizá se olvide de todo lo referido a la higiene. ¿Quiere decir que me va a salir sangre de ahí? —puede que pregunte extrañada—. ¿Cuánta sangre me va a salir? ¿Sale a borbotones? ¿Chorrea? ¿Se orina? ¿Se puede parar? ¿Me va a doler?

—Mami —quizás pregunte— ¿cuándo va a empezar todo eso?

—Notarás cambios en tu cuerpo —puedes responder—. Te comenzarán a crecer los pechos, aparecerá vello debajo de los brazos y en la zona púbica, y cambiará la forma de tu cuerpo. Comenzarás a notar flujo en tu ropa interior y cuando te seques después de orinar. Todos estos son indicios de que tu cuerpo se prepara para el período menstrual.

—¿Y cuándo va a ocurrir?

—Bueno, en primer lugar la glándula pituitaria debe enviar los mensajeros químicos -estrógeno y progesterona—, para que le digan al resto de tu cuerpo que tiene que "despertarse" y crecer. Esos mensajeros químicos estarán en tu torrente sanguíneo alrededor de tres años antes de que se manifiesten los cambios físicos.

—¿Qué? ¿Acaso quieres decir que esas cosas estarán en mi sangre tres años antes de que me venga el período?

—Así es. A tu cuerpo le lleva tiempo llegar a la madurez.

Tanto tú como tu hija notarán cambios en sus hábitos alimenticios y en su carácter. Una chica se dio cuenta de que daba portazos antes de cada período menstrual.

Un dato:
El huevo femenino tiene el tamaño aproximado del punto con el que finaliza esta oración.

Para que se inicie el ciclo menstrual de una niña deben ocurrir tres cosas. Debe llegar un mensaje a los ovarios que les indique que deben madurar un óvulo, al útero para que su revestimiento interior se engrose y al cuello uterino para que modifique la consistencia del flujo o mucosidad.

Todos los meses un cuerpo femenino maduro formará un revestimiento especial, el endometrio, dentro del útero. Por lo general, solo madura un huevo de un ovario y la naturaleza determina qué ovario debe hacerlo. Sin embargo, durante los primeros seis a doce meses del período menstrual de tu hija no siempre producirá y liberará un óvulo; en otras palabras: no siempre ovulará. Es más, la mitad del tiempo no lo hará, de modo que el ovario estará acumulando presión para nada. Esa presión, mientras se acumula, crea un sentimiento fisiológico en tu hija y cuando el huevo se libera, puede doler.

Como cuando una niña comienza con su período el proceso de ovulación es errático, no tendrá ciclos regulares. Es más, puede que tenga un período y que no tenga otro hasta seis meses o más. Eso no es motivo para correr al médico para que le dé píldoras anticonceptivas que le regulen el ciclo. Su cuerpo necesita disponer de tiempo para encontrar su propio ritmo, que quizá siga siendo errático durante los primeros años. No te preocupes, ya que es normal.

—La glándula pituitaria también envía mensajes por medio del flujo sanguíneo hacia el cuello uterino donde las cavidades de la cerviz producen mucosidad. Es esa cosa amarillenta que aparece en tu ropa interior, ¿la viste?

—Sí.

—Bueno, se va a volver más clara, y cuando eso ocurra es señal de que está por llegar tu período. Va a cambiar de blanco pastoso a amarillo y luego a un color más claro como la clara de huevo. Cuanto más cantidad observes en tu ropa interior es signo de que se acerca tu período. Tu cuerpo estará entrando en un patrón de conducta que será especial para ti.

Para estar preparada

1. La ovulación puede doler.
2. Durante la pubertad, una niña puede que no siempre ovule (libere un huevo), lo que significa que su período puede no ser regular al principio. Esto puede continuar durante varios años. Recuérdalo, el cuerpo de tu hija acumula presión al prepararse

para liberar un huevo; cuando no lo hace, ella puede quedar con un sentimiento psicológico muy desagradable.

3. No corras al médico para que le recete píldoras anticonceptivas que le regulen el período. Su cuerpo solo necesita un poco de tiempo para definir su propio ciclo. Anímala a llevar una vida saludable y a que no se preocupe si "no le viene".

La glándula pituitaria envía otro mensaje al útero de tu hija. Los mensajeros químicos van al recubrimiento del útero, el endometrio.

—Los mensajeros químicos le dicen al cuerpo que fabrique un "lecho de sangre", el endometrio, para que practique cómo aprestarse para recibir un bebé. Es como si el cuerpo dijera: "Acabo de empezar con el período, no estás casada ni preparada para tener un hijo. Sin embargo, tengo que practicar para que cuando te cases esté listo para cuando sea el momento de tener un bebé. Mi forma de practicar es preparar un 'lecho de sangre´ dentro del útero y después dejar que se desprenda durante el período".

—¿Y por qué tiene que deshacerse de esa "cama" vieja?

—Es como cambiar las sábanas. No se puede tener una cama vieja para un bebé nuevo. Y a tu cuerpo le lleva tiempo poder practicar esto. Eso sucede cuando uno tiene varios períodos menstruales. El revestimiento del endometrio se engrosa y crece. Si la mujer queda embarazada entonces necesitará ese revestimiento, así que el cuerpo lo retiene. Si no queda embarazada, entonces el revestimiento se desprende y sale del cuerpo como el período menstrual. Tener un período es como tender la cama. Solo porque hayas comenzado con tu período eso no significa que sea hora de tener un bebé. Tu cuerpo solo está practicando.

—¿Cuánta sangre sale? ¿Cómo es? ¿Gotea, sale a chorros?

—No sale toda de una vez, sino solo de poco en poco. Más o menos es un cuarto a media taza de sangre por período en cada ciclo. Es normal que se vea color rosa claro, roja o marrón en la toalla íntima o cuando te limpias con papel higiénico. Cuando orinas, puedes detener el flujo, pero en el caso de la menstruación es distinto, ya que no puedes evitar que salga. Por eso son necesarios los paños íntimos.

—¿Cuánto tiempo dura el período?

—Cada cuerpo es distinto. La mayoría de las chicas tiene un período que dura de tres a cinco días, y a algunas les dura siete días. Cada muchacha tiene su propio ciclo, que se mide desde el primer día del período hasta el comienzo del otro. Si registras los primeros doce períodos menstruales podrás tener una idea de en qué días puedes esperar que llegue.

Paños (compresas sanitarias) y tampones

Pocas cosas son tan mortificantes para una púber como empezar con su período en el colegio y tener que ir a la enfermería a preguntar cómo colocarse un pañito. Cuando hablo del tema (Kathy) en las clases de madres e hijas, las niñas se mueren de vergüenza de solo pensarlo. Esperamos que nuestra hija nunca se encuentre en una situación semejante. Estamos agradecidas de que la enfermería esté allí para un caso de necesidad, pero nuestra tarea es la de prepararlas para ese momento.

También tenemos que conversar con nuestras hijas respecto a otras cuestiones prácticas. Por ejemplo, cuando una chica está con su período y se pone de pie siente que le sale un chorro de sangre. Puede jurar que le chorrea por la pierna aun cuando tenga puesta una toalla íntima. Es una sensación normal, pero no hay nada que temer, la toallita funcionará.

Muchas chicas se sienten abrumadas por las nuevas sensaciones que la menstruación trae aparejada... sin mencionar ¡toda esa sangre! Es esta etapa necesitan mucho de nuestro apoyo. Mi hija Amy solía desmayarse debido al desequilibrio hormonal que se le producía. Puede que otras chicas sientan deseos de vomitar a causa de las náuseas. En ocasiones les sale tanta sangre de golpe que necesitan cambiarse el pañito después de cada clase, junto con todas las demás chicas que también están con

---

Detalles importantes acerca del período de tu hija

Debido a las influencias hormonales y al equilibrio cambiante en el cuerpo de tu hija:

- probablemente duerma más.
- tal vez sienta náuseas o tenga vómitos.
- puede desmayarse.

---

su período y solo cuentan con cinco minutos entre una clase y otra. Pueden sentir terror de llegar tarde, porque ¿cómo se lo explican al maestro? ¡Sería vergonzoso tener que decir que necesitaban cambiarse el pañito pero que el baño estaba lleno de gente!

La combinación de todas estas presiones hace que al fin del día tu hija pueda sentirse desanimada. Si la recibes con un: "¿Y ahora qué te pasa?" cuando más necesita que la comprendas, se encerrará en sí misma. Tienes que darle espacio y comprensión, además de mucho tiempo para que descanse y se recobre. Mímala un poco, permite que vea su película preferida o un programa de televisión que le guste, sírvele un té con miel...

No son muchos los padres que exageran en cuanto a brindar apoyo, pero uno debe ser cauteloso. La mamá de una chica estaba tan feliz de que su hija hubiera empezado a tener el período, de que se hubiera convertido en una mujer, que organizó una fiesta. María llegó a su casa y al entrar en ella se encontró con que la madre había invitado a todos los chicos del barrio.

"Esto es para ti, María; porque te has convertido en una mujercita". Los niños no tenían idea de lo que eso significaba, pero allí estaban, rodeando la mesa para celebrar el nuevo estado, y la hija estaba avergonzada.

Cómo escoger una toalla higiénica

Objetivo: comprender cómo las toallas higiénicas absorben la sangre menstrual.

Materiales: diversos paños íntimos, 1/4 a 1/2 taza de agua y colorante comestible azul.

1. Adquiere varios paquetes de toallas íntimas de distintos tipos (con alas, maxi, mini, nocturnas, etc.)
2. Córtalas por la mitad para ver de qué están hechas y cómo retienen la sangre. (Reserva al menos una de cada clase para que tu hija pueda hacer la prueba.)
3. Llena 1/4 a 1/2 taza con agua y diluye el colorante en ella. Vierte el líquido en las toallitas y comprueba cuál absorberá mejor el fluido menstrual que sale durante los tres a cinco días del período. ¿Cuál resulta más efectiva?
4. Practica la manera de enrollar la toallita para que nadie la vea y arrójala al cubo de residuos.

Mamá, debes recordar que tu hija no puede usar las mismas toallas íntimas que tú. Quizás hayas pensado que cuando ella comience con su período podría usar las toallitas que están en tu armario, pero no es así porque ella es pequeña todavía.

Practica. Intenta que tu hija tenga sus propias toallas íntimas antes de que comience con su período, de modo que cuando lo haga no se le venga el mundo abajo. Adquiere una variedad de toallitas y tampones. Permite que se pruebe y haga las cosas que normalmente hace. Es bueno que ella siempre tenga una toallita íntima de repuesto en la mochila o en su armario por las dudas. Mamá (y papá) asegúrate de tener toallitas o tampones en la gaveta del automóvil. Jamás sabrás cuándo tu hija puede necesitar de tu ayuda

Sé específica. "Kathy, ¿es necesario ser tan específicos?", me preguntan algunas madres.

"¿Recuerdas cuando intentaste usar el primer tampón?", les respondo.

Así de sencillos como son los tampones y las toallitas íntimas, en ocasiones los detalles se nos pasan por alto. Las madres suponen que las hijas sabrán que deben envolver las toallitas y los tampones antes de desecharlos. Después de todo, a nadie le gusta entrar en el baño y encontrarse con un pañito usado al lado del inodoro. Y todos saben que a los perros y a los hermanitos curiosos les encanta andar con los pañitos que andan tirados por ahí, ¿no es cierto?

No, no todos lo saben.

Uno necesita ser muy detallista al enseñar estas cosas. Mamá y papá, háganlo sencillo. ¿Cómo envuelves tú una toallita? ¿Cómo la arrojas al bote de basura? Resulta asombrosa la cantidad de detalles que necesita una niña. Una muchachita preguntó: "¿Cómo sabe la sangre que tiene que ir hacia la toallita?" Esas pequeñas pueden pensar que si se le corta el hilo del tampón lo perderán en el interior de su cuerpo... tal vez se les irá al estómago o incluso hasta la garganta. ¿Quién sabe? (Claro que no...) Tienen que saber que si todo un bebé puede salir por allí, podrán introducir su dedo, encontrarlo y quitarlo sin ningún problema.

Un día que estaba trabajando en el hospital, se me ocurrió pedirle a las enfermeras unas toallas higiénicas de distintos tamaños, de las que usan las madres después de tener un bebé.

"¿Para qué las necesitas, Kathy?", me preguntaron las enfermeras.

Comencé a explicarles y me interrumpieron para exclamar: "¡Gracias a Dios que estás enseñándole estas cosas a la gente! Ayer estuvo aquí una señora a la que tuvimos que explicarle acerca de la menstruación. Acababa de tener un bebé pero no tenía idea de cómo era el período, así que intentamos explicarle algunas cosas acerca de lo que pasaba en su cuerpo. No creerías si te dijéramos cuántas veces hay mujeres que vienen aquí a tener su bebé pero no tienen idea de lo que sucede con su propio cuerpo".

Cuidado con los tampones. "De ninguna manera te coloques un tampón", aconsejó una mamá médica a su hija. Sin embargo, cuando la niña salió con una amiga que tenía un par de tampones, pensaron que estaría todo bien. Desafió la autoridad de la madre y tanto ella como la

Prueba de toallas íntimas

Objetivo: comprobar —*antes* de que comience con su período— cuáles son las toallas higiénicas que mejor se adaptan al cuerpo de tu hija y a las actividades que realiza.
Materiales: variedad de toallas higiénicas.

1. En la privacidad del hogar, que tu hija pruebe varios tipos de toallitas. Si esta tiene un papel que se puede quitar, seguramente tendrá una zona adhesiva debajo. Esa parte va contra la ropa interior. Coloca la toallita de manera que cubra la zona que va en la entrepierna.
2. Que pruebe con distintas toallitas al realizar las tareas y movimientos acostumbrados. Si suele andar en bicicleta o montar a caballo, que pruebe a hacerlo con la toallita puesta para ver cuál le resulta más cómoda.
3. Consigue una bolsita en la que coloques varias unidades de la toallita elegida. Que la tenga en su armario de la escuela o en la mochila. También pon algunas en la gaveta del automóvil para una emergencia.
4. Que tu hija piense cómo hará para llevar la toallita desde el armario hasta el baño.

El uso del tampón

Objetivo: comprender cómo colocar y desechar correctamente un tampón

Materiales: tampones, si es que tu hija necesita usarlos. Los tampones son útiles para nadar y para ciertas actividades deportivas. Que tu hija te notifique si está usando un tampón.

1. Que la jovencita tome un espejo de mano para observar dónde debe colocar el tampón.

2. El tampón van dentro de la vagina, contra el cuello uterino. Se puede colocar con el dedo o con un aplicador. Tiene un hilo que queda afuera de la vagina para poder quitarlo. Si se coloca mal, sentirá molestias. Debe ir colocado bien al fondo. Las instrucciones vienen dentro de cada cajita.

3. Los tampones deben cambiarse cada cuatro horas y no se deben usar de noche o cuando hay flujo escaso.

amiga se los pusieron. Ninguna tenía idea de cómo absorbían la sangre, pero se sentían sumamente orgullosas de llevarlos puestos.

La madre tenía un motivo para advertirla de esa manera. Las mujeres y las niñas que usan tampones y no se los cambian con regularidad, pueden sufrir un shock tóxico. Esa es la razón por la que las púberes solo deben usar los tampones cuando vayan a nadar o a realizar alguna actividad por el estilo. Para evitar el riesgo de síndrome de shock tóxico, hay que cambiarse el tampón cada cuatro horas y no colocárselos al ir a la cama, sino permitir que la sangre fluya con libertad hacia una toalla íntima. Recuérdale a tu hija que le informe a un adulto de que tiene puesto un tampón, en caso de que comience a manifestar los síntomas del shock tóxico.

Síndrome de shock tóxico

Supe (habla Kathy) de una niña, hija de una profesora de nuestro pueblo, que comenzó a presentar la fiebre característica del síndrome de shock tóxico. Cuando le bajó la presión, quienes la rodeaban se dieron cuenta de que empeoraba y llamaron a una ambulancia, que la trasladó al hospital.

Ayuda para padres

Los tampones son distintos de las toallitas íntimas. Las *toallas*, constituidas por capas absorbentes de algodón con un protector plástico incluido, son delgadas y se suelen sujetar a la ropa interior gracias a unas bandas adhesivas que las mantiene en su lugar. Vienen en diferentes tamaños, grosores y formas. Los *tampones* están hechos de suave algodón u otras fibras muy comprimidas en un cilindro firme y compacto que se inserta en la vagina para absorber el fluido menstrual.

En el trayecto, la jovencita le preguntó a la mamá:

—¿Es muy grave lo que tengo?

—No lo sé —respondió la madre.

—Mami... ¿me voy a morir?

—Mi hijita querida... no lo creo, espero que no.

Su cuadro de shock tóxico se agravó mientras iba en la ambulancia y falleció antes de llegar al hospital. La noticia impactó a la comunidad.

El síndrome de shock tóxico (TSS, por sus siglas en inglés), aunque es raro, es extremadamente grave y, como en el caso de esta niña, puede ser mortal. Las bacterias se reproducen en la sangre estancada que permanece en un medio húmedo y oscuro. Uno puede contraer este síndrome si se deja un tapón en la nariz que sangra durante mucho tiempo, de una herida en el brazo con un apósito que se deja demasiado rato y de muchas otras maneras en que la sangre puede llegar a contactarse con determinada bacterias y gérmenes que producen el TSS.

Cuando aparecieron en el mercado los tampones de alta absorción, pensamos que era algo fabuloso. No necesitábamos cambiarnos el tampón en el colegio, sino que podíamos esperar a llegar a casa. El problema es que la vagina brinda el campo perfecto para que se desarrolle la bacteria cuando se le da tiempo. Como los tampones de alta absorción tienen que cambiarse con menor frecuencia, crean las condiciones que pueden llevar a un shock tóxico.

El síndrome de shock tóxico
(TSS, por sus siglas en inglés) puede ser mortal

Síntomas:

- fiebre superior a 39°C
- debilidad o mareos
- diarrea
- náuseas o vómitos
- enrojecimiento como erupción sin dolor

Si estás usando un tampón y tienes alguno de estos síntomas, quítate el tampón y busca asistencia médica inmediata. El TSS puede ser mortal.

- Parece haber una relación entre el uso del tampón y la prevalencia del TSS, ya que este puede estar relacionado con el equilibrio ácido-base en el cuerpo de la mujer.
- El TSS parece estar relacionado con el tiempo que se tiene el tampón colocado. Cámbialo cada cuatro horas. No uses tampones durante la noche, cuando duermes. Si usas tampones, elige los pequeños y cámbialos con frecuencia. Lee las etiquetas de los envases y compra tampones fabricados con algodón o rayón con aclarantes libres de cloro y que no producen dioxinas. No compres los súper absorbentes. Para evitar pellizcos, asegúrate de que el tampón está bien colocado en el aplicador.
- Siempre que te sea posible, usa una toallita higiénica en vez de un tampón.

Asegúrate de que tus hijas te informen cuando se pongan un tampón. Aun algunos tampones de absorción normal tienen materiales súper absorbentes, lo que significa que deben cuidar de cambiar el tampón con frecuencia. A esta edad, tienen que hacerlo cada cuatro horas. La academia de obstetricia y ginecología y la academia de pediatría aconsejan cada seis horas, pero queremos ser un poco más conservadores con las chicas de esta edad. Explícale a tu hija que se coloque el tampón por la mañana y se lo cambie durante el almuerzo. A la salida de la escuela, debe cambiárselo otra vez.

Antes de permitir que tu hija use un tampón, hazte las siguientes preguntas: ¿Hace tu hija lo que dice que va a hacer? ¿Cuáles son los antecedentes al respecto? ¿Es responsable? Si ella no es capaz de cumplir con tareas sencillas, yo tendría mucha precaución de brindarle una opción de higiene en la que la indiferencia o el olvido es literalmente una cuestión de vida o muerte.

Las que acaban de comenzar a usar tampones deben hacerlo solo cuando sea absolutamente necesario: para nadar, para montar a caballo o en la clase de gimnasia. Nunca deben colocarse los tampones de noche ni tampoco en los días de poco flujo. El cuerpo necesita que la sangre se elimine con libertad, esa es su manera de limpiarse.

Viaje a la tierra desconocida para los hombres: guía para padres que compran toallas íntimas

Para un hombre, comprar toallas íntimas o tampones es como pedirle a sus amigos que cambien el canal y pongan "Cuidados del jardín" durante las propagandas en la emisión de la final del campeonato de fútbol americano. Chicas, hay que reconocer que a los muchachos no les agrada pasar por el pasillo de higiene femenina. La sola palabra "femenina" en el ingreso del pasillo para los hombres es como el equivalente a una zona militar restringida.

"Pasé por el pasillo de higiene femenina —relató un padre que había ido a comprar toallas íntimas con su hija— pensando: *¿Por dónde empezamos?*"

¿Qué harías, papá, si tu esposa está en el retiro de fin de semana de damas de la iglesia y tu hija de sexto grado te dice: "Papi, me vino el período"? ¿Qué irías a comprar? Mamá, ¿tendrá tu esposo la compostura y la habilidad para manejar esa situación?

Papá, si tienes una hija que se aproxima a la pubertad o que ya está en esos años, y todavía no ha tenido su período, mejor será que comiences a recorrer ese pasillo del supermercado. Hazlo mientras vas de camino en busca de las papas y el aderezo para el partido del domingo.

Aprendí mi lección (habla el Dr. Leman) cuando estaba recién casado. Una noche Sande inquirió con tono dulce y comprador:

—Mi amor... ¿podrías ir al supermercado?

—¿A comprar qué? —lo cual era una pregunta razonable si consideramos que eran las diez de la noche.

—Bueno... sucede que me vino...

—¡Ah, no! No voy a comprar una cosa de esas... Te quiero, pero no, no voy a hacer eso.

Bien, a los diez minutos me hallaba recorriendo el pasillo de higiene femenina y recibiendo toda clase de miradas maliciosas de parte de la dama que estaba tras la caja registradora. Si nunca han pasado por ese pasillo, muchachos, les aseguro que hay más toallas íntimas y tampones que partidos en la liga de fútbol. Compré un paquete que me parecía conocido y regresé como el cazador que está orgulloso de su presa.

—Querido, no son esas... no me sirven —me dijo Sande.

Ahora ya eran las 11 de la noche y la tienda había cerrado. De modo que salí en busca de una que estuviera abierta las 24 horas, y cuando llegué ya no tenía deseos de poner un pie nuevamente en un pasillo de higiene femenina. De modo que compré un paquete de cada artículo que tenían allí: comunes, anatómicas, más angostas, nocturnas, súper largas, más absorbentes, súper absorbentes, ultra-delgadas con alas, ultra-delgadas sin alas, para todos los días, para poco flujo, para mucho flujo...

No pueden imaginarse las miradas que recibí al tener en mis manos alrededor de ochenta dólares en productos de higiene femenina a las 11:15 un domingo por la noche.

—Aquí tienes, busca lo que necesites —dije a mi regreso—. Jamás regresaré a esa tienda.

Sin embargo, debo reconocer que fue bueno tener práctica cuando mis hijas comenzaron con su período. Si nunca te has familiarizado con ese pasillo, estarás en dificultades, como le sucedió a un padre que conozco, que necesitaba comprar para su hija y debió llamar a su esposa para preguntarle. Él estaba en Arizona y ella, ¡de viaje por California!

Tómalo con calma. Papá, imagina cómo te sentirías si, siendo niño, tu madre tuviera que explicarte cómo lavar las sábanas después de tu primer sueño húmedo. ¿Puedes imaginar un hecho más humillante o vergonzoso que ese? Puede que tu hija sienta algo parecido si tiene que preguntarte acerca de su período. Ella necesita que lo tomes con calma y que le asegures que lo que le sucede no es nada de lo cual tenga que avergonzarse.

En otras palabras, tus sentimientos de empatía, preocupación y relación son tan importantes como tu conocimiento. Si eres bromista, haz uso de ese humor en estas cosas también. Transmítele que no te sientes incómodo y que ella no es un paria.

"Sé de qué se trata —le dijo Francisco a su hija, con quien había mantenido varias conversaciones acerca de los cambios que debía atravesar—. No te va a pasar nada. Esto que te sucede es parte natural de la vida. Estás creciendo y es normal". La hija de Francisco se subió a sus rodillas y él la estrechó como cuando era pequeñita.

Ayuda de emergencia. Supongamos por un momento que esta es la única parte de este libro que estás leyendo porque tu hija acaba de pedirte ayuda. Ya anochece y tienes que ir a la tienda a comprar algo antes de que cierre.

Cuando esto le sucedió a mi hermano (habla Kathy), se puso a leer las etiquetas de los paquetes mientras estaba en aquel pasillo ausente de testosterona, y su hija lo recorría de arriba abajo pensando: *No sé cuál escoger, papá. No tengo idea de cuál elegir.*

¿En qué *debe* uno fijarse cuando compra productos para la higiene femenina?

1. Para un primer período, compra toallitas en vez de tampones. La experiencia de colocarse un pañito en la ropa interior es menos traumática que darse maña para introducir un tampón dentro de la vagina. Tómalo con calma y lee lo que dicen los paquetes. No hay límite de tiempo para comprar en las tiendas.

2. Busca productos para adolescentes. Lo bueno es que las empresas por fin captaron las necesidades particulares de las jovencitas. Existe una amplia selección de tamaños para adolescentes en toda clase de productos de higiene. Si bien muchos usan la palabra "teen" o "adolescentes" como gancho comercial, las toallas higiénicas y los tampones son productos que se benefician de esta categorización. Tu adolescente tal vez no pueda usar los pañitos de tu esposa, sino aquellos que digan *delgado, fino, mini* o cualquier otra nomenclatura que sugiera un tamaño pequeño.

3. Por último, si eres un papá que está en la tienda comprando toallas higiénicas para el primer período de tu hija, a menos que te hayas preparado con antelación y sepas cuál le queda mejor, quizás te convenga comprar una cierta variedad de modo que cuando regreses ella pueda tener lo que necesita a pesar de tu inexperiencia.

Seguirás siendo el héroe que llegó para solucionarle la vida.

Cómo comprar toallas íntimas: guía para padres

- Ve al pasillo donde jamás pusiste un pie: el de higiene femenina.

- Busca los paquetes que digan *delgado, fino, mini* o cualquier otra nomenclatura que sugiera un tamaño pequeño.

- Tómalo con calma. Las tiendas no te exigen que compres con prisa.

- Si tienes duda, compra varios y llévalos a casa para que tu hija los pruebe.

Lo que todo niño necesita

En ocasiones, como cuando papá se anima a recorrer el pasillo de higiene femenina para comprar las toallas higiénicas para su hija, pareciera que los varones y las chicas no podrían ser más distintos. Una se arregla en el espejo del baño con sus amigas mientras el otro acomoda los muebles de la sala para hacer luchitas con sus amigos. Si bien mientras emocional y físicamente los varones y las chicas son diferentes, se parecen en los nutrientes que necesitan: amor, aceptación, sentido de pertenencia y una comunicación abierta. Aunque parezcan ser muy distintos, muchos de los temas que enfrentan son similares.

Si no tienes hijos varones, te recomendamos que leas de todas formas el capítulo que sigue para que puedas conversar mejor con tu hija acerca de la anatomía masculina. De todos modos, te sugerimos que antes de continuar leas la parte sobre cómo hablar con tu hijo púber acerca de la masturbación, hacia el final del capítulo 10. El solo pensar en sacar el tema, en especial con tu hija, podrá sorprender a algunos, pero como hemos venido diciendo, hablar con franqueza y con sinceridad acerca de estos temas no solo ayudará a que tu hijo sepa de antemano lo que vendrá sino que lo ayudará a tomar decisiones sabias cuando se presenten estos temas.

Tercera base: cambios masculinos de la cintura para abajo

Cómo ayudar a que tu hijo comprenda su sistema reproductor

Al Dr. Leman le encanta hacer una cosa cuando le piden que vaya a hablar a un colegio acerca de salud reproductiva. Le fascina sorprender a todos y sacar una pizarra para luego pedirles que le dicten nombres cotidianos que le dan al pene. Los muchachos son formidables en esto de ponerle nombres a las partes del cuerpo, pero se podría escribir una enciclopedia de nombres vulgares solo del pene. No es difícil llenar una pizarra entera en solo un par de minutos.

Luego les dice: "Ahora quiero que me dicten nombres vulgares para los genitales femeninos".

Sin excepción, se produce un silencio incómodo, como debe ser. No nos sentimos muy cómodos de invadir la modestia de la mujer al mencionar esas palabras en público. El Dr. Leman entonces explica a los chicos la importancia de mantener esa reticencia.

Mientras los muchachos hablan jocosamente del "amigo", la "poya" o la "tercera pierna"; hablar en serio de las partes sensibles del cuerpo es otro cantar. Por esta razón es crucial que los padres se sientan cómodos para que tu hijo también se relaje al hablar de la reproducción sexual. La mejor manera de hacerlo, como ya hemos mencionado varias veces, es tomarse la vida con calma y hacer de la educación sexual en la mesa de la cocina algo común y cotidiano.

Lo que sigue es información orientativa que te guiará en las conversaciones acerca del sistema reproductor. Si no tienes hijas y te has saltado el capítulo anterior, te recomendamos que lo leas en algún momento para que puedas hablarle con propiedad a tu hijo acerca del sistema reproductor femenino.

El sistema reproductor masculino

El pene y las erecciones. Los púberes pueden tener una erección con tanta facilidad como Barry Bonds puede balancear un bate. Las cosas más extrañas pueden originar una "venia": la brisa de primavera, la caminata hacia el comedor, el ingreso al aula de la tutora (por quien no siente la mínima atracción), ver el tirante del sostén de una chica a través de la blusa, una chica que se sienta en sus piernas...

Este estado de "siempre listo" sucede porque el cuerpo del hombre en desarrollo está tratando de entender su propio crecimiento, primero envía demasiadas hormonas y después escasas. Entre la niñez y la adultez muchos de estos mensajeros químicos van a los genitales. Esto puede ocasionar mucha vergüenza. Hemos hablado con varios muchachos que están en clase con una erección que sienten tan larga como el estado de California, y justo en ese momento los llaman al frente a leer un trabajo de investigación, o sucede alguna otra situación embarazosa.

—No te preocupes —puedes decirle—. La mayoría de la gente no lo notará, y además, la erección se va bastante rápido. No uses jeans o pantalones demasiado ajustados y si te sucede con regularidad, usa una camiseta larga que te cubra. De esa manera, nadie lo notará.

Así como las jovencitas tienen que modificar su vestimenta para cubrir su creciente escote, los muchachos tienen que lidiar con las erecciones, que son inevitables.

—Está bien... pero ¿por qué las erecciones se dan así? —quizás pregunte tu hijo.

—Bueno, el pene está conformado por un tejido suave y esponjoso -similar a un estropajo de cocina—, además de vasos sanguíneos. Al principio, cuando tu cuerpo comienza a cambiar, esos pequeños mensajeros químicos, los que influyen en tu cabello haciendo que no lo puedas peinar o en la piel con algún grano ocasional, también viajan hasta tu pene y le indican que se "pare". Todas las partes de tu cuerpo tienen que pasar de ser el cuerpo de un muchacho al cuerpo de un hombre. Tu cuerpo envía señales que te llenan el pene de sangre, y eso es lo que hace que se ponga duro y erecto.

—¡Sí, ya lo sé! Justo hoy estaba en clase cuando la maestra me llamó para que leyera mi trabajo práctico y me pasó eso.

—A veces, durante el desarrollo del cuerpo de un muchacho, las señales hormonales se entrecruzan. Las erecciones espontáneas pueden suceder por la noche, mientras duermes, o durante el día. No hay nada que puedas hacer al respecto. En tu cuerpo están las hormonas fluyendo en todas direcciones, y a veces las erecciones suceden así, en cualquier momento.

Los testículos y el escroto. Todo hombre sabe que el lugar de mayor placer puede ser también el de mayor dolor. En el cuerpo de la mujer, los órganos reproductores están seguros en el interior y protegidos por el hueso púbico. En los varones, están colgando ahí afuera para que cualquier pelota los golpee, y para un muchacho *nada* duele más que recibir un golpe debajo del cinturón.

Esa es la razón por la que los entrenadores sabios de las pequeñas ligas solicitan a los jugadores que usen coquilla. Un entrenador que conocemos se reía un poco de esta condición. Había jugado al fútbol americano en la universidad y reconocía: "No veo la necesidad con un grupo de muchachos tan chicos, pero si así son las reglas, hay que cumplirlas".

Fue bueno que así lo hiciera. Durante uno de los primeros partidos, uno de los chicos recibió un golpe en la ingle con una bola rápida. Todos escucharon el ruido que hizo la bola al golpear contra la coquilla del muchacho.

"Es genial tener una de estas", afirmó el muchacho mientras se golpeaba con el bate, haciendo reír a todos.

Todos los varones pueden estremecerse de dolor cuando ven a un jugador que recibe un golpe en la ingle. Cada muchacho tiene su historia sobre algún golpe que recibieron en la entrepierna. Sin embargo, lo que la mayoría de los muchachos no sabe y debería saber es que si uno de sus testículos comienza a crecer mucho más grande que el otro después de un golpe fuerte, debe decírselo a algún adulto.

—¿Recuerdas aquella vez que saltaste la zanja con la bicicleta y te golpeaste los genitales con el manubrio?

—Sí.

—Allí es donde se produce el esperma, y es una zona muy sensible. Ya sabes que duele. No obstante, si un testículo de pronto se hace mucho más grande que el otro después de un golpe como ese, tienes que decírselo a alguien. Puedes decírmelo a mí, a mamá, a la enfermera del colegio o a alguien que esté a cargo. No se lo digas solo a tus amigos.

Explícale que uno de los testículos por lo general cuelga un poco más abajo que el otro y es también un poquito más grande que el otro. A menos que haya una gran diferencia, no hay motivo de preocupación.

Dato

Dentro de los testículos se fabrica mucha cantidad de esperma. Cada testículo contiene de cuatrocientos a seiscientos túbulos; cada uno de esos túbulos seminíferos mide unos 60 cm. y tienen el grosor de un hilo. Si dispusiéramos un túbulo a continuación del otro, cubriríamos el largo de ¡tres canchas de fútbol!

Durante la infancia, los testículos son del tamaño de una canica grande y ovalada; pero durante la pubertad crecen hasta alcanzar el tamaño de una nuez.

Un hombre promedio produce alrededor de trescientos millones de espermatozoides por día en esos túbulos, y ese esperma seguirá madurando mientras viaja por el resto del sistema reproductor, desde el testículo hasta el epidídimo, luego hasta el conducto deferente para después salir por la uretra del pene. El esperma que no se usa es reabsorbido por el testículo, almacenado en la vesícula seminal o eliminado en una emisión nocturna (lo que los chicos llaman sueño húmedo). Los muchachos (y también los adultos) se sorprenden al saber que una vez que la glándula pituitaria le da la orden al cuerpo del muchacho de que fabrique esperma durante la pubertad, no se detendrá hasta el día de su muerte.

Como los testículos están afuera del cuerpo, son vulnerables a los cambios climáticos. La mayoría de los muchachos sabe que el escroto se contrae cuando se sumerge en agua fría. Esto es parte de la función del escroto, la de proteger el proceso de fabricación de esperma.

—¿Sabes lo que es el escroto, verdad?

—Sí, la bolsa que contiene los testículos.

—Así es. Allí se produce el esperma y debe mantenerse a la temperatura justa. El escroto reacciona ante el frío o el calor. Para mantener los testículos tibios, se arrima al cuerpo y para mantenerlos frescos, se relaja y los aleja del cuerpo.

La ropa interior o los pantalones muy ajustados impiden este proceso, por eso es necesario advertir a los muchachos de esto.

El epidídimo y el conducto deferente.

"El epi... ¿qué?"

La mayoría de los muchachos probablemente no estén familiariza-

Anatomía masculina

Objetivo: comprender el funcionamiento del sistema reproductor masculino

Materiales: un rizador de pelo esponjoso o una esponjita de cocina,
dos canicas grandes, un calcetín de bebé, un carrete de hilo de 100 m.

- Usa el rizador o la esponjita para mostrarle a tu hijo la idea
  de cómo es por dentro el tejido del pene. Cuando ese tejido
  se llena de sangre, se pone duro.

- *Canicas y calcetín de bebé:* coloca dos canicas dentro del
  calcetín para representar el escroto y los testículos. Notarás que una de las canicas (testículo) cuelga más que la otra,
  y eso es normal.

- *Carrete o bobina de hilo:* desenrolla todo el carrete de hilo.
  Este representa los túbulos del testículo donde se produce
  el esperma. Imagina que hay aproximadamente dos bobinas
  de hilo en cada testículo. ¡Es una gran fábrica de esperma!

dos con el epidídimo y el conducto deferente a menos que lo hayan visto
en la clase de ciencias sobre la reproducción.

Una vez que el esperma se fabrica en el testículo, madura en el epidídimo. El epidídimo es un tubo estrecho, con forma de espiral, que
conecta cada testículo con el conducto deferente. Si se estira, mide alrededor de 5,50 m. Al esperma le lleva entre dieciocho horas y diez días
madurar en el epidídimo y allí se queda durante un mes antes de seguir
su camino.

Los conductos deferentes son unos tubos estrechos y largos de unos
45 cm. de largo, flexibles como fideos cocidos. Estos tubitos salen del
epidídimo y pasan por la vejiga hasta la uretra. El esperma viaja por este
tubo desde el epidídimo. La porción más ancha del conducto deferente
almacena esperma desde unas horas hasta varios meses. Las células
espermáticas que no se eyaculan se reabsorben.

La glándula prostática es un órgano muscular y glandular que rodea la uretra en la base de la vejiga. Segrega la parte líquida del semen, que le brinda vida y movilidad al esperma.

Vesícula seminal, semen y uretra. La vesícula seminal es una pequeña glándula localizada detrás de la parte más ancha del vaso deferente. Produce fluido seminal, que ayuda a que el esperma vaya adonde debe, además de protegerlo y alimentarlo con nutrientes.

El semen es una mezcla de fluido seminal, secreciones glandulares y esperma. La uretra es el conducto por donde salen del cuerpo del hombre tanto el esperma como la orina, y el semen va de la glándula prostática a la uretra.

"¿Cómo puede ser que la orina y el semen salgan por el mismo orificio?"

"Existe una válvula que rodea la vejiga que se cierra durante una erección. De esa manera, el orín no se mezcla con el esperma en la uretra".

Suspensores y coquillas

Conocemos a un muchachito, que ya no es un púber, cuyo entrenador le dijo que no podría practicar más hasta que no trajera consigo una coquilla. El chico fue al sanitario y sacó un vasito de plástico; luego fue con su mamá y le dijo: "Esto es vergonzoso; además, no se para qué puede servir".

La madre se rió muy a su pesar y lo llevó a una tienda a comprar una de verdad. El muchacho la puso en su mochila y luego la llamó al trabajo a la hora del almuerzo.

"Má... estuve pensando todo el día... ¿va dentro de la ropa interior o afuera?"

Ella no tenía idea, y el esposo no estaba disponible, así que llamó a su padre quien le dio las instrucciones necesarias.

Así como los hombres deben estar preparados para hablar de sostenes y tampones, las madres tienen que estar listas para hablar de coquillas. Es correcto solicitar ayuda... Me sentí incómoda (habla Kathy) cuando fui a comprarle una a mi hijo John, pero lo tomé con calma porque no quería que él se sintiera avergonzado. Cuando entramos en la tienda, miré a mi alrededor y pensé: *No tengo la más mínima idea de qué hago aquí.* Por supuesto, mi hijo tampoco tenía la más remota idea, pero actuaba como si lo supiera.

Encaramos el asunto con una actitud de "venimos a averiguar" y ambos nos divertimos con la experiencia. "¿Puede ayudarnos? ", solicitamos al vendedor. Yo rompí el hielo haciendo preguntas que supuse que ambos nos formulábamos: ¿Hay alguna manera de acostumbrarse a usarla? ¿Es cómoda? ¿De qué material está hecha? Imaginé que si John me veía hacer preguntas, se sentiría cómodo como para hacer las suyas; tuvimos mucho tiempo para desembarazarnos de la incomodidad cuando entramos al automóvil, lejos de la mirada del vendedor.

Después de todo, damas, para nosotros es más sencillo... Una coquilla puede parecerte algo raro, pero comprar una es más sencillo que comprar el primer sostén. Solo hay que buscar un vendedor y decirle: "necesitamos una coquilla para deporte. Mi hijo juega en las ligas menores". Vienen en distintos tamaños y puede que tu hijo quiera una "extra grande", pero con una pequeña alcanzará por ahora. Como sea, cuando salgan de la tienda, él se sentirá como un hombre con coraza blindada.

Sueños húmedos

En el desierto de las afueras de Tucson, los lechos secos de los arroyos se llenan de agua con las lluvias estivales. No es extraño entonces que entre las estribaciones de las montañas, en las autopistas, se crucen estos arroyos, que socavan canales donde los cruza la autopista.

Sabemos de un padre y su hijo de cinco o seis años que viajaban por la autopista y cruzaron un vado de bordes pronunciados. Cuando el automóvil pasó por allí, el niño vivió una experiencia similar a la montaña rusa, y expresó: "Mmm... me hizo una sensación linda en el pene".

El que tu hijito en edad preescolar tenga sensaciones en su pequeño pene es una clave reveladora de lo que Dios ya sabía: somos seres sexuales desde el primer día. Muchas madres se quedan aturdidas con eso. Sin embargo, es una oportunidad excelente para introducir el tema de la intimidad sexual en el matrimonio.

Padres, cuando a tu hijo le llega esa noche inevitable en que se levanta de uno de los sueños más excitantes de su vida, (algo que él no puede controlar, no lo olvides); y encuentra semen en su ropa interior, producto de una emisión nocturna, ¿deseas que se sienta culpable, confundido y avergonzado? ¿O prefieres que piense: *Ah... esto debe de ser eso de lo que me habló mamá*? Si lo informas de antemano antes de que suceda, le evitas la culpa y reafirmas que mamá y papá puede que sepan de qué están hablando después de todo. Incluso puede que tu hijo se pregunte: *¿Qué más tendrán para contarme?*

Para que un muchacho eyacule en un sueño tiene que estar soñando con algo físicamente placentero. Pídele a cualquier hombre que te cuente de su primer sueño húmedo y probablemente te lo cuente con detalles y con una sonrisa en el rostro. Yo (habla el Dr. Leman) tenía alrededor de trece años cuando tuve mi primer sueño húmedo y lo recuerdo hasta el día de hoy. Si le cuentas a tu hijo esta experiencia, lo estarás preparando para algo que de otra manera sería traumático.

El sexo no es malo. Por favor, ¡no comuniques lo contrario! Es mejor que bueno... ¡es *fabuloso*! Necesitamos decirle a los chicos que así como Dios tiene una manera maravillosa de preparar a las mujeres para la reproducción, tiene también una manera de preparar el cuerpo de los hombres: la emisión nocturna. Cuando el hombre se convierte en alguien capaz de reproducir, el cuerpo fabrica esperma y lo guarda en un lugar de reserva hasta que se libera por medio de un líquido blanquecino y pegajoso llamado semen para hacer lugar para preparar más esperma. Del mismo modo que el revestimiento del útero femenino se libera a través del flujo menstrual para dejar el lugar para otro huevo, el esperma del joven se libera para que su cuerpo pueda producir más. Como una de las maneras de liberar este rebosar de esperma, la mayoría de los púberes experimentarán lo que llamamos sueño húmedo o emisión nocturna.

Existen otras maneras (además del sexo) para liberar el esperma. Tarde o temprano tendrás que vértelas con la palabrita que comienza con "m"...

Masturbación

La mayoría de los temas tratados no generan controversias. Sin embargo, ahora entramos en un tema plagado de ella: la masturbación.

Ayuda para mamás

Los suspensores y las coquillas no son lo mismo. Los *suspensores* se usan para sostener los genitales masculinos firmemente ajustados al cuerpo. Hacen falta para varios deportes. Las *coquillas* son una concha dura que se coloca dentro del suspensor y cubre los genitales para evitar lesiones. Se requiere el uso de coquillas para practicar béisbol y muchos otros deportes.

¿Cuánto debes decirle a tu hijo o hija (sí, esto se aplica tanto a las chicas como a los varones) púber acerca de la masturbación? *Poco*. Puede parecer que esquivamos el bulto, pero nos hemos dado cuenta de que muchos padres cometen el error de no hablar del tema, mientras que otros se concentran demasiado en él. Define tus valores, conversa con tu cónyuge para asegurarte de que están de acuerdo, y luego habla con tu hijo; pero no enfatices demasiado.

Cuando una de las hijas de Leman tenía alrededor de tres años, colocaba ambos pulgares hacia arriba y se tocaba mientras miraba *Plaza Sésamo*. Estoy seguro de que Oscar, el gruñón, ¡jamás tuvo semejante público!

La escena horrorizó a mi esposa, Sande. "Querido, tú eres el psicólogo... ¡haz algo!", me dijo.

No habíamos hablado de este tipo de situaciones en mis prácticas profesionales. ¿Qué hace uno en situación semejante con una nena de tres años? ¿Llamar al número de emergencias? "¡Que alguien venga pronto! ¡Mi hija se está manoseando mientras mira *Plaza Sésamo*!"

No lo creo...

Me acerqué a ella y con toda naturalidad la llevé hasta su habitación. "Si vas a tocarte de esa manera —le expliqué— tienes que hacerlo en tu propio cuarto y no frente a las demás personas". Eso fue todo lo que le dije y con suma naturalidad, sin ponerme a hablar de los labios ni del clítoris ni de otros temas de sexualidad.

Los padres a veces imaginan que sus hijos son asexuados hasta el día de su boda. Y luego, de repente... ¡pim, pam, pum! Se transforman mágicamente en seres sexuales en el preciso momento en que repiten los votos matrimoniales. A decir verdad, somos seres sexuales desde el primer día. ¿Qué piensas comunicarles a tus hijos en cuanto a esto, sabiendo que *hoy* son criaturas sexuales?

Muchas prohibiciones del pasado acerca de la masturbación carecían de fundamento. Uno no se vuelve ciego por masturbarse, ni le crecen pelos entre los dedos ni se vuelve bizco. Se convierte en algo preocupante cuando a eso se suman las fantasías sexuales o la pornografía. Es allí incluso cuando puede volverse compulsiva y adictiva.

Si te concentras demasiado en la masturbación, y la haces aparecer como el fruto prohibido, lo único que haces es empujar a tu hijo a que dependa de ella. Podemos asegurar que la mayoría de los muchachos y muchísimas chicas se masturban de vez en cuando. Las investigaciones indican que el 90% de los muchachos adolescentes lo hace, y el 10% restante... miente. A los muchachos en especial, se les genera una presión psicológica importante durante el proceso de fabricación de esperma. De una u otra manera ese esperma va a salir.

Algunas nenas descubren que tocarse les causa placer. Para algunos padres eso es pecado, mientras que para otros se trata de una actividad moralmente neutra siempre y cuando no vaya acompañada de una actividad pecaminosa como involucrarse en fantasías explícitas o el uso de pornografía.

No deseamos imponer una postura. ¡Ten cuidado con sacar conclusiones apresuradas! Una mamá que conocemos entró en el baño mientras su hijo tomaba una ducha. El chico no la vio entrar y aunque ella solo abrió un poco la puerta, le pareció ver que se masturbaba.

Los padres entran en pánico cuando ven a los chicos que comienzan a tocarse en la entrepierna. Lo que olvidan es que el pene y la vagina son partes del cuerpo y que, como tales, a veces experimentan comezón. No creas siempre que si tu hijo anda tocándose por allí abajo se está masturbando, en especial a esta edad. Madres, los muchachos muchas veces tienen que "acomodarse"; padres, las chicas a veces necesitan acomodar su toallita íntima. Se trata de púberes y no de adolescentes y para muchos de ellos las hormonas aún no han hecho su entrada triunfal. En los primeros años de la pubertad, la mayoría de los chicos están más interesados en jugar en el barro o en atarle un moño al cuello del perro que en aliviar su tensión sexual. Tu hijo puede estar haciendo toda clase de cosas por ahí abajo, pero más similares a tocarse la nariz que a fantasear con el sexo.

Es más, lo que puede parecer masturbación puede ser cualquier otra cosa:

- Una autoexploración inocente: acostumbrarse al vello púbico, a los genitales que crecen, a las toallitas íntimas.
- Irritación: que puede ser desde la producida por el jabón o la orina hasta la que causa una infección.

Puede parecer una locura que hablemos de la masturbación como algo que hay que tomarse con calma; pero intenta hallar formas casuales para tocar el tema. Pregunta por ejemplo: "Tienes las manos en el pantalón, ¿qué te sucede?"

Si ya tienes confianza con tu hijo, no va a replicar: "¡Mamá...!"

Finalmente, tú y tu cónyuge tienen que decidir cuáles son sus valores en cuanto a la masturbación. ¿Cuál es la postura que tienen? Si les parece que tiene que ver con los valores religiosos, entonces consulten con el pastor. Tienes que saber por qué crees lo que crees antes de hablar con tu hijo, porque tu tono de voz denotará cuáles son tus valores aunque tus palabras no lo expresen. Las manos de los chicos pueden estar allí por toda clase de razones, y la mayoría no son sexuales, así que ¿qué vas a decir respecto a eso mientras todavía es una actitud inocente? Por favor, habla del tema *antes* de que se convierta en un tema sexual. Luego, ora para encontrar el mejor momento y las palabras correctas, de manera que se mantenga abierta la comunicación, y anima a los chicos a pensar en maneras más productivas de liberar esa energía: deportes, actividad artística y cosas por el estilo.

En resumen, no ignores la palabrita que empieza con "m", pero no hagas de eso un tema más grande de lo que es.

Da un paso atrás

Reconocemos que son temas difíciles. Nadie logra hacerse a la idea de hablar acerca de erecciones, sueños húmedos y masturbación con sus hijos. Sin embargo, ¿sabes una cosa? A la gran mayoría de los púberes (alrededor del 90% según nuestra experiencia) los dejan librados a su suerte en cuanto a estas cuestiones. Y eso es algo sumamente triste.

Uno de los mejores regalos que puedes darle a un hijo no es un auto cuando cumpla los dieciséis. Tampoco son los ahorros para que pueda ir a la universidad. Si puedes darle a tu hijo o hija una comprensión saludable de lo que es el sexo, una información clara y precisa acerca de la maduración sexual, y valores que lo guíen al matrimonio... bueno, a decir verdad no podemos imaginarnos un mejor regalo que ese, a excepción de la relación con Dios.

Toma tu tiempo y lucha contra la vergüenza. Dale a tu hijo una herencia que atesorará por el resto de su vida.

Capítulo 11

Base Home: Hablar de "eso"

Cómo hablar con tu hijo púber acerca de las relaciones sexuales

Estaba preparando chuletas de cerdo (habla Kathy) para la cena cuando sonó el teléfono. Mientras trataba de hacer equilibrio con los platos y me aseguraba de que las chuletas no se quemaran, levanté el auricular con las manos grasientas.

—¡Hola! ¿Es la señora Bell? —preguntó una voz femenina.

Grrrrr. Parecía ser una vendedora telefónica. Como había trabajado de eso, traté de ser amable al responder "Sí" con mi mejor tono de voz.

—Ah... hola, soy Julia... de la clase de hoy. Quisiera hacerle una pregunta, ¿puedo?

Miré el caos que había en mi cocina, los platos desparramados por la mesa, las chuletas de cerdo que chisporroteaban, los condimentos abiertos...

—Estoy sirviendo la cena —le dije— pero tengo unos minutos.

Recorrí con la mente las clases que había tenido aquel día en un intento por relacionar el nombre Julia con algún rostro. *Julia, Julia... ¿Cuál era Julia?*

—Sra. Bell, acabo de tener relaciones con mi novio —dijo la muchacha—. Esa cosa blanca que me sale... ¿es algo malo?

Dejé los platos... Mi urgencia por preparar la cena de pronto pareció algo insignificante.

El novio de Julia estaba en la secundaria y tenía seis años más que ella. Con esa diferencia de edad bien podría hablarse de abuso sexual. Como alumna de séptimo grado, Julia no tenía idea de lo que hacía. Creyó equivocadamente que su necesidad de ser amada podía cubrirse al abrazarse desnuda con un muchacho mucho mayor.

Si no fuera por lo trágico, la conversación que siguió podría haber sido graciosa. Después de hablar con una de sus amigas, Julia había llegado a la conclusión de que "esa cosa blanca" probablemente fuera esperma. Aun así, ella estaba asombrosamente despreocupada acerca de la posibilidad de quedar embarazada o de contraer alguna enfermedad venérea. Se había concentrado exclusivamente en aquella sustancia blanca y extraña que salía de su cuerpo; ¡eso era lo que la asustaba! Para ser sinceros, el esperma que *salía* de ella era de lo que menos tenía que preocuparse. El esperma que todavía estaba en su interior, la venérea que podría estarse desarrollando en su cuerpo, el daño espiritual de haber sido abusada sexualmente... estas eran serias preocupaciones ante las que Julia permanecía ajena.

Es lamentable que la ignorancia de Julia acerca de los mecanismos y los riesgos de las relaciones sexuales, sin hablar del desconocimiento del propio cuerpo, no sea algo poco frecuentes. La ecuación matemática para el sexo entre los jovencitos es la siguiente:

chico + chica x sexo= (posibilidad de embarazo) - (*a mí no me va a pasar*)

Si bien la mayoría de los chicos tienen una idea general, las cuestiones específicas de las relaciones sexuales y sus secuelas son tan imprecisas que uno se cuestiona qué es exactamente lo que se enseña en las clases de anatomía y reproducción. Los chicos pueden escuchar estadísticas de enfermedades venéreas y embarazos, pero si no les ha ocurrido nada a sus amigos sexualmente activos, esas estadísticas pasan a ser meros números anotados en la pizarra.

Si no le pasó a Judith e Iván, que sé que tuvieron relaciones, ¿por qué habría de pasarme a mí?

La madre de Julia, una mamá sola, se preocupó muchísimo por la conducta de su hija; pero si bien estaba dispuesta a hacer lo que fuera necesario para ayudar, lamentablemente disponía de muy poco tiempo para ella en el hogar. En consecuencia, Julia muchas veces estaba sola en la casa. La necesidad de ser amada de esta jovencita pesaba más que cualquier expectativa que su madre tuviera de ella.

¿Soy lo suficientemente buena como para que me amen?

El intento de Julia de llenar su corazón al poner en actividad sus genitales revela cómo la mayoría de los púberes se sienten mucho más interesados por los sentimientos que por el éxtasis sexual. Los chicos de esta edad no están listos para el sexo, y la mayoría lo sabe. Por eso les importa menos el aspecto mecánico de la relación sexual que las cuestiones del corazón:

- ¿Cómo me voy a dar cuenta de que estoy enamorado y cómo es estar enamorado?
- ¿Por qué las chicas enseguida hablan de casarse?
- ¿Por qué no me llama más?
- ¿Me va a dejar si no le permito que me toque debajo de la blusa?

Los púberes casi no se interesan por las técnicas o posiciones sexuales; quieren saber si son deseables para el sexo opuesto y si el matrimonio con el que sueñan no terminará en divorcio. Esos púberes que comienzan a ser sexualmente activos con frecuencia lo hacen porque creen que eso es lo que se espera de ellos, porque no quieren perderse toda la diversión que perciben en los demás, y porque no tienen otras voces más que las del mundo, que les dicen que la actividad sexual, aun a edad temprana, es algo perfectamente normal.

Una niña me escribió (habla Kathy) una carta desgarradora: "Cuando uno no encaja pero anhela poder caerle bien a todos los que parecen pasarlo bien, entonces permite que ellos definan su propia personalidad, en vez de hacerlo uno mismo. Cuando escuchas vez tras vez que 'todos lo hacen', empiezas a creerlo". En otras palabras, lo que ella quiere expresar es: "El sexo es el precio que uno está dispuesto a pagar con tal de ser aceptado".

Lamentablemente, esta chica se entregó a su novio en una fiesta, y eso destrozó su corazón. A ella le gustaba ese muchacho y él la había estado presionando para que tuvieran relaciones. Como la mayoría de sus amigos creían que ella ya las tenía, pensó: *"¿Por qué no?"*

Bueno, enseguida descubrió "Por qué no". En un relato que no sorprendería a ningún adulto, el sexo que tuvo fue cualquier cosa menos divertido, y al final hizo que su popularidad descendiera en vez de aumentar. Ni bien su novio se puso los pantalones comenzó a desparramar rumores obscenos y a inventar nombres crueles para describir a su chica que ahora tenía el corazón destrozado.

¿Qué *puedes* hacer para oponerte a la oleada de seducción sexual de tu hijo? Recuerda que *sigues siendo* la mayor influencia en la vida de tu hijo. La mayoría de los púberes y adolescentes sexualmente activos tienen una cosa en común: padres ocupados, padres distraídos, padres abrumados.

Proteger a tu hijo tiene mucho que ver con la relación padre-hijo, con estar altamente involucrado en la vida del niño y en preservar el sentido de pertenencia al hogar de tu hijo. A medida que tu hijo crezca, necesitarás expresar tu amor de manera diferente para acompañar esa independencia que va en aumento. Sin embargo, tu reafirmación es la que da respuesta a la pregunta de tu hijo: "¿Alguien me ama?" La mejor defensa de tu hija contra un abusador sexual o un muchacho mayor es un padre cariñoso y comprometido. La mejor defensa para tu hijo contra una astuta seductora es una maravillosa relación con la madre.

En otras palabras: no cometas el mismo error que cometen muchos educadores de darle a los chicos más información técnica de la que necesitan o desean y de esperar que ellos puedan manejar sus relaciones sexuales prematuras con el menor trauma posible. En cambio, ocúpate de sus necesidades emocionales, refuerza sus deseos de abstinencia hasta el matrimonio y reafirma su sentido de pertenencia.

¿Por qué la educación sexual debe darse en el hogar?

Steve Parsons, un joven pastor de Woodinville, Washington, mientras recorría la programación de TV una noche descubrió que una de las chicas que aparecía en cierto programa le parecía conocida. No era un programa que él acostumbrara a mirar, pero esa muchacha había estado en su grupo de jóvenes hacía unos años y eso lo dejó estupefacto.

La serie se llamaba *Temptation Island* [La isla de la tentación] y tenía una premisa mundana: se trataba de un reality show en el que cuatro parejas solteras eran llevadas a una isla tropical para poner a prueba su fidelidad junto a trece muchachos y trece chicas. La muchacha que había formado parte del grupo juvenil de Steve era una de las trece mujeres que "tentaban" a los muchachos para que engañaran a sus novias.

Que lleves a tu hijo a la iglesia todos los miércoles por la noche no garantiza que vaya a adoptar los valores de la iglesia. La tentación sexual es una fuerza tremenda, y ser cristiano no exime a tu hijo de ella, como tampoco exime al matrimonio de la infidelidad. Algunos chicos asisten al grupo de jóvenes, usan las camisetas con la imagen del pez cristiano, van con la Biblia en la mano, actúan en las obras de Navidad o de Pascua de la iglesia, van a los campamentos de verano... y luego tienen sexo los fines de semana.

Uno de nuestros odontólogos tiene una placa en la pared del consultorio que dice: "Las cuatro palabras más peligrosas del mundo: *Creo que se irá*". Una cosa es cepillar el esmalte y hacerlo lucir bien y algo muy distinto es tomar los instrumentos y ocuparse de algo que uno puede no ver ni sentir, pero es necesario. ¿Es algo agradable? No. ¿Es divertido pensar en sangrar y escupir en el recipiente? La verdad es que no. Sin embargo, cuando el odontólogo dice: "Tendrá que pedir una cita para ocuparnos de esto que hemos descubierto", uno presta atención aunque la reacción normal sería la de mirar para otro lado.

Algunos padres creen que por enviar a sus hijos a una escuela cristiana o por sumergirlos en la iglesia los están vacunando contra la experimentación sexual. A pesar de lo buenas que sean las escuelas cristianas y de lo mucho que confiemos en ellas, los buenos valores aún deben llegar a formar parte de uno. Tu hijo debe estar convencido de que *desea* ser diferente del resto y preservarse para el matrimonio.

Esta clase de persuasión debe comenzar y debe reforzarse en el hogar. Los mensajes complementarios en la escuela y en la iglesia proveen ayudas externas, *pero no sustituyen el hecho de que te involucres*. El sentido de pertenencia que refuerza la elección de ser abstinente proviene del hogar.

Ahora que hemos insistido en la importancia de las necesidades emocionales de tu hijo durante la pubertad (y realmente son cruciales), pasemos a los aspectos prácticos reales de hablar de sexo con tu hijo púber.

Las cosas por su nombre

Los padres con frecuencia preguntan: "¿Cómo le dices exactamente a un niño lo que es una relación sexual? ¿Cómo le dices que el pene entra en la vagina?" Como no estamos acostumbrados a hablar de estas cosas con términos explícitos, los chicos suelen captar el mensaje después de muchos rodeos.

Hemos escuchado algunas historias comiquísimas.

_¿Viste cómo una linterna entra en una cueva —le comentó una hermana mayor a la más pequeña— y de esa manera puedes ver?

La niña asintió.

—Bueno —prosiguió—, es algo así.

La hermana menor pensó por un momento y por fin dijo:

—Te refieres a que... —e hizo una seña con las manos.

—Ajá —respondió la más grande.

O esta otra:

—¿Te acuerdas aquella vez que pasamos por aquel campo y vimos a una vaca que se trepaba al lomo de otra?

—Ehhhh... ¿Eso hacen?

—Ajá.

—¿Cómo se lo permite mami? Papá es muy pesado...

Este es el peligro de enfrentar el tema en forma indirecta: no solo puede que tus hijos reciban información *equivocada*; también pueden recibir información *inmoral*. Si no obtienen respuesta a sus dudas en la casa, la obtendrán en alguna otra parte y cuando eso suceda tu capacidad de posicionar la actividad sexual dentro del marco de tus valores se habrá evaporado.

Los chicos desean saber acerca de su cuerpo cambiante. Como padres, tememos que cualquier mención de la palabra *sexo* los haga empezar a manosearse, pero la realidad indica que para estos chicos las relaciones sexuales son solo una pieza de rompecabezas que encaja dentro de un gran contexto de comprensión del mundo. El sexo, para los pequeños púberes, suena como algo burdo.

A continuación presentamos algunos lineamientos para que puedas mantener la conversación en el nivel adecuado a la edad.

Concéntrate en la biología. Cuando los chicos piensan en el nacimiento, no se imaginan a la mujer que pasa por horas agotadoras de contracciones o que incluso se desgarra y requiere de una episiotomía. Piensan solo en lo que saben: la mística y la maravilla de un hermoso bebé que nace.

Y eso está bien.

De igual manera, como ya lo hemos dicho, no puedes esperar que un chico de quinto grado comprenda en su totalidad el acto sexual. En la pubertad temprana, deja que los niños desarrollen su propia imagen mental acerca de lo que es el sexo, basada en las conversaciones que tuvieron sobre las partes del cuerpo y en cómo se hacen los bebés. Permite que ellos tomen las piezas que pueden captar y las procesen en la inocencia de la imaginación que Dios les ha dado hasta que estén listos para más.

Los púberes no necesitan una descripción con pelos y señales de las posiciones sexuales, charlas acerca del punto "G" o descripciones de los gemidos de una mujer que llega al orgasmo. Si deseas educarlo adecuadamente no destruyas la modestia y la inocencia que Dios les ha dado. En esta etapa de su desarrollo está bien generalizar y dejar ciertas cuestiones específicas para otro momento.

Primero y principal, cuando hables de relaciones sexuales, explícales la biología que hay detrás de eso. La gente necesita comprender que a pesar de toda la prensa que tienen los genitales, solo son partes del cuerpo. Nuestra sociedad idolatra la relación sexual y se olvida que muchos púberes manifiestan más interés en cómo se hacen los bebés.

"¿Hablar de este tema no les dará deseos de hacerlo antes?", preguntan algunos padres. Todo depende de cómo encares el tema. Recuerda que no estamos hablando de la estimulación del clítoris, de sexo oral y de orgasmos múltiples. Cuando hables con los púberes, mantén la conversación dentro de los límites a los que pertenece: la fisiología y cómo se forman los bebés.

El respeto por el sexo es algo que se tiene y que no solo se enseña.
"No te olvides de decirles que el sexo es sagrado. Asegúrate de que comprendan que es santo", nos dicen muchas veces los padres cuando se enteran de que uno de nosotros va a hablarles a sus hijos. Lo que deseamos responder a esos padres es: "Asegúrense de vivir *ustedes* una vida que transmita que el sexo es sagrado. Asegúrense de tratar *ustedes* el sexo como algo santo".

Conocemos a una madre que era sexualmente activa a los dieciséis. Se sintió motivada a conversar con su hija de sexo porque nadie lo había hecho con ella, y creía que si le transmitía a su hija cuán especial es la sexualidad de una mujer, podría ayudarla a evitar lo que ella había vivido.

Más relación y menos contorsionismo. Como las palabras no describen de manera adecuada al sexo, nuestra cultura con frecuencia recurre a la excitación y al absurdo. Imprimimos revistas con títulos como: "Veinticinco cosas que puedes lamer para experimentar el mejor orgasmo esta noche" o "Cinco partes que puedes acariciar que lo dejarán deseando más".

Esos artículos convierten al sexo en un juego de *Twister* encubierto. Es más, el buen sexo entre un esposo y una esposa no tiene que ver con la capacidad o intensidad sino con cuánto se aman el uno al otro. Claro que existen el momento y el lugar para discutir habilidades sexuales. El Dr. Leman incluso ha escrito un libro sobre el tema (*Sheet Music* [Música entre sábanas]). Sin embargo, la intimidad sexual entre esposo y esposa es un ejercicio espiritual, uno de los misterios divinos, porque durante la relación sexual hay ciertas cosas que suceden en el ámbito espiritual y no podemos comprender. No temas mantener conversaciones que estén más allá de tu propio conocimiento porque entran en el terreno misterioso de lo sagrado.

Comentamos esto porque en la mente de estos días, el sexo es 100% físico y 0% espiritual. Si no equilibramos esto (poniendo un mayor énfasis en lo espiritual y en la importancia de la relación, en cómo lo que hacemos *fuera* del dormitorio tiene influencia en lo que sucede *dentro* [ver el libro *Sex Begins in the Kitchen*, El amor comienza en la cocina, del Dr. Leman]), entonces nuestros hijos no recibirán una descripción adecuada de lo que representa el sexo en el matrimonio.

El buen sexo realmente comienza en la cocina; es parte de una relación más amplia, y acompaña a toda la persona. No seríamos sinceros si describiéramos el sexo como algo separado de esa relación.

Dilo como es. Cuando los padres preguntan: "¿Cómo les dices a los chicos que el pene penetra en la vagina?" lo que en realidad intentan

Esperma y óvulo

Materiales: un granito de sal o de azúcar y un brécol pequeño.

Objetivo: identificar las formas del óvulo femenino y del esperma masculino.

Toma un granito de sal o de azúcar y colócalo sobre la mesa. Luego, corta una puntita del brécol. El granito es como el óvulo femenino y las puntas del brécol son como los millones de espermatozoides del hombre. No representa la escala, pero da una idea del formato de cada uno. Ahora toma un "huevo" y un "esperma". Esta es la manera en que tú y tu hijo se formaron. Dile: "¡Tú ganaste la carrera! Eres literalmente uno en un millón. Y estás aquí con un propósito".

preguntar es: "¿Hay otra manera de decirlo con otras palabras que me causen menos vergüenza?"

La respuesta a ese interrogante es un rotundo: No.

Hablar del pene que entra en la vagina no es fácil, por la sencilla razón de que no es algo de lo que hablamos a menudo o hablamos bien. Y con mucha frecuencia, la oportunidad de comenzar con una conversación de ese tipo se origina en alguna circunstancia desagradable.

Mi hija Amy (habla Kathy) iba al jardín de infancia cuando preguntó sobre sexo por primera vez. En ese entonces, vivíamos en un barrio céntrico cerca de la escuela, por donde durante varias semanas había estado actuando un violador. Los padres del vecindario no les permitían a los niños salir solos porque este hombre atacaba casi todos los días. Amy había escuchado la palabra "violador" varias veces y un día preguntó qué significaba.

—Es un hombre que lastima a las mujeres —respondí.

—No, mamá —me dijo—. Quiero saber más.

—Es un hombre que lastima a las mujeres en sus partes íntimas —añadí.

Por fin, después de varias semanas, me preguntó:

—Mamá, ¿qué es sexo? —la observé y añadió—: Lo escuché por eso del violador.

—Bueno —comencé— el sexo es algo que Dios creó para que suceda entre un esposo y una esposa. Es algo muy especial que hacen las personas casadas; pero este violador está usando el sexo para lastimar a las mujeres.

—Mami —insistió Amy y me miró dándome a entender que ya lo sabía—, sé que tiene que ver con un hombre y sus partes de ahí abajo. Y sé que tiene que ver con una mujer y sus "partes", y con estar desnudos, y con estar casados... Lo que no sé es cómo encaja todo junto...

Cuando se lo conté, dijo exactamente lo mismo que había dicho John en el campo respecto a las vacas: "¡Puaj, qué asco! Sabía que era algo así".

Una vez que los niños conocen las partes del cuerpo y el mecanismo básico del embarazo, por lo general no hacen preguntas acerca de los aspectos prácticos. Y así debe ser. Aun ver un beso apasionado es demasiado para un púber. Suelen exclamar: "¡Qué asco!" y nada más.

No olvides que no será tan incómodo decir: "El esposo introduce el pene dentro de la vagina de la esposa", si le enseñaste los nombres adecuados de las partes del cuerpo con anterioridad. Si te refieres al pene de tu hijo como "eso" o a la vagina de tu hija como "ahí abajo", más adelante cuando tu hijo crece y comienza a hacer preguntas te sentirás avergonzado porque en realidad nunca hablaste de los genitales.

En concreto, comienza a hablar sobre la parte biológica de la sexualidad, sé un ejemplo de sexualidad saludable con tu esposa, no olvides enfatizar el aspecto relacional y espiritual del sexo, deja los detalles de lado y emplea nombres específicos... llama a las cosas por su nombre. Nueve de cada diez veces, después de pasar por este proceso, escucharás que el púber exclamará: ¡Qué asco!

No te preocupes; cuando lo escuches, será una señal de éxito. ¡Has cumplido con tu trabajo!

¿Cómo responderías a lo siguiente?

Nota: Son preguntas reales de niños a partir de quinto grado.

¿Qué es el sexo?
¿Cómo se siente?
¿Está mal tener sexo?
¿Puedes no tener relaciones sexuales?
¿A la gente le gusta?
¿Por qué las personas tienen sexo?

¿Es obligatorio?
¿Has tenido relaciones sexuales?
¿Qué es ser virgen?
¿Es correcto tocar al otro?
¿Qué es un orgasmo?
¿Fuiste virgen?

Capítulo 12

Sexo "Wonka": un puente hacia la adolescencia

Habla con tu hijo acerca de la abstinencia

Si bien la mayoría de los púberes consideran el sexo como algo "asqueroso", pronto llegará el día en que su actitud cambiará de manera intensa y espectacular. Si haces tu tarea mientras son púberes, el paso a la adolescencia será natural y no forzado. Eso quiere decir que has sabido mantener en buen estado las vías de comunicación. Te sientes relativamente cómodo al hablar de las partes del cuerpo porque ya lo has hecho antes. También ya saben que eres una fuente de información confiable. Si todo esto se cumple, ayudarlos a internalizar la pureza sexual será solo un pasito más.

¿Qué hacemos cuando es hora de cruzar el puente hacia la adolescencia? Bueno, eso depende. Un padre notó el cambio en su hijo de doce años cuando este vio un anuncio publicitario con una mujer con bikini de cuero. Seis meses antes, este mismo niño habría dicho: "¡Puaj!" Ahora, el padre notó que los ojos de su hijo permanecieron pegados al televisor.

Al día siguiente, salieron juntos y conversaron un buen rato.

Puede sucederte algo parecido. Descubres que las actitudes de tu hijo cambian y que las hormonas comienzan a ponerse en marcha. Esa es una señal de que debes brindarle algo más que información y datos de biología: es hora de hablar específicamente acerca de la futura toma de decisiones.

Como el Dr. Leman ya ha tocado el tema de cómo educar al adolescente en otro libro (*Adolescence Isn't Terminal: It Just Feels Like It!* [La adolescencia no es mortal: ¡solo lo parece!), no queremos abundar en detalles. Sin embargo, creemos que es adecuado y necesario hablar de este paso a la adolescencia y de cómo comenzar a hablar acerca de la abstinencia sexual con chicos que, lejos de ver el sexo como asqueroso, lo ven como el regalo más excitante del mundo, un regalo que no ven la hora de abrir.

¿Es o no es?

"Cuando era chica —relata Kate refiriéndose a cuando estaba en quinto grado— el sexo oral era algo sucio. Sin embargo, ahora todo el mundo lo hace. Los novatos puede que esperen un año para hacerlo, pero los estudiantes más avanzados, a lo sumo, dos meses".

"Es como si fuera otra base...", comenta Lara.

"Como un atajo o algo por el estilo", añade Lynn, que es virgen.[1]

Esta conversación real entre chicas, reproducida por el *U.S. News and World Report*, nos dice que en la mente de los niños de hoy, la definición de virgen ha quedado degradada más allá del lecho del Cañón del Colorado. Algunas chicas creen que son vírgenes porque un pene no se ha introducido en su vagina, aun cuando han practicado sexo oral con todo el equipo de baloncesto. Otros chicos se involucran en toda clase de actividad sexual incluso acariciarse desnudos, pero siempre y cuando se detengan antes del acto sexual en sí, creen que solo están jugando y que no sobre si son sexualmente activos.

Aunque el porcentaje de adolescentes que mantienen relaciones sexuales ha disminuido un poco, la cantidad de los que no consideran sexo al sexo oral ha aumentado enormemente. Claude Allen, el subsecretario del *Department of Health and Human Services* [Departamento de salud y servicios humanos], afirmó: "Cuando interrogamos a los jóvenes si son sexualmente activos nos preguntan: '¿A qué se refiere exactamente?'"[2]

Estamos convencidos de que en este cambio de mentalidad no ayudó para nada el comentario de cierto dignatario que afirmó no haber tenido sexo con "esa mujer", cuando sabemos ciertamente que "esa mujer" le practicó sexo oral.

¿Qué es el sexo exactamente? Es absolutamente necesario que definamos la palabra, ya que muchos chicos (y, lamentablemente, también muchos educadores) la están redefiniendo. A todos los fines, sexo es cualquier actividad en la que las partes del cuerpo que generalmente cubre el traje de baño son tocadas, acariciadas, manoseadas, besadas o succionadas. Las actividades mencionadas puede que no sean una relación sexual pero sí comprenden actividad sexual.

Muchos jóvenes cristianos hoy en día escuchan el mensaje de que deben abstenerse del sexo antes del matrimonio. Sin embargo, toman esta lección y llegan a una conclusión farisaica y prueban toda clase de conductas sexuales sin llegar "al final". O puede que justifiquen la relación sexual diciendo: "Está bien porque nos amamos, somos cristianos y vamos a pasar el resto de nuestra vida juntos". En otras palabras, padres, no alcanza con enfatizar la abstinencia; debemos enfatizar la pureza.

Cualquier actividad sexual fuera del matrimonio tiene sus secuelas. Reputaciones arruinadas, salud e integridad comprometidas, corazones destrozados... y todo sin llegar a involucrarse en un solo acto sexual. Muchos pecados parecen ser divertidos al principio, pero traen consigo un pesado cargamento de problemas. Si das un paso más, las consecuencias serán todavía más serias. El problema con el herpes simple II, el SIDA o un embarazo no deseado es que terminan siendo "regalitos" que "perduran".

Cualquiera sea la manera en que los chicos quieran llamarla, la actividad sexual fuera del matrimonio es dañina tanto física como emocional, psicológica y espiritualmente.

En boca del mentiroso...

Ni bien tu hijo llega a la adolescencia, puede llegar a obsesionarse con el romance. ¿De qué otra manera se podría explicar la popularidad sin precedentes de los nuevos *reality shows* relacionados con el tema? No hace falta saber mucho para darse cuenta de que estos programas son cualquier cosa menos la "realidad".

"Ah... ya veo... de esto se trata el amor", exclamó en broma el Dr. Leman al entrar en la sala y encontrar a su hija mayor, Holly, viendo *The Bachelorette* [La soltera] junto con Hannah. ¿Con cuánta frecuencia tiene una chica a veinte hombres que compiten por su afecto mientras cada segundo de sus conversaciones se graba y se emite para 20 millones de personas?

Por suerte, nuestras hijas conocen la diferencia; observan a sus padres que ya llevan treinta y seis años de casados.

A nuestros hijos les mienten prácticamente todos los días. Les dan una visión que no solo es irreal sino que es dañina y engañosa. Nuestra labor como padres es mantener la línea.

¿Recuerdas haber escuchado la frase: "No puedes creer todo lo que escuchas" repetida por padres, amigos y maestros? Es un mensaje que vale la pena transmitir. Cuanto antes se den cuenta nuestros hijos de que no pueden creerse todo lo que escuchan en la televisión o leen en un libro, en el periódico o en una revista, mucho mejor.

Existen toda clase de mentiras en danza, y es bueno señalárselas a los chicos.

"Si usas preservativo, el sexo es seguro". Durante años los condones fueron anunciados con bombos y platillos como la respuesta a las enfermedades sexuales de la sociedad. Sin embargo, fíjate que los fabricantes ya no emplean más la expresión "sexo seguro" en la publicidad. Ahora se habla de "sexo un poco más seguro". Si uno usa condones, tiene sexo *un poco menos* peligroso, pero sigue siendo peligroso. Incluso los fabricantes de profilácticos te dirán que no son infalibles. Es más, puedes contagiarte una enfermedad venérea usando condón.

"Yo creía que solo era cuestión de repartir condones en las escuelas y ya está —comenta la Dra. Patricia Sulak, obstetra, ginecóloga y profesora en la facultad de medicina de la Universidad A&M en Texas—. Sin embargo, después de revisar la información tuve que dar un giro de 180 grados en cuanto a los chicos y el sexo". Una enfermedad venérea como el virus del papiloma humano, relacionado con el cáncer de cuello uterino, no solo se transmite por contacto de piel con piel de los genitales sino también del área que los rodea. Eso significa que no existe el sexo seguro fuera del matrimonio monógamo y fiel.[3]

"El sexo es una experiencia maravillosa, de éxtasis y euforia". Bien, el sexo *puede* ser todo eso, pero también tiene el potencial de ser uno de los actos que realizan dos personas que puede ser de lo más doloroso y que les parte el corazón.

Hay que reconocer que el buen sexo requiere de ciertas habilidades. En lo referente al tema, las mujeres son como una olla de barro y los hombres son como el microondas. Para ser un buen amante uno tiene que tener la disciplina de dedicar tiempo, concentrarse en *la mujer* y desarrollar la paciencia de ir contra los instintos naturales de arrasar con todo. Todas estas son cualidades de las que la enorme mayoría de los adolescentes ni siquiera tiene idea, y mucho menos práctica.

De ahí que no haya peor amante que un adolescente excitado que se descarga en 5 segundos y luego sale corriendo a contarle a sus amigos la alucinante experiencia que acaba de tener. La jovencita que desea sentirse amada, de pronto descubre que para él no es más que un simple receptáculo sexual. El sexo entre adolescentes por lo general es doloroso, deja sentido de culpabilidad y destruye las relaciones.

Aun el sexo entre adolescentes que parecen ser sensibles tiende a ser decepcionante cuando ya se ha dicho y hecho todo. Lucian había decidido permanecer virgen hasta su noche de boda. Eso fue así hasta que una noche se presentó una oportunidad y decidió dejar de lado su resolución. Como suele pasar en esos casos, el acto sexual se desarrolla con rapidez y sin la intimidad o el romanticismo esperado. No hubo fuegos artificiales ni la relación se profundizó. Fue solo un fugaz beneficio y una gran incomodidad. ¿Y después? "Emocionalmente fue muy embarazoso. No fue como esperaba", comentó Lucian.[4]

Ahora bien, tenemos que decir que es aconsejable decirles a los chicos que cuando una pareja casada tiene la seguridad de un compromiso de por vida, y cuenta con tiempo para practicar y para conocerse en profundidad (qué les gusta y qué no), bueno... el sexo es realmente fabuloso. No hay nada en el mundo que se le parezca. Sin embargo los adolescentes impulsivos, apurados y solteros no tienen esta clase de experiencia.

"No quedas embarazada la primera vez que tienes sexo". Cuesta creer la inocencia de algunos chicos. La creencia de que en la primera relación no se queda embarazada está generalizada en forma apabullante. Es tan común que necesita atacarse en forma directa y disiparla.

Intente dar este ejemplo: "Un profesor forma una fila de seis muchachos de doce años a 1,5 m de la canasta. Ninguno ha jugado antes al baloncesto. Se le da a cada uno la oportunidad de hacer un tiro que será su primer intento. ¿creen que alguno de ellos logrará encestar?"

—¡Por supuesto! —responderán los chicos.

—Pero si nunca lo intentaron...

—No importa. Desde esa distancia no es tan difícil.

—Pues de esa misma manera puede quedar embarazada una chica la primera vez que tenga relaciones sexuales. La concepción es un proceso mecánico; si una mujer tiene semen en su cuerpo, ese proceso entra en funcionamiento. Ella está diseñada para quedar embarazada, y el cuerpo no distingue entre la primera o la millonésima vez que tiene sexo. A decir verdad, una puede quedar embarazada sin siquiera haber mantenido relaciones sexuales si el semen se eyacula cerca de la abertura vaginal.

Es así, si una chica está desnuda con su pareja y el muchacho eyacula y algo de semen queda cerca de la vagina, es posible que quede embarazada. Si tienes relaciones sexuales, existe la posibilidad de que quedes embarazada, si no la primera vez (aunque es posible) alguna otra.

Quizás sea interesante añadir que la mayoría de los embarazos adolescentes ocurren durante los primeros seis meses de actividad sexual.[5]

"El sexo es cosa de dos". Si te embarazas a los quince, el sexo pasa a ser cosa de muchos. Si se concibe un niño, los padres y los abuelos tienen que intervenir. Si eres una joven madre soltera que depende de la asistencia pública, pasas a ser problema de quienes pagan sus impuestos. Ser hijo que no tiene a sus dos padres concierne a ese niño, y si lo abortan, esa criatura paga el precio de nunca poder disfrutar de la vida.

Es más, conocemos a una médica, la Dra. Mary Adam, que solía preguntarles a sus jóvenes pacientes: "¿Cuántas parejas sexuales has tenido? ¿Cuántas crees que tendrás para cuando termines la secundaria?" El propósito al preguntar eso era hacerles pensar a las jovencitas en el riesgo acumulado. El sexo no es algo entre dos personas solamente, en especial si alguna de las dos ha tenido relaciones sexuales con anterioridad.

Mientras el embarazo fuera del matrimonio influye en toda la comunidad, aunque no quedes embarazada, el efecto del sexo prematrimonial te acompañará por el resto de tu vida. Estarás entregándole algo que jamás podrás recuperar a un muchacho que en los próximos quince años ni siquiera recordará tu nombre. Me habría gustado (habla el Dr. Leman) grabar algunas de las conversaciones que tuve en la oficina de consejería sobre cómo luchan las mujeres contra la comparación mental, imágenes de sexo y su falta de libertad sexual dentro del matrimonio. Se sienten profundamente heridas al descubrir que se entregaron con mayor libertad ante un novio que ahora quizás está criando los hijos de otra, que la que pueden demostrarle a sus propios esposos, que las aman, las apoyan y están comprometidos con ellas.

Nuestra mente no cuenta con un botón para borrar o eliminar sucesos. Solemos recordar la mayoría de las cosas que nos suceden, en especial los eventos más importantes, y no existe ninguna experiencia en la vida que sea más profunda que la experiencia sexual. De aquí a quince años, cuando tu hija cumpla cinco años de casada, ¿querrá tener imágenes que le recuerden cuando se acostó con Daniel... con Esteban... con Cristian... mientras trata de disfrutar con su esposo en la cama?

Una verdad en la que confiar

La mejor manera de combatir las mentiras es con la verdad. Necesitamos refutar la publicidad cotidiana con la sabiduría que reconocemos es verdadera:

La ley de Dios es perfecta. "¿Cómo puede el joven llevar una vida íntegra?", pregunta el salmista en el Salmo 119:9, una maravillosa imagen de la belleza de la ley de Dios. "Viviendo conforme a tu palabra".

Necesitamos explicarle a nuestros hijos que el sexo fue idea de Dios. él lo pensó, él lo creó y luego diseñó nuestro cuerpo de tal manera que podamos experimentarlo. Colocó un órgano sexual en la mujer, el clítoris, para una *única* función: el placer sexual. Él colocó más terminaciones nerviosas en la punta del pene humano que en ninguna otra parte del cuerpo a excepción de las papilas gustativas.

Y luego nos dijo cuándo y cómo experimentar el sexo: dentro de los límites del compromiso de un matrimonio para toda la vida. Él sabe que es allí donde mejor funciona el sexo.

Es una cosa muy sencilla: ¿acaso no tiene sentido leer las instrucciones escritas por el Creador de la experiencia? La manera de Dios para hacer las cosas realmente es la mejor y nos protege del dolor de nuestros necios caminos.

El sexo no es malo... ¡es fabuloso! Por favor, no transmitamos que el sexo es malo, porque ¡es sensacional! Si convertimos el sexo en algo malo o atrevido, estaremos poniendo en duda uno de los regalos más maravillosos de Dios. Lejos de condenar nuestra sexualidad, la Biblia la aclama. El Cantar de los Cantares es un poema de un diálogo erótico entre un hombre y su amada esposa, tan explícito que a algunos los hace sonrojar. No existe un solo libro de la Biblia dedicado a la oración, a la caridad o a la donación de dinero. Sin embargo, existe un libro de la Biblia dedicado exclusivamente al sexo.

Es saludable que los niños sepan que sus padres disfrutan de la intimidad sexual. No quiere decir que tengamos que alardear o andar exhibiéndonos de forma explícita, porque eso estaría mal. Sin embargo, es algo positivo ser un ejemplo de la pureza del deseo sexual dentro del matrimonio. Cuando una niña ve que su madre rechaza con desagrado el abrazo de su esposo cuando este se acerca a acariciarla mientras ella lava los platos, la niña entenderá que el sexo es un acto lascivo al que las mujeres deben oponerse. Si por otro lado, ve que su mamá deja lo que está haciendo, gira y le da un gran beso en los labios a su marido, estará dando un mensaje muy positivo.

Puedes esperar. Le di a Hannah (habla el Dr. Leman) una medallita de oro junto con una notita en la que comparaba la pureza del oro con su vida, y añadía una oración para que se mantuviera pura hasta el matrimonio y pudiera vencer todos los impulsos y tentaciones inevitables que enfrentaría.

Le di la medalla sin cadena porque quería ver lo que haría con ella. ¿La guardaría en un cajón y se olvidaría de la medalla? ¿La dejaría en la mesita de noche, hasta que se le cayera debajo de la cama y no la encontrara hasta que limpiara el cuarto antes de irse a la universidad? ¿O tal vez tomaría la iniciativa de colgársela del cuello, que era lo que yo esperaba?

Yo sabía que eso debía ser decisión suya.

Alrededor de las dos de la tarde, fui un padre feliz. Hannah había encontrado una cadena, había enhebrado la medalla y la llevaba puesta en el cuello.

En la vida tenemos toda clase de impulsos. Les enseñamos a los pequeñines que no deben dar puntapiés cuando se enojan, que no deben reaccionar ante la frustración haciendo una rabieta y a no llamar la atención con los gritos. Esperamos que hacia la pubertad nuestros niños hayan aprendido a dominar estas reacciones primitivas.

Manejar los impulsos sexuales es el paso siguiente en su desarrollo. No es irrealista para nada pedirles que repriman su actividad sexual, como tampoco lo es enseñarles que no pueden tomársela a los golpes con sus hermanos solo porque tienen ganas de hacerlo. Hacerles firmar un compromiso de abstinencia reconoce esto en un papel y sirve de recordatorio de que la voluntad humana *puede* controlar los deseos.

La verdad es que tus hijos pueden esperar para tener sexo. Sande y yo esperamos hasta el matrimonio. Tus hijos también pueden hacerlo.

No todo el mundo lo está haciendo. Durante años (habla el Dr. Leman) recorrí los pasillos habitacionales de la universidad de Arizona. Recuerdo haber leído estadísticas sobre la cantidad de chicos que tenían sexo. *¿De dónde provienen estas estadísticas?*, pensaba. Como yo vivía con ellos, sabía que la mayoría de los de nuestro pabellón, con quienes conversaba a diario, no tenían citas. Es más, alrededor de uno de cada diez tenía citas regulares. La mayoría se pasaba los viernes por la noche sentados, mirándose unos a otros y tratando de hallar algo que hacer.

Cuando escuches estadísticas que afirman que cierto porcentaje de chicos han tenido sexo antes de los veinte años, recuerda que un simple acto sexual generará una respuesta afirmativa. Alguien de 20 años ha vivido aproximadamente 175.000 horas. Si han tenido una relación sexual, habrán ocupado una de las 175.000 horas, sin embargo ellos responderán "sí" ante la pregunta de si tuvieron sexo y los investigadores los clasificarán dentro del grupo de los "sexualmente activos". Aunque hayan tenido relaciones sexuales diez veces, estaremos hablando de 15 horas de las 175.000 horas vividas.

La noción de que todos los adolescentes se pasan todos los fines de semana explorando el cuerpo del otro, sencillamente no es verdad. Muchos de los que tuvieron sexo han hecho un nuevo compromiso de abstenerse de cualquier actividad sexual hasta el matrimonio. Cientos de alumnos de todos los grupos sociales, en la escuela secundaria de Shadle Park y otras en los alrededores de Spokane, Washington, por ejemplo, han jurado abstinencia gracias a un proyecto llamado SPAM, *The Spokane Peer Abstinence Movement* [Movimiento de abstinencia de Spokane]. El porcentaje de embarazos está en su nivel más bajo desde 1978 y los funcionarios del Ministerio de Sanidad lo atribuyen en parte a programas de educación en la abstinencia, como SPAM, que se inició después de que un par de chicas adolescentes le contaran a sus maestros cuánto se arrepentían de haber tenido sexo.

"Es algo tan bueno ser virgen en la secundaria de Shadle Park", comentó un estudiante. El éxito de SPAM se debe en gran manera a que muchos de los "instructores" para el crecimiento de la humanidad y el desarrollo de las clases son estudiantes superiores con los que los adolescentes se identifican y pueden hacerles preguntas como: "¿Podré hacerme amigos con facilidad?" o "¿Todos los chicos tienen sexo?"[6]

Señales de advertencia

¿Recuerdas cuando hablamos del peligro de shock tóxico en una niña que usa tampones? La temperatura combinada con la sangre más la humedad del cuerpo de la niña y el material súper absorbente del tampón producen un ambiente adecuado para el crecimiento de las bacterias.

De igual manera, una mezcla inadecuada de factores sociales puede crear un ambiente muy susceptible para el fracaso social y relacional. Demos un vistazo a dos de las señales de advertencia más comunes.

Padres que no se involucran. Los padres y los que establecen los reglamentos suelen preocuparse por los chicos que se escabullen después de la escuela para tener sexo. Desconocen que el mayor riesgo es en el hogar: chicos que tienen sexo mientras los padres miran televisión o lavan la ropa en el cuarto contiguo.

Un sondeo nacional evaluó la actividad sexual de 8.000 adolescentes de entre 12 y 16 años desde el año 1997. Mostraba que de los 664 que tuvieron sexo por primera vez entre 1999 y 2000, "el 56% ... dijo haberlo hecho en el hogar mientras estaban los padres".[7] De esos, el 70% tuvo sexo entre las 6 de la tarde y las 7 de la mañana y alrededor de la mitad lo hizo entre las 10 de la noche y las 7 de la mañana.[8]

Eso no significa que debas entrar a la sala cada cinco minutos para preguntar si los amigos de tu hija desean palomitas de maíz mientras miran la película; pero tampoco que dejes a un muchacho y a una chica adolescentes solos tras una puerta cerrada. No es seguro.

Si tus hijos se involucran en las actividades adecuadas, no existe razón alguna para la privacidad absoluta. No estamos diciendo que deberías estar con ellos en el mismo cuarto todo el tiempo escuchando todas sus risitas y charlas. Pero ¿sabes una cosa? Ellos deben ser conscientes de que tú puedes aparecer en *cualquier* momento.

Además, ayuda a tu hijo a que mantenga una agenda saludable. Los chicos no necesitan estar hasta tarde "haciendo nada". Las inhibiciones naturales disminuyen con cada hora que pasa después de la hora en que deben irse a dormir.

Involúcrate. Establece una rutina saludable y mantente al tanto de lo que sucede en la vida de tu hijo.

Sustancias que reducen la inhibición. Hay un aviso muy ofensivo que gana audiencia por decirle a los hombres "cómo obtener más [sexo] por menos dinero". El primer consejo es: emborracha a la mujer.

En una investigación patrocinada por la Kaiser Family Foundation (Fundación Kaiser para la familia), "más de un tercio de los adolescentes y los jóvenes sexualmente activos ... reconocen que el alcohol y las drogas han influido en sus decisiones acerca del sexo. Alrededor de un cuarto dijeron que habían tenido sexo sin protección mientras estaban bajo su influencia".[9] Beber y conducir siempre ha sido preocupante; ahora beber y tener sexo se han convertido también en una peligrosa mezcla.

Nuestros hijos deben saber que el alcohol y las drogas "sociales" reducen nuestras inhibiciones naturales dadas por Dios. En una cita nunca es buena idea beber.

Muchos adolescentes serios se han despertado con resaca, con una enfermedad y un corazón lleno de remordimiento. Las publicidades de cerveza muestran a los jóvenes que pasan un buen rato riéndose y festejando; jamás muestran el dolor que muchos experimentan a la mañana siguiente. Nuestra tarea es señalarlo.

Sexo "Wonka"

Ante mí (habla Kathy) se sentó un grupo de curtidas delincuentes juveniles, a un paso del calabozo. Muchas de las chicas ni siquiera me miraba a la cara. Me dijeron que era un milagro que muchas estuvieran allí. La mayoría de sus delitos eran a mano armada, además de diversas formas de agresión física. Por supuesto, eran sexualmente activas. Cuando supieron que estaba allí para hablarles de sexo, comenzaron a llover las preguntas.

"Cuando el flujo vaginal es así [e hizo un gesto con los dedos], ¿puedo quedar embarazada?"

"Si vuelvo a tener clamidia, ¿debo volver a tomar antibióticos?"

La mente me daba vueltas. *¿Y yo estoy aquí para inculcar la abstinencia?* , pensé.

Justo en ese momento, me vino una idea.

A menos que los adolescentes experimenten lo que deben aprender, les costará comprender conceptos intangibles. Para ellos no tiene ningún sentido que les digas que el sexo es un don maravilloso pero que puede llegar a contagiarte enfermedades. Les pides que esperen en un mundo que les dice que no esperen. Y ese fue el problema que me tocó enfrentar cada vez que entraba en un aula.

A decir verdad, las películas pueden ser un gran obstáculo. Lo que los chicos sienten cuando observan la pantalla gigante y ven a la resonante pareja de Hollywood que hace el amor, lo aceptan como si fuera verdad, y esos sentimientos se convierten en el principio por el cual toman sus decisiones futuras. Las estadísticas parecen obsoletas; lo que ven en la pantalla cobra vida de una forma en que jamás podría hacerlo un libro de texto. Los chicos rara vez cuestionan lo que ven en una película de dos horas. Las emociones que experimentan se convierten en su realidad.

En vez de luchar contra eso, he aprendido a usarlo. En muchos de los talleres que doy empleo partes de películas. Para una de las conferencias, oré por una película que pudiera usar para describir las maravillas del sexo saludable. Dios me trajo a la mente una ilustración que uso desde entonces.

En la película *Willie Wonka and the Chocolate Factory* [Un mundo de fantasía], cinco familias se ganan la extraña oportunidad de recorrer la mágica y misteriosa fábrica de chocolate. En el comienzo del recorrido, Willie Wonka los acompaña por un pasillo estrecho hacia una puerta inusitadamente pequeña.

"Mis queridos amigos —anuncia Willie Wonka— están por entrar en el centro neurálgico de la fábrica Wonka". Al decir esto presiona la combinación necesaria y la puerta se abre hacia un cuarto enorme e impresionante repleto de dulces y juguetes, un cuarto que estalla de colores, cascadas y ríos de chocolate y chupetines como si fueran flores. Sin poder articular palabra, los ganadores entran y todos sus sentidos se adaptan al cuarto que los rodea.

Guardarte para una única persona en el matrimonio es como ese pasillo largo y angosto. Parece ser una calle sin salida, algo tan estrecho de miras y fuera de foco respecto al "mundo real", algo que crees que jamás podrás lograr. Sin embargo, cuando el pastor da su bendición en la boda, algo invisible ocurre en el ámbito espiritual. El creador de este cuarto, el matrimonio, es El Creador (Dios mismo,) y con la correcta combinación de gracia, tiempo, respeto y amor, la pareja casada entra en una habitación espiritual que está preparada solo para ellos dos. Es lo que yo llamo sexo "Wonka", el mejor sexo del mundo.

En el estudio "Sexo en América", realizado en 1994, al que la revista *Time* se refirió como "probablemente la primera encuesta científica sobre quién lo hace con quién en América y con qué frecuencia"[10], el equipo de investigaciones descubrió que las parejas casadas tienen el mejor sexo. "Una vez más se contradice la visión general del matrimonio como aburrido y rutinario" —afirma la investigación—. Las personas que alegaron sentirse más satisfechas tanto física como emocionalmente fueron las parejas casadas".[11] Y, según lo señaló la revista *Time* en el resumen de los resultados, los cristianos llevan la mejor parte. "Las mujeres que lograron orgasmos todas las veces (32%) eran, aunque no lo crean, protestantes conservadoras".[12]

"No van a leer esto en la revista *Redbook* —les advierto a los chicos—. No existen palabras en el mundo para describir de la manera adecuada el sexo íntimo y marital".

Para los chicos es difícil reconocer la presión sexual que sienten en los últimos años de la pubertad e inicio de la adolescencia. *Mamá y papá* —puede que piense tu hijo— *ya sé que ustedes no quieren que yo tenga sexo, pero en este momento el solo pensar que aquel muchacho me abrace me produce algo que ustedes no pueden darme.* Si deseas ayudar a que tus hijos comprendan que el matrimonio es el mejor lugar para el sexo y que vale la pena esperar, entonces tienen que: 1) hallar la manera de hablar del sexo de manera que ellos quieran esperar y 2) darles un incentivo para hacerlo.

Muéstralo en tu propio matrimonio

¿Tu matrimonio les está mostrando a tus hijos algo por lo que vale la pena esperar? Después de todo, tu vida es la mayor lección que van a recibir tus hijos. Si tienes cosas que deseas comunicar, mejor será que las vivas, porque el punto de referencia más importante por el que un chico decida esperar hasta el matrimonio será tu propio matrimonio. Los chicos observan todo con los ojos, los oídos y el corazón, y prestan atención al cariño que se demuestran entre sí y a cómo hablamos de sexo.

Para ser sinceros, tu meta es sencilla: Sé ejemplo de las cualidades positivas de una relación íntima de tal manera que tus hijos piensen: *Quiero eso que tienen mamá y papá.* De no ser así, ellos observarán a Kate Winslett y Leonardo DiCaprio en Titanic y pensarán: *Quiero eso que tienen ellos.*

Esperanzas y sueños

La gente llega al matrimonio llena de esperanzas, con sueños de una intimidad que crecerá "hasta que la muerte los separe".

"Adam, ¿viste lo que sucede con dos personas que esperaron para estar juntos?", le comentó Sharon a su hijo en el estacionamiento al finalizar la boda del consejero de su campamento de verano. Fue una celebración tan llena de felicidad en la que dos personas que se habían esperado durante tanto tiempo pudieron por fin prometerse frente a sus seres queridos: "Yo soy tuyo y tú eres mía". Este evento, importante desde el punto de vista emocional y espiritual, fue lo que Dios quiso que fuera la unión de dos personas.

Enfatiza esto en tus hijos. Sé sincero y enérgico al declararlo: "Querido, deseo que tengas una vida sexual emocionante y plena, y eso es posible si te reservas para tu cónyuge. No solo porque sea la ley de Dios sino porque también lo dice el sentido común. La encuesta resultó clara: Quienes tienen relaciones sexuales dentro del matrimonio son los que disfrutan del mejor sexo. Y yo quiero que tengas sexo "Wonka", ¡el mejor sexo del mundo!"

Padres, su éxito al transmitir este mensaje a su hijo adolescente dependerá de cómo se relacionen con él como púber. Depende de si has dedicado tiempo a conversar de los temas "del cuello para arriba": el acné, el cabello y la higiene corporal. Las cosas se vuelven más personales "del cuello a la cintura" y al mismo tiempo se desarrolla la confianza para discutir a pleno lo que debe conversarse "de la cintura para abajo". Tienes que admitirlo: lo hiciste o no lo hiciste. Si no lo has hecho, tendrás que comenzar todo de nuevo. Tu éxito se basa en ser un padre que se involucra, que lucha contra la presión de estar demasiado ocupado. Depende de si has conseguido la reputación de ser una autoridad informada y confiable. Ya le has explicado *cómo* funciona, ahora ellos pueden confiar en ti cuando les dices dónde y cuándo funciona mejor.

Si lo haces bien, le estarás dando un regalo de inestimable valor. Si supieras cuán pocos son los chicos que reciben una explicación saludable de la sexualidad... No necesitas ser millonario para darles este regalo tan valioso ni tampoco necesitas ser especialista en desarrollo infantil. Es más, si lo has hecho hasta ahora, ya cuentas con toda la información básica que necesitas.

La decisión es tuya. ¿Le darás a tu hijo un comienzo saludable?

Cómo colaborar con la escuela y la profesora de educación sexual

La educación sexual en la escuela puede ser el perejil que uno agrega como toque final de un plato casero que haya preparado para sus hijos. Sin embargo, no te engañes, ya que una, cinco o incluso quince horas de educación sobre sexo no alcanzarán para una completa educación sexual de tus hijos. Ese toque de perejil no hace una comida. Puede ser el toque final, pero jamás servirá como plato sustituto. Lamentablemente, muchas veces el programa de educación sexual de las escuelas es un perejil mustio e incluso podrido.

Analiza las siguientes pautas al evaluar e interactuar con la escuela pública.

Define lo que es apropiado

Ni el pene ni la vagina son cuestiones políticas sino que son partes del cuerpo. Mientras se brinde información correcta, no existe razón para preocuparse por la educación sobre la anatomía dada a la edad adecuada. Uno tiene un codo, una rodilla y un pene o una vagina. Mencionar los nombres adecuados de las partes del cuerpo debería ser parte de todo programa escolar de estudios y no es algo de lo cual preocuparse.

Son los valores agregados a lo que hacemos con los genitales lo que hace que la gente se encienda y con razón. En cuanto se comienza a diseminar información cargada de valores, los padres tienen derecho a preocuparse. Una maestra debió abandonar nuestro distrito porque les había enseñado a los chicos que llamaran a las líneas telefónicas de sexo (1-900) para que se "ocuparan del asunto". Los padres que solicitaron ver sus apuntes de clase descubrieron que su idea de educar para la abstinencia incluía las caricias íntimas y la masturbación mutua.

La mayoría coincide en que los chicos necesitan una educación que vaya más allá de la anatomía, de la ciencia reproductiva y de la higiene básica. Sin embargo, la cuestión es si la escuela es el lugar adecuado donde hacerlo. Por años hemos visto a compañeros de ambos bandos tratando de acomodar en el equipo de trabajo del colegio a miembros que favorecerían su método de educación sexual favorito. Incluso la educación sexual es a veces un punto clave de decisión en la conformación del consejo directivo.

En nuestra opinión, quitaríamos esta información de las horas de clase y las pasaríamos a charlas por la tarde o los sábados a la que invitaríamos a los padres, dejando así que los directivos se concentren en los motivos principales por los cuales enviamos a nuestros hijos al colegio (lectura, escritura, matemática). En el mundo real, habrá algo de conversación durante las horas de clase; pero nos parece inapropiado y un mal uso del tiempo dedicar *semestres enteros* a este tema.

Revisa el material de enseñanza y el programa de estudios

La mayoría de los distritos escolares sabe que el programa de educación sexual puede usarse para presentar una demanda legal; por lo tanto, suelen ser bastante reservados con la información. Verás que cuando lo solicites, la mayoría de las escuelas te dará un bosquejo del programa de educación sexual. Si te enfrentas con resistencia por razones presupuestarias, ofrécete a pagar las copias, o solicita ver los libros y materiales del establecimiento educativo.

Creemos que todo padre debería poder revisar el programa que darán a su hijo. Deseamos saber lo que nuestros niños escuchan para saber si los valores que transmitimos en el hogar van a ser reafirmados o desafiados. No podemos siquiera imaginar entregarle a un púber a una maestra a la que ni siquiera conocemos, como tampoco podemos imaginarnos a un niño de la misma edad dando vueltas solo por un centro comercial durante tres o cuatro horas.

Protege a tus hijos. Infórmate de lo que les piden que lean.

Aquí presentamos algunas preguntas que puedes formular:

1. ¿Dan alguna clase para padres? (Me interesa que me expliquen lo que va a aprender mi hijo.) ¿Cuándo será?
2. ¿Qué capacitación recibió el maestro para enseñar acerca de este tema?
3. ¿Cuál es el objetivo de estas clases?
4. ¿Qué información darán a los chicos cuando los separen por sexo?

5. ¿Los padres podemos presenciar las clases?
6. ¿De qué manera se piensan respetar todos los estilos de vida? (La verdadera "tolerancia" reconoce que un maestro no cuenta con tiempo suficiente para respetar todas las elecciones.)
7. ¿Permiten que vengan oradores invitados? ¿Se les notifica esto a los padres de antemano?
8. ¿Cómo definen la abstinencia?
9. ¿Cómo sabrán si el programa tiene éxito?
10. ¿Las calificaciones obtenidas en esta escuela en los exámenes de lectura, escritura y matemática permiten tiempo extra como para dedicarse a la educación sexual?

La mayor parte de la información (en los EE.UU.) de las escuelas públicas generalmente proviene de SIECUS (la rama educativa de *Planned Parenthood* [Paternidad planificada]) o del Instituto Alan Gutmacher (el área de investigación de *Planned Parenthood*). Otros materiales pueden provenir del *U.S. Government's Center for Disease Control and Prevention* [Centro Gubernamental para el Control y Prevención de enfermedades de los EE.UU.] o del *Department of Health and Human Services* [Ministerio de Sanidad y Servicios Humanos].

El *Medical Institute for Sexual Health* [Instituto Médico de Salud Sexual], por otro lado, realiza un excelente trabajo al recabar una amplia gama de información y promover la abstinencia.[1] También lo hace el *Consortium of State Physicians Resource Councils* [Consorcio del consejo asesor de médicos del estado].

Para mí (habla Kathy) lo ideal es que toda la educación sexual se dé en el hogar; pero como ya sabemos, es algo que en su inmensa mayoría se enseña dentro del sistema público de enseñanza. Estoy en desacuerdo cuando el colegio presenta sus propios valores o enseña acerca de las relaciones sexuales antes de que los padres lo hagan. En ese sentido, han pasado por encima del primer educador: tú mismo. Prefiero a los maestros que se mantienen neutrales en cuanto a los valores, que no promueven una postura sobre la otra dentro de las escuelas públicas y que brindan información tanto a los chicos que son sexualmente activos como a los que no lo son. Tú, como padre, puedes hablar luego con tu hijo acerca de tus propios valores y de la toma de decisiones, así como acerca de las decisiones que toman los demás. Por supuesto, yo no soy neutral en mi posición, y tú tampoco deberías serlo.

Los padres deben estar al tanto de una situación: no podrán esperar ser siempre compinches con la escuela en lo referente a este tema. Tendrán que formular algunas preguntas difíciles e incluso ajustar las clavijas. En circunstancias extremas, incluso pueden considerar la acción legal.

Conversa con otros padres

Leer el programa es un buen *primer* paso, pero no es el último. Algunos maestros puede que dejen la parte más controvertida de su "educación" fuera del programa impreso, reservándose esos temas para dar su punto de vista. Una de las mejores maneras de descubrir cuál es el programa de estudios de su escuela es sentarse con un padre cuyo hijo ya haya pasado por la clase de educación sexual. Pregúntale acerca de la tendencia del maestro, las películas o vídeos que muestran y cualquier otra cosa que tal vez no se mencione en el programa de estudios. Consulta también acerca de los métodos que se emplearán. ¿Permiten la presencia de los padres? ¿Acaso han oído tus hijos algo que les pareció extraño?

Consulta acerca de los oradores invitados

Algunos distritos no permiten oradores invitados en sus clases de educación sexual, mientras otros reconocen su falta de experiencia e invitan a oradores que ocupen ese espacio. El *Department of Health* [Ministerio de Sanidad] puede ser uno de los invitados, *Planned Parenthood* [Paternidad planificada] otro; al tercer día tal vez vayan del hospital y de la división de delitos sexuales del departamento legal e incluso representantes de PFLAG (*Parents and Friends of Lesbians and Gays* [Padres y amigos de lesbianas y homosexuales]) al cuarto día. Algunas escuelas invitarán a pacientes con SIDA; otras a jovencitas que han abortado, que entregaron a su bebé en adopción o que crían solas a su hijo.

Algunos de estos oradores sin dudas presentarán valores que tú no compartes. Ten cuidado y descubre los puntos de vista que se expresarán. Si tu hijo asiste a una charla controvertida, querrás saber lo que se dijo, para poder discutirlo más tarde en casa.

Algunos padres pueden decidir que no permitirán a su hijo escuchar al representante de *Planned Parenthood* o PFLAG; el problema es que esto no evitará que tu hijo hable con sus compañeros acerca de lo que se dijo.

La mejor prevención es estar al tanto de lo que sucede, saber quién dará la charla y conversar con tu hijo.

Cómo decidir si el programa de educación sexual de tu escuela enseña de forma efectiva la verdadera abstinencia

La educación sexual integral y basada en el carácter humano presentará las siguientes características:[2]

• Sostiene la abstinencia como la regla de oro (no solo como una opción equivalente a ser sexualmente activo)
• Enfatiza continuamente la abstinencia cuando se discuten temas como enfermedades venéreas, SIDA y métodos anticonceptivos
• Anima la participación de los padres en las decisiones curriculares y en las tareas de los alumnos
• No enfatiza la neutralidad cuando se refieren a estilos de vida, sino que enseña que los alumnos deben aprender a discernir entre decisiones buenas y malas
• Se basa en el respeto por la totalidad del individuo, sus habilidades y experiencias (no se basa en el temor)
• Se orienta hacia los valores de moderación, prudencia y castidad
• Cree que la abstinencia es una meta realista y alcanzable para los adolescentes
• Ttrata la biología de la reproducción
• Emplea estadísticas provenientes de fuentes confiables (como el *Center for Disease Control* [Centro de control de enfermedades] o la *Food and Drug Administration* [Administración de drogas y alimentos])
• Organizan psicodramas para que los alumnos practiquen las conductas previstas
• Desalientan la paternidad adolescente
• Promueven el matrimonio y la monogamia
• Promueven la contribución exclusiva de las figuras paterna y materna en la crianza de los hijos
• Alientan las citas y salidas saludables
• Discuten los aspectos físicos, emocionales, mentales y sociales de involucrarse sexualmente demasiado pronto
• Educan según el nivel cognitivo adecuado de los alumnos

Sacarlo de la clase

Si decides que no participe de la clase de educación sexual corres el doble riesgo de aislarlo de sus compañeros y de exponerlo a la información de segunda mano que le darán estos. Si tu hijo está o no en la clase y tú puedes estar allí, trata de hacerlo. Puede que los maestros estén dispuestos a incluir a los padres. Si llegara a haber un momento en el que no te permitan estar en el aula, desconfía.

Sin embargo, habrá ocasiones en que tal vez decidas que tu hijo no asista a clase. Aunque algunos chicos estén entusiasmados con hablar acerca de penes y vaginas con sus compañeros, puede que otros no estén listos para tocar el tema. Tal vez han crecido con más lentitud que los demás chicos o quizás han sido violados de alguna manera o han visto algo o les han hecho algo. Si tu hijo reacciona oponiéndose a la clase, y sospechas que eso denota algún tipo de violación, no ignores sus mecanismos de defensa. Averigua qué es lo que sucede.

Si crees que tu hijo entra dentro de alguna de estas categorías, eso no significa que debas dejar de lado el material; puedes conversar en casa de los temas básicos y asistir a la clase juntos.

Cómo proceder si tu hijo ya es sexualmente activo

Margaret, la madre de Grace, se sintió tan mal como su hija cuando ambas se enteraron de que Grace tenía una reputación de ser "la chica de la parte trasera del autobús". Grace, en su temprana adolescencia, había practicado sexo oral con los muchachos en la parte posterior del autobús y había estado escabulléndose por las noches para hacer "el trencito" (así de obsceno como suena). Cuando los padres acudieron a Kathy, Grace se sintió horrorizada por haberse ganado la reputación de "zorra".

Grace lo había hecho como diversión, pero ahora que había tomado conciencia de las consecuencias, estaba llena de remordimientos. "Ni siquiera sé por qué lo hice, Sra. Bell. No tengo idea. Solo miraba a mi alrededor y todos lo hacían. Nadie salía lastimado".

"Este es un momento crucial —le dije a Grace—. Ya no eres 'la chica de la parte trasera del autobús'".

Afortunadamente, la historia de Grace tiene un final feliz. Ella realizó algunos cambios importantes que mencionaremos más adelante.

¿Qué hacer si de pronto descubres que tu hijo o tu hija han adquirido cierta fama?

Veinticuatro horas

Tu hijo o hija necesitan ver que la situación en la que están es sumamente grave. Tienes que crear un sentimiento de urgencia y expectación. Te recomendamos que intentes actuar con prontitud y que tomes cartas en el asunto dentro de las primeras veinticuatro horas.

En primer lugar, necesitas crear un equipo de apoyo: ¿Quién va a ayudar a tu hijo con los nuevos modelos que estableces? ¿Quién va a servirte de apoyo a ti? Por supuesto que necesitas hablarlo con quienes tienes cerca, pero también necesitarás la ayuda de alguien que te dé respuestas: un pastor, rabino o sacerdote con quien puedas hablar de valores espirituales; un consejero que te ayude a sobreponerte a tus propios problemas que pueden surgir al hablar con tu hijo acerca de su sexualidad; un médico de familia que responda las dudas clínicas y te brinde apoyo acerca de higiene y salud física. Al principio, tendrás que hacer muchas de estas cosas sin que tu hijo lo sepa.

Luego tendrás que pedir varias citas y acudir a ellas. Tendrás que ver al pastor, al médico, tal vez a un maestro o a los padres del chico o la chica con quien se está viendo tu hijo. Tienen que hablar acerca de la mejor manera, tiempo y lugar para enfrentar a tu hijo.

Si bien todo esto parece ser un torbellino, ayudará a crear esa sensación de que se trata de un momento crucial en la vida de tu hijo: las cosas cambiarán a partir de ahora. Recomendamos que este día no vayas a tu trabajo. Tienes que concentrarte en tu familia.

Recuerda que cambiar el modelo de conducta de un chico de séptimo grado será distinto del de uno de cuarto grado. Es más, en el caso del menor, sumar tiempo para estar juntos probablemente sea bienvenido. Sin embargo, un muchachito de séptimo o de octavo quizás se pregunte por qué de pronto te entrometes en su vida. Cuanto mayor sea tu hijo, más difícil será.

Crea un frente de apoyo unido

¿Cómo está tu matrimonio? ¿Toman decisiones juntos? Necesitan formar un frente unido. Si van a levantar la bandera de la abstinencia *después* de que su adolescente haya comenzado a ser sexualmente activo, deberán darle razones *estelares* para esperar. Y en primerísimo lugar en la lista se encuentra su propio matrimonio. En su matrimonio puede que no todo esté en su lugar; pero tendrán que ser sinceros con su hijo acerca de su propio compromiso de uno con el otro si existen roces.

Los chicos hoy en día están muy atentos a detectar la hipocresía. Seremos francos: si tú y tu cónyuge han sido infieles les costará muchísimo convencerlos de por qué *ellos* deben ser sexualmente responsables.

Además de conformar un frente unido entre ustedes, como padres necesitarán crear un frente unido con todo aquel que tenga alguna responsabilidad sobre tu hijo. Por ejemplo, si alguien lo va a recoger del colegio, asegúrate de que sea una persona que apoye tu sistema de valores. Necesitas que sea alguien que no admita un: "Tengo que estudiar para una prueba con Angie después de clases. Tomaré el último autobús o caminaré hasta casa". Tiene que ser una persona firme que se ajuste al plan si tú no puedes estar allí en ese momento; alguien que diga: "No, querido, te voy a llevar a tu casa. Así son las reglas".

Sé sincero en cuanto a tus puntos débiles

No hay nada que reemplace las relaciones sinceras y auténticas. ¿Qué es lo que evitó que tuvieras la relación que deseas con tu hijo? ¿Qué aspectos reformularías si pudieras? Haz una lista. Luego, pon literalmente "las cartas sobre la mesa" junto con tu cónyuge. ¿Qué cosas pueden cambiar en la relación con tu hijo?

Comienza por pedir perdón. Hazte cargo de tus errores y puntos débiles. Dile a tu hijo que tú también estás dispuesto a cambiar y que todos esperan salir de este proceso siendo mejores personas.

Anímate: nunca es tarde para volver a empezar, si bien empezar demasiado tarde no será sencillo. Pedir disculpas puede ayudar a que tu hijo baje sus defensas; la mayoría dirá: "¿Pedirme perdón? ¿Por qué?"

Puede que tu hijo reaccione de forma negativa cuando se dé cuenta de que tienes una charla en mente, pero ese es el momento en que debes permanecer firme y decir: "Bueno, mi amor, escuché lo que andas diciendo, pero ciertamente *hay* cosas de las que tenemos que hablar". Luego, mantén esa actitud decidida de que van a conversar al respecto.

Habla francamente de sexo... habla bien claro

Una vez que tu hijo ya es sexualmente activo, no tienes opción; debes hablar francamente de sexo. Si tratas de hacerlo volver a la inocencia cuando ya ha experimentado con el sexo, solo causarás un daño mayor. Tienes que hablar acerca de las enfermedades, de los riesgos del sexo oral y de las consecuencias de las distintas formas de actividad sexual.

Lo que tu hijo necesita ahora es una charla franca, sincera y abierta. "Comprendo por qué ha sucedido esto —puedes decir— porque el sexo es una fuerza muy poderosa. No te amo menos por esto, sino que te quiero mucho, igual que siempre. Mi amor por ti no ha disminuido. Sin embargo, espero por tu bien que puedas detenerte, porque no es bueno para ti. Estamos aquí para ayudarte de la mejor manera que podamos".

Más que nunca, tu hijo debe convertirse en tu héroe. No puedes culparlo porque no haya practicado la abstinencia. Lo empujarás en la dirección opuesta si lo reprendes y recurres a ponerle apodos. Permanece cerca de él o ella y no seas severo. Bríndale una guía adecuada, expresa tu convencimiento de que puede lograrlo y ofrécele amor incondicional y sin restricciones.

Cita con el médico

Sin que el menor esté presente, tienes que acudir a su médico para hablar de la situación. También tendrás que pedir hora para un reconocimiento médico para descartar enfermedades venéreas. Pon al tanto al médico por teléfono o a solas, ya que probablemente no puedas entrar cuando examinen a tu hijo. Asegúrate de que el médico apoya tus valores y todas las decisiones que tú hayas tomado. Si estás estableciendo límites para la abstinencia, no querrás que el médico le entregue profilácticos y le explique cómo usarlos. Si como médico y como padre no están unidos, eso generará nuevos problemas.

El examen clínico tiene dos propósitos: 1) quieres asegurarte de que no tenga ninguna enfermedad y 2) quieres que comprenda la gravedad de las consecuencias de lo que está haciendo. Arriesga muchísimo al ser sexualmente activo. Una chica lo pensará dos veces mientras el médico revisa sus genitales, y para los muchachos, la revisión en busca de venéreas se hace con un cepillo como el de los cosméticos, que se inserta unos 5 cm. dentro de la uretra. ¡No es nada agradable!

Después de lo que habrá sido una experiencia traumática, tu hijo necesitará apoyo emocional. Este no es el momento para darle una larga sarta de reprimendas. Permite que la experiencia desagradable sea su maestra durante esta etapa.

Cita con el consejero

Necesitas sacar un conseguir cita con un consejero familiar. No te sientas tentado a tratar de resolver solo todos tus problemas; tienes que concentrarte en tus metas y en lo que esperar conseguir *ahora*. Más adelante ya habrá mucho tiempo para ocuparse de otros temas.

Sé muy específico con tu consejero. Pregúntale adónde puedes recurrir para conseguir ayuda externa: libros, números telefónicos gratuitos, iglesias con grupos juveniles. Descubre todo lo que puedes hacer para que tu hijo tenga éxito, sabiendo que le llevará tiempo poder establecer un nuevo patrón de conducta.

Habla con los padres de la otra parte

Intenta conocer a los padres del muchacho con quien tu hija está relacionada. Siéntense y conversen. Si consigues que ellos cooperen, mucho mejor.

Todo lo que puedes hacer al respecto es hacer tu mejor intento. Puede que los otros padres ni se interesen en lo que sucede. En ese caso, si se tratara de una de nuestras hijas, jamás volvería a poner un pie en la casa de ese chico. Claro que se disgustará con nosotros por un tiempo, pero en definitiva, agradarles no es nuestro fin último como padres.

Encuentra actividades alternativas

Si tomas las riendas y le dices a tu hija: "No vas a salir más con José", ¿en qué va a emplear ella su tiempo? José va a seguir buscándola y ella aún sentirá "necesidad" de él. Si no buscas algo que ocupe el lugar de José, algo que deberás hacer por varios años, ella hallará la forma de escabullirse. ¿Qué puedes conseguirle para el viernes a la noche?

Busca algún voluntariado, prácticas o algo que enfatice sus habilidades y la haga sobresalir. Puede que debas resignar tu propia vida social para dedicarte a tu familia durante este tiempo. Conocemos a un padre que cuando descubrió que su hijo era sexualmente activo renunció como pastor de una gran iglesia.

¿Cuán lejos estás dispuesto a llegar para ocuparte de las necesidades de tus hijos?

Sospecha de los cambios de conducta repentinos y radicales

"¿Es este un cambio *radical* en su conducta?", le pregunté (habla Kathy) a una madre que me comentó que su hija había comenzado inesperadamente a ser sexualmente activa el año anterior.

Descubrir que un hijo es sexualmente activo probablemente produzca un gran impacto, pero cuando escucho que los padres dicen que cierta conducta sexual es un "cambio radical", completamente inesperado y que va contra los valores familiares, siempre me pregunto si habrá sucedido algo traumático. ¿Falleció un amigo o un miembro de la familia? ¿Se están divorciando los padres? Si no logras descubrir a qué se debe esta conducta sexual, ¿puede existir la posibilidad de que haya sido violada o abusada de alguna manera?

Cuando el cambio es repentino o radical, es muy probable que haya sucedido algo crítico que llevó a tu hija a buscar consuelo en los brazos de los muchachos.

Por supuesto, la mujer a la que le hice esta pregunta se sorprendió; jamás había considerado esas posibilidades. Sin embargo, al pensar en algo raro que pudiera haber sucedido durante el año previo a este cambio de conducta, recordó un viaje que su hija había hecho a México con su prima. "Sin embargo no recuerdo que haya mencionado que haya pasado algo allí", añadió.

"Quiero que vayas y le preguntes a tu hija qué sucedió —le dije—. Sin embargo, antes de eso, necesitas tener listo tu equipo de apoyo. ¿Quién es tu pastor? Cuéntale lo que estás haciendo. ¿Tienes un consejero? Necesitas preparar un apoyo para ti para que puedas brindarle contención a tu hija durante este tiempo". Cuando esta madre vino a verme a la semana, se deshizo en llanto. Su hija y la prima de su hija habían estado en una playa en México cuando se les acercó un grupo de muchachos y comenzaron a conversar. Las chicas coquetearon un poco con ellos y cuando se quisieron marchar, ellos las persiguieron y violaron a su hija. Como ella había coqueteado, se sintió responsable, así que lo mantuvo en secreto.

—No puedo creerlo —decía la madre—. Kathy, ¿qué puedo hacer ahora?

—Acude al grupo de apoyo del que hablamos —le dije— y llévala a una consulta médica tan pronto como puedas.

—¡No! —gimió ella.

—No tienes opción —le dije—. Tiene que hacerse un examen de SIDA y en busca de enfermedades venéreas. Ahora te necesita más que nunca.

Ora

Situaciones como estas son las que nos recuerdan la importancia primordial de la oración durante las crisis. Ora por las personas que están en tu camino y en el camino de tu hijo, para que Dios cubra y proteja a este, pide gracia, misericordia y conocimiento al dar los pasos necesarios en estos momentos. Y sobre todas las cosas, recuerda que nada podrá separarte, ni a ti ni a tu familia, del amor de Dios, que él estará contigo a cada paso mientras transmitas su divino amor a tu hijo.

La segunda virginidad

Existe una agrupación que va en aumento entre los chicos que han sido sexualmente activos y que luego prometen permanecer en abstinencia hasta el matrimonio; se llama segunda virginidad. Los chicos necesitan saber que todos cometemos errores y que existen el perdón y la sanidad.

Lamentablemente, todas las buenas intenciones de la segunda virginidad, con frecuencia terminan siendo una virginidad "momentánea" si lo deciden sin haber realizado el proceso interno necesario. Solo porque sepamos que no debemos comer rosquillas, eso no significa que no lo hagamos; las rosquillas son deliciosos. Muchas veces, la gente que se sale de los carriles y luego repite esa conducta lo hace peor porque en su mente ya se ve arruinada, entonces ¿cuál es la diferencia?

Hay esperanza, pero el cambio debe provenir del interior del chico, y tienen que pasar muchas cosas en su interior para que ese cambio perdure. El apóstol Pablo lo expresa mejor cuando se arrepiente de ciertas conductas en su vida que no quería hacer pero que hacía de todos modos (ver Romanos 7.19). Probablemente el sentido de culpabilidad desempeñe un papel significativo a la hora de impulsar a un chico sexualmente activo hacia la abstinencia, y un cierto grado de culpabilidad no es dañino. Sin embargo, el compromiso con una segunda virginidad no significa demasiado si eso es lo único que tienes.

Ambos hemos aconsejado a muchos chicos y jovencitas a quienes les falta una parte muy importante de sus fundamentos, como un padre amoroso para una pequeña, por ejemplo. Esa chica debe reconocer ese vacío y estar atenta para no obligarse a estar en una postura en cuanto a sus relaciones, en la cual se involucre en tratar de llamar la atención de los hombres.

Esa es la razón por la que mencionamos la necesidad de la presencia de un consejero o pastor dentro de tu grupo de apoyo. A tu hijo no le alcanza con decir: "No". Tienes que darle algo a lo que pueda decir que sí.

La buena noticia es que tu hijo puede cambiar. Dios es un Dios que perdona, que ama y que sana. Pídele que provea la motivación.

¿Recuerdas a Grace? Kathy se reunió con aquella "chica de la parte trasera del autobús" cuando ella y sus padres habían pasado las primeras veinticuatro horas.

—¿Hablaste con cada persona de la lista? —le pregunté a Grace.

—Sí —me respondió—. Solicité citas con todos y sé que tengo que cambiar mi reputación y mejorar mi desempeño en la escuela.

Ella señaló cuáles habían sido sus errores y reconoció cuáles eran los puntos en que su equipo había acordado apoyarla.

—Ahora bien, ¿qué vas a hacer cuando regreses a clases y comiencen a molestarte? —le pregunté.

—Voy a tener que soportarlo.

—Sí, lamentablemente, tendrás que hacerlo; pero *¿cómo* piensas hacerlo?

Conversamos acerca de cómo podía Grace fortalecerse internamente al recordarse a sí misma los cambios positivos que estaba haciendo. También hablamos de formar un nuevo grupo de amigos.

"¿Qué habilidades necesitas —le pregunté— cuando te encuentras en situaciones que te empujan a traspasar tus límites? ¿Cómo harás para evitarlas, para retraerte, para negarte? ¿Necesitas que alguien esté contigo todo el tiempo? ¿Cuál es la peor hora? ¿Puedes cambiar el horario del almuerzo? ¿Hay algún maestro que pueda ayudarte?"

Estas son la clase de preguntas que tienes que formularle a tu hijo si estás buscando cambios a largo plazo. Las primeras veinticuatro horas son cruciales para comenzar, pero son solo el primer paso de un largo camino.

Notas

Capítulo 1

1. Josh McDowell, *Right from Wrong* [¿Bueno o malo?], Dallas: Word, 1994 p. 268.

2. Editorial, "1994 All-USA High-School USA Today Baseball Team", *USA Today*, 21 de junio de 1994, C6.

Capítulo 2

1. Jack O. y Judith K. Balswick, *The Family: A Christian Perspective on the Contemporary Home* [La familia: una perspectiva cristiana del hogar contemporáneo], Grand Rapids: Baker, p. 98.

2. Michelle Burford, *"Girls and Sex: You Won't Believe What's Going On"* [Las chicas y el sexo: jamás creerás lo que sucede], *revista O*, noviembre 2002, pp. 214-15.

Capítulo 3

1. *"They Said It"* [Ellos lo dijeron], *Sports Illustrated*, 26 de noviembre de 2001, p. 36.

2. Nuestro relato sobre este período de la vida de Jason Kidd se basa en *"A Clean Start"* [Un comienzo puro], de S. L. Price, *Sports Illustrated*, 28 de enero de 2002, pp. 58–70.

Capítulo 4

1. Evgenia Peretz, *"Born to be Wild"* [Nacida para ser salvaje], *Vanity Fair*, noviembre de 2001, p. 186.

2. Ibíd., p. 191.

3. Ibíd.

4. Ibíd., p. 200.

5. Chris Tauber, "Priced Out of the Prom", *New York Times Upfront*, 5 de marzo de 2001, pp. 18–19.

6. Kaiser Family Foundation, *Sex on TV 2: A Biennial Report to the Kaiser Family Foundation—Executive Summary* [Sexo en la TV 2: un informe bianual de la fundación de la familia Kaiser—resumen ejecutivo], Menlo Park, Calif.: The Henry J. Kaiser Family Foundation, 2001, p. 2.

7. SIECUS, "Teens and TV" [Los adolescentes y la televisión] 2001, vol. 1, número 2, suplemento: *Families are Talking* [Las familias hablan]; 2. Estadísticas tomadas de *2001 Kaiser Family Foundation and Seventeen Survey*

of Teens: "Teen's Opinions, Attitudes, and Awareness of Sexually Transmited Diseases." [Fundación familia Kaiser y 17° encuesta de adolescentes 2001: "Opiniones, actitudes y conciencia de los adolescentes sobre las enfermedades de transmisión sexual".]

8. Michael D. Lemonick, "Teens Before Their Time" [Adolescentes antes de tiempo], Time, 30 de octubre de 2000, p. 74.

Capítulo 5

1. Este relato está basado en "New York Firefighters" [Bomberos de Nueva York] de Michael Bamberger, Sports Illustrated, 24 de diciembre de 2001, 108.

2. Lorraine Ali y Julie Scelfo, "Choosing Virginity" [Elegir la virginidad], Newsweek, 9 de diciembre de 2002, p. 64.

3. Martin Perlman, "Wear Your Helmet, Go Get Free Ice Cream" [Ponte el casco y toma un helado gratis], Washington Health Today, otoño 2001. Washington Health Foundation: http://www.whf.org/newsletters/today/Archives/Fall%20Web%20Pages/Fal 2001sec8.htm.

4. Ben Cohen y Jerry Greenfield, Ben & Jerry's Double Dip: Lead with Your Values and Make Money, Too [Doble jugada de Ben y Jerry: guía según tus valores y consigue dinero a la vez], New York: Simon & Schuster, 1997, 13.

5. Ibíd., pp. 15–16.

6. La página de internet de Ben y Jerry: http://www.benjerry.com/index.cfm

7. Bamberger, "New York Firefighters" [Bomberos de Nueva York], p. 108.

Capítulo 7

1. Robert Hardman, "Edward and Sophie: A Royal Wedding Celebration" [Eduardo y Sofía: una boda real], Telegraph online, 21 de junio de 1999, www.telegraph.co.uk.

2. Ver "Brad and Jennifer Tie the Knot", BBC News online, 30 de julio de 2000, news.bbc.co.uk/1/hi/entertainment/858367.stm; Simon Davis, "Brad Pitt's $1m Wedding Ring of Steel", Telegraph online, 31 de julio de 2000, www.telegraph.co.uk/news/main.jhtml?xml=/news/2000/07/31/wedd31.xml; y Camerin Courtney, "Star Gazing", ChristianityToday.com, 9 de agosto de 2000, www.christianitytoday.com/singles/newsletter/mind00809.html.

3. Página de internet de la BBC: news.bbc.co.uk/onthisday/hi/dates/stories/july/29/newsid_2494000/2494949.stm

4. Página de internet de la BBC: news.bbc.co.uk/1/hi/uk/249775.stm.

5. Página de internet del palacio histórico real: www.hrp.org.uk/webcode/content.asp?ID=542.

6. Yolanda Woodee, *"Black Fashion Museum Mostly a Site Unseen"* [Museo de la moda negra, un sitio que no se ve], *Washington Post*, 13 de marzo de 2003, T25.

7. Loren Cordain y otros, *"Acne Vulgaris: A Disease of Werstern Civilization"* [Acné Vulgaris: una enfermedad de la civilización occidental], archivos online de dermatología, 2002, 138:1584–1590. Página de internet: archderm.ama-assn.org/.

8. www.hygieneconcepts.com.

Capítulo 8

1. Lemonick, *"Teens Before Their Time"* [Adoelscentes antes de tiempo], p. 74.

2. Lakita Garth, *"Beauty Queen"* [Reina de la belleza], *We Can Make a Difference* [Podemos marcar una diferencia], Tucson: otoño 2002, p. 16.

3. Kelly Brownell, un profesor de psicología de Yale brindó estas cifras en el año 2000.

4. Paul Donohue, *"To Your Health: Breast Growth Embarrasses Boy"* [A tu salud: el crecimiento del pecho avergüenza al muchacho"], *Columbian*, 20 de enero de 2000, E3.

5. Michael Gurian, *The Wonder of Girls* [Las maravillosas chicas], New York: Pocket Books, 2002, pp. 39–40.

6. Greg Botelho, *"Inspired into Action: Teenager an Advocate for Youths Making a Difference in the World"* [Inspirados para la acción: adolescente abogado de los jóvenes que marca una diferencia en el mundo], CNNfyi.com, 10 de septiembre de 2000, página de internet de la CNN: CNNfyi.com, www.cnn.com/2000/fyi/real.life/09/12/amber.coffman/.

Capítulo 12

1. Anna Mulrine, *"Risky Business: Teens Are Having More Sex_and Getting More Diseases. But Is Telling Them to Wait the Answer?*" [Asunto arriesgado: los adolescentes están más involucrados con el sexo y se contagian más enfermedades; pero decirles que esperen ¿será la respuesta?], *U.S. News and World Report*, 27 de mayo de 2002, pp. 42–44.

2. Ibíd., pp. 45–46.

3. Jodie Morse, *"An Rx for Teen Sex"* [Una radiografía del sexo adolescente], *Time*, 7 de octubre de 2002, p. 65.

4. Ali y Scelfo, *"Choosing Virginity"* [Elegir la virginidad], p. 66.

5. *Q & A Kids' Questions–Parents' Answers* [P y R Preguntas de los chicos_respuestas de los padres], National Physicians Center for Family Resources, 33, cita *The Cautions Generation? Teens Tell Us about Sex, Virginity and "the Talk"* [¿La generación de los cuidados? Los adolescentes nos hablan de sexo, de la virginidad y de "la charla"] *National Campaign to Prevent Teen*

Pregnancy: April 2000 [Campaña nacional para prevenir el embarazo adolescente: abril 2000].

6. Virginia de Leon, *"Group Helps Teenagers Choose Abstinence. Spokane High School Program May Be Unique in Nation"* [Grupo de ayuda a los adolescentes para que prefieran la abstinencia. Programa del colegio secundario de Spokane podría ser único en el país], *Spokesman Review*, 14 de octubre de 2000, B1.

7. Desde Moss, *"Parental Worry #184: Teen Sex at Home"* [Preocupación de los padres número 184: sexo adolescente en el hogar], USAToday.com, 10 de octubre de 2002, www.usatoday.com/news/opinion/editorials/2002_10_10-opcom_x.htm.

8. Associated Press, *"Teens Most Likely to Have Sex at Home"* [Los adoelscentes suelen tener sexo en su casa], USAToday.com, 26 de setiembre de 2002, www.usatoday.com/news/health/2002_09_26-teen-sex_x.htm.

9. Kaiser Family Foundation [Fundación Kaiser para la familia], citado en *Time*, 18 de febrero de 2002, p. 78.

10. Philip Elmer-Dewitt, *"Now for the Truth about Americans and Sex"* [Ahora por la verdad acerca de los norteamericanos y el sexo], *Time*, 17 de octubre de 1994, p. 64.

11. Robert T. Michael y otros, *Sex in America: A Definitive Survey* [Sexo en America: una encuesta definitiva] Boston: Little, Brown and Company, 1994, 124.

12. *"Now for the Truth about Americans and Sex"* [Ahora por la verdad acerca de los norteamericanos y el sexo], p. 68.

Apéndice 1

1. La página de internet del *Medical Institute for Sexual Health* [Instituto médico de salud sexual], www.medinstitute.org/.

2. Shannon Federoff, educador en castidad, *Youth Sexuality Program* [Programa de sexualidad de jóvenes], 1998.

Materiales recomendados

The Educated Child [El niño educado] de William Bennett
Responde preguntas como: ¿Obtiene el niño en la escuela lo que debería? ¿Qué deberías buscar en una escuela? ¿Qué puedes esperar e incluso reclamar de tu escuela? y ¿Qué es esencial en el nivel inicial y primario?

The Hurried Children, Growing Up Too Fast, Too Soon [Los chicos apurados que crecen demasiado rápido y demasiado pronto] del Dr. David Elkind
Al desvanecer los límites de lo que es apropiado para la edad, al esperar o imponer demasiado a una edad temprana, obligamos a los chicos a crecer demasiado rápido, a imitar la sofisticación del adulto mientras secretamente anhelamos su inocencia.

Good Families Don't Just Happen [Las buenas familias no son una casualidad] de Catherine Musco Garcia Prats y el Dr. Joseph A. Garcia-Prats.
Los autores, padres de diez niños bien educados, comentan sus principios para conseguir buenas familias. La familia y el libro de García-Prats se presentaron en el show de Ophra.

Adolescence Isn't Terminal: It Just Feels Like It! [La adolescencia no es mortal: ¡solo lo parece!] del Dr. Kevin Leman
El Dr. Leman aborda cómo relacionarse y acercarse a tu hijo adolescente.

What a Difference a Daddy Makes [La diferencia que produce un padre] del Dr. Kevin Leman
Aborda el papel crucial que los padres desempeñan en la vida de sus hijas.

First-Time Mom [Mamá primeriza] del Dr. Kevin Leman
Una guía práctica e integral para guiar a tus hijas a ser mamá por primera vez.

Why Wait? [¿Por qué esperar?] de Josh McDowell

Enuncia las razones psicológicas, físicas, emocionales y espirituales para esperar hasta el matrimonio para tener relaciones sexuales.

Saving Childhood: Protecting Our Children from the National Assault on Innocence [Conservación de la infancia: protección de nuestros hijos del ataque nacional a la inocencia] de Michael y Diane Medved

Los chicos de hoy en día son innecesariamente temerosos, cínicos y tristes. Este libro trata acerca de cómo mantener la inocencia del niño mientras dure, al brindarles seguridad psicológica, al enfatizar su sentido de asombro y al inculcarles optimismo.

But I Love Him [Pero lo amo] del Dr. Jill Murray

Te ayudará a mostrarle a tu hijo adolescente cómo es una relación respetuosa y a enseñarle la importancia de respetarse a sí mismo.

Sex Smart: 501 Reasons to Hold Off on Sex [Sexo inteligente: 501 razones para resistirse al sexo] de Susan Browning Pogany

Respuestas francas y sencillas a cientos de preguntas que los adolescentes se formulan acerca del sexo y las relaciones.

The Net-Mom's Internet Kids and Family Yellow Pages [Las páginas amarillas de sitios en la red para los niños y la familia] de Jean Armour Polly

Polly, mamá y bibliotecaria profesional, explora la internet para hallar los sitios mejores, más divertidos y atractivos. Más de 3500 páginas de internet seguras para los chicos al alcance de la mano.

Parenthood by Proxy: Don't Have Them if You Won't Raise Them [Padres por poder: no los tengas si no vas a criarlos] de la Dra. Laura Schlessinger

La Dra. Laura da prácticas para padres en los EE.UU.

A Return to Modesty: Discovering the Lost Virtue [Un retorno a la modestia: descubrimiento de la virtud perdida] de Wendy Shalit

Investiga la historia cultural de la modestia sexual en las mujeres y analiza el beneficio de esta virtud en el mundo de hoy en día.

The Unexpected Legacy of Divorce, a 25-Year Landmark Study [El inespe-rado legado del divorcio, un estudio histórico de 25 años] de Judith Wallerstein

Un millón de chicos por año se suman a nuestra marcha de fracasos mari-tales. Analicemos lo que sucede con nuestras vidas.

National Guidelines for Sexuality and Character Education booklet Abstinence vs. "Safer Sex" Sexuality Education Comparison booklet [Folleto de lineamientos nacionales para la sexualidad y formación del carác-ter y Folleto comparativo de educación sexual: abstinencia contra "sexo un poco más seguro".

El *Medical Institute for Sexual Health* [Instituto médico para la salud sexual] es una organización excelente que presenta una educación en sexua-lidad basada en el carácter. Para solicitar estos folletos, llame al 1-800-892-9484 o visite el sitio en internet www.medinstitute.org.

Índice temático

DISFRUTE DE OTRAS PUBLICACIONES DE EDITORIAL VIDA

Desde 1946, Editorial Vida es fiel amiga del pueblo hispano a través de la mejor literatura evangélica. Editorial Vida publica libros prácticos y de sólidas doctrinas que enriquecen el caudal de conocimiento de sus lectores.

Nuestras Biblias de Estudio poseen características que ayudan al lector a crecer en el conocimiento de las Sagradas Escrituras y a comprenderlas mejor. Vida Nueva es el más completo y actualizado plan de estudio de Escuela Dominical y el mejor recurso educativo en español. Además, nuestra serie de grabaciones de alabanzas y adoración, Vida Music renueva su espíritu y llena su alma de gratitud a Dios.

En las siguientes páginas se describen otras excelentes publicaciones producidas especialmente para usted. Adquiera productos de Editorial Vida en su librería cristiana más cercana.

DEDICADOS A LA EXCELENCIA

Una vida con propósito

Rick Warren, reconocido autor de *Una Iglesia con Propósito*, plantea ahora un nuevo reto al creyente que quiere alcanzar una vida victoriosa. La obra enfoca la edificación del individuo como parte integral del proceso formador del cuerpo de Cristo. Cada ser humano tiene algo que le inspira, motiva o impulsa a actuar a través de su existencia. Y eso es lo que usted podrá descubrir cuando lea las páginas de *Una vida con propósito*.

0-8297-3786-3

Si quieres caminar sobre las aguas, tienes que salir de la barca

Cristo caminó sobre las aguas con éxito, si quieres hacerlo solo hay un requisito: *Si quieres caminar sobre las aguas, tienes que salir de la barca.* Hoy Jesús te extiende una invitación a enfrentar tus temores, descubrir el llamado de Dios para tu vida y experimentar su poder.

0-8297-3536-4

Nos agradaría recibir noticias suyas.
Por favor, envíe sus comentarios sobre este libro
a la dirección que aparece a continuación.
Muchas gracias.

Editorial Vida
7500 NW 25 Street, Suite 239
Miami, Florida 33122

Vidapub.sales@zondervan.com
http://www.editorialvida.com